ミャンマーの多角的分析

OECD第一次診断評価報告書

OECD開発センター［編著］

門田 清［訳］

OECD Development Pathways
Multi-dimensional Review of Myanmar
VOLUME 1. INITIAL ASSESSMENT

明石書店

経済協力開発機構(OECD)

　経済協力開発機構(Organisation for Economic Co-operation and Development, OECD)は、民主主義を原則とする34か国の先進諸国が集まる唯一の国際機関であり、グローバル化の時代にあって経済、社会、環境の諸問題に取り組んでいる。OECDはまた、コーポレート・ガバナンスや情報経済、高齢化等の新しい課題に先頭になって取り組み、各国政府のこれらの新たな状況への対応を支援している。OECDは各国政府がこれまでの政策を相互に比較し、共通の課題に対する解決策を模索し、優れた実績を明らかにし、国内および国際政策の調和を実現する場を提供している。

　OECD加盟国は、オーストラリア、オーストリア、ベルギー、カナダ、チリ、チェコ、デンマーク、エストニア、フィンランド、フランス、ドイツ、ギリシャ、ハンガリー、アイスランド、アイルランド、イスラエル、イタリア、日本、韓国、ルクセンブルク、メキシコ、オランダ、ニュージーランド、ノルウェー、ポーランド、ポルトガル、スロバキア、スロベニア、スペイン、スウェーデン、スイス、トルコ、英国、米国である。欧州委員会もOECDの活動に参加している。

　OECDが収集した統計、経済、社会、環境の諸問題に関する研究成果は、加盟各国の合意にもとづく協定、指針、標準と同様にOECD出版物として広く公開されている。

　　本書はOECDの事務総長の責任のもとで発行されている。本書で表明されている意
　　見や主張は必ずしもOECDまたはその加盟国政府の公式見解を反映するものではない。

Originally Published in English under the title:
"Multi-dimensional Review of Myanmar: Volume 1. Initial Assessment, OECD Development Pathways"

© OECD, 2013
©ミャンマーの多角的分析――OECD第一次診断評価報告書, Japanese language edition, Organisation for Economic Co-operation and Development, Paris, and Akashi Shoten Co., Ltd., Tokyo 2015

The quality of the Japanese translation and its coherence with the original text is the responsibility of Akashi Shoten Co., Ltd.

　本書で述べる意見や議論は筆者の判断によるものであり、必ずしもOECDあるいはOECD加盟各国政府の公式見解を示すものではない。
　本書に掲載する文書及び地図は、あらゆる領土の地位や主権を、国際的な境界設定や国境を、また、あらゆる領土や都市、地域の名称を害するものではない。

序　文

　経済成長は、発展の一側面に過ぎない。政策担当官はその国の発展を持続可能なものとし、国民の生活の改善確保に努めるが、それには経済目標、社会目標、環境目標の間で折り合いをつけることが求められる。

　OECD Development Pathways は、成長のみに焦点を当てるのではなく、複数の開発目標を考慮に入れた叢書として新しく刊行される。これは、幸福が発展の一要素であることを踏まえ、多角的国家分析（MDCR）を通して、開発途上国のより公平で持続可能な成長における厄介な複合的制約の明確化に資することを目的としている。経済、社会、環境面での目標実現を求める政府は、その直面する制約を理解し、包括的で整合性を備えた一連の改革戦略の開発を求められる。MDCRでは、政策間の相互関係を討議できるように、部門別展望ではなく、部門横断的展望の下に進められる。

　ミャンマーは、この多角的分析の適用において、最初に取り上げられる国家である。ミャンマーでは新しい発展の方向が明確になり始めており、同国の歴史においてまさに取り上げるに相応しい時期にあると言える。本書における勧告は、主にミャンマーでの政策活動の支援を目的としているが、他方で、ミャンマー政府の開発に協働する市民社会及び国際ドナーを始めとした開発主体にも有用であろう。

　MDCRは、1) 診断段階、2) 複合的制約に対する徹底した分析段階、3) 実施段階、という三つの異なる過程を経て進められる。こうした段階的アプローチにより国家特殊的課題及び機会の漸次的学習が可能となり、総合して報告書として上梓されることとなる。本書は、ミャンマーの多角的分析では第一段階の診断報告書に当たる。また分析作業は、国内外の資料を用い、国家レベル、部門レベル、ミクロ・レベルで、マクロ経済及び構造データ等、あらゆる入手可能な統計データに基づき進められるが、国内における予測及び指標にも基づいている。入手可能な統計データの制約自体、ミャンマーの直面している現実

的課題であるが、本書では、同国統計システムの改善に向けた推奨政策措置までを対象としている。したがって、これにより統計分析は補完されることになるが、またミャンマーを対象とした一連の研究と政府当局、民間部門代表、学究界の間での整合性をもったアンケート調査や討議、これら主体からの意見を受けて、統計分析はより充実したものとなる。

　この最初に取り組まれる発展状況及びその推進力に対する診断は、発展の複合的制約要因の明確化に資するものである。特に本書では、四つの資本形態——人的資本、物的資本、制度資本、社会関係資本——のうち、少なくとも一つは欠けた状態にあるとする観点から、広く基礎的で複合的な発展制約要因を調査し、明確にしている。人的資本は、労働市場での専門人材の採用可能性によって規定される。物的資本には、生産に使用される事業資本や不動産、そして道路、鉄道、港湾、またエネルギー基盤、水道、通信基盤といった多様な社会的基盤が含まれる。制度資本は制度構造とそこにおける諸制度主体、それらによる組織に加え、政府部門及び民間部門の活動を統治する法規制枠組みから成る。また複合的制約要因には社会関係資本の欠如に起因するものがあると考えられるが、その最も重要な要素として透明性と併せ、信頼、アカウンタビリティ、発言を挙げることができる。

　診断過程では、ミャンマーの発展に特に重大な複合的制約として、制度資本蓄積面での制約を明らかにしている。また、社会関係資本も不足している。確固たる制度資本及び社会関係資本を基盤におくことにより、必要とされる人的資本、物的資本の急速だが確実な蓄積が可能となる。

謝　辞

　本書でのミャンマーに関する分析作業は、ミャンマー国家計画経済開発省の支援の下、OECDの開発センター、経済総局、統計局、そして国連アジア太平洋経済社会委員会（UNESCAP）の協力により進められた。当チームは、OECD開発センター事務局長Mario Pezzini氏、OECD主席統計官Martine Durand氏、OECDチーフエコノミストPier Carlo Padoan氏、OECD開発センター事務局次長Carlos Alvarez氏の指揮の下、競争力構造分析ユニット長Margit Molnar氏により統率された。本書は、Margit Molnar氏、Masato Abe氏、Martha Baxter氏、Charles Pigott氏、Conal Smith氏、Paul van den Noord氏によって起草されている。また、重要な資料の提供がDerek Carnegie氏及びMartin Wermelinger氏から、統計面での支援はVararat Atisophon氏、Gordon Israel氏、Alexander Orona氏、そして運営面での支援はMyriam Andrieux氏及びPranee Suriyan氏からそれぞれなされている。Charles Pigott氏が本書の編集を担当し、OECD開発センターの出版チーム、特にElizabeth Nash氏によって草案段階のものを刊行にまで漕ぎ着けることができた。

　また、Sardar Umar Alam（UNESCO, ヤンゴン）、Federico Bonaglia（OECD開発センター）、Alessandro Bellantoni（OECD行政管理局）、MargoCointreau（OECD開発センター）、David Khoudour（OECD開発センター）、Alexandre Kolev（OECD開発センター）、Lahra Liberti（OECD開発センター）、MiaMikic（UNESCAP, バンコク）、Bathylle Missika（OECD開発センター）、Stephen Thomsen（OECD金融企業局）、そして、2013年5月13日のネーピードー、5月15日のヤンゴンでの予備調査結果に関する討議のためのセミナー参加者には、貴重なご意見を頂いたことに、この場を借りて感謝申し上げたい。特に、次の各省庁及び機関には本書作成において有益なご支援をいただいた——ミャンマー中央銀行、農業省、国境省、商業省、建設省、協同組合省、教育省、電力省、エネルギー省、環境保全森林省、財務歳入省、保健省、内務省、ホテル

観光省、入国管理・人口省、工業省、労働雇用社会保障省、国家計画経済開発省、鉄道省、科学技術省、社会福祉救済再復興省、運輸省、ミャンマー連邦行政事務所、ミャンマー連邦商工会議所連合会（UMFCCI）。また、二国間及び多角的機関、市民社会組織と併せ、主要政府諮問機関である国家経済社会諮問委員会、特にその議長を務めるU Tin Htut Ooと、ミャンマー開発資源センター（MDRI）、特に大統領主席経済顧問Dr U Myint及び大統領首席政治顧問Mr Ko Ko Hlaingからは、有益な情報及び助言を頂いている。本書でミャンマーに関する診断的分析を成功裏に進められたのも、OECD事務総長・重点基金、OECD韓国代表部、日本政府、ミャンマー連邦商工会議所連合会、国際連合工業開発機関（UNIDO）からの財政的支援のお蔭である。この場を借りて感謝申し上げたい。

ミャンマーの多角的分析
OECD 第一次診断評価報告書

目　次

序　文	3
謝　辞	5
頭字語・略語	13
刊行にあたって	19
一般事情	21
要　旨	25

第1章　岐路に立つミャンマー ·· 31
　はじめに ··· 32
　第1節　ミャンマーにおける多面的開発機会の活用 ··· 34
　　▶コラム 1.1　過去の移行経験からの学習 ·· 35
　第2節　地理的特性の優位性への転換 ··· 40
　　▶コラム 1.2　ミャンマーに対する制裁措置 ·· 43
　第3節　持続可能かつ公平な成長のための開発 ··· 46
　　▶コラム 1.3　ミャンマーの計画システムと開発目標 ······································· 46
　第4節　ミャンマーでの生活：OECD幸福指標レンズを通して ·························· 59
　　▶コラム 1.4　進歩と幸福を測定する「How's Life?」枠組み ··························· 60
　　▶コラム 1.5　GDPに代表される幸福要素 ·· 72
　第5節　強壮な統計システムの構築 ·· 77
　付録A.1　ミャンマー略史 ··· 83

第2章　安定的かつ持続可能な開発の実現 ·· 91
　はじめに ··· 92
　第1節　マクロ経済的安定性の確保 ·· 93
　　▶コラム 2.1　「hundi (hawaladhars)」システム ·· 94
　　▶コラム 2.2　2003年のミャンマー銀行危機 ·· 97
　第2節　法の支配の確立 ·· 111
　　▶コラム 2.3　ミャンマーにおける三権分立 ··· 112
　　▶コラム 2.4　綿密な法律検討作業の推進 ·· 114

|　　　　　　　　　　　　　　　　　　　　　　　　　　　　　　　　　　　目　次

  ▶コラム 2.5 連邦制度：多国民的か、行政区域的か、あるいはハイブリッド型か································120
 第3節 環境的に持続可能な開発に向けた制度構築························122
  ▶コラム 2.6 中国及びベトナムにおける戦略的環境評価（SEA）·······132
  ▶コラム 2.7 フィリピン持続可能な開発会議································137
  ▶コラム 2.8 新環境保全法（LEC）··139
 第4節 民間イニシアティブ促進環境基盤····································147
  ▶コラム 2.9 多様な部門に及ぶ軍事企業活動································156
 第5節 将来に向けた人的資本の蓄積··178
  ▶コラム 2.10 政府教育支出··185
  ▶コラム 2.11 スイスにおけるアプレンティスシップ：ミャンマーに適合可能なモデル································191
 第6節 物的資本の蓄積··193
 付録 A.2 ミャンマーの金融・企業部門··204

第3章　包摂的成長と機会均等···219
 はじめに··220
 第1節 機会平等促進に向けた成長の普及拡大····························221
  ▶コラム 3.1 チン州での野鼠の群生問題····································228
 第2節 多民族国民国家の構築··241
 第3節 包摂性に向けた信頼性の構築··246

終　章　ミャンマーの将来展望···259

訳者あとがき···267

図表一覧

──第1章　岐路に立つミャンマー

図1.1　一人当たり面積で際立つ耕地の豊かさ･････････････････37
図1.2　労働生産性･････････････････39
図1.3　成長を駆動してきた民間消費･････････････････48
図1.4　堅実な増加をみせる人口･････････････････50
図1.5　老いの始まり間近なミャンマー･････････････････50
図1.6　生産性格差に起因するOECD加盟国との実質所得格差･････････････････51
図1.7　競争力を増しつつあるミャンマーの輸出等･････････････････53
図1.8　投入財部門に対しほとんど利潤を生んでいない製造業部門･････････････････55
図1.9　高い労働参加率と半分近くを占める女性労働者の割合･････････････････56
図1.10　顕著な格差をみせるジェンダー格差･････････････････56
図1.11　一部の社会制度により経済社会的生活への完全参加を制限されている女性･････････････････57
図1.12　低水準な基礎的条件及び主観満足･････････････････64
図1.13　ほんの僅かながら改善をみせる低水準の平均余命･････････････････66
図1.14　相対的に低水準にある期待就学年数･････････････････66
図1.15　低度な社会的支援水準と高度な腐敗認識･････････････････67
図1.16　これまで受容されてきた環境の質･････････････････69
図1.17　低水準にある個人の安全･････････････････70
図1.18　所得水準に対応したミャンマーの主観的幸福･････････････････70
図1.19　ベンチマーク指標（比較対象国家群より算出）を基準としたミャンマーの実績･････････････････74
図1.20　ベンチマーク指標（世界規模で算出）を基準としたミャンマーの実績･････････････････75
表1.1　東南アジア諸国、中国、インドの実質GDP成長率･････････････････48

――第2章　安定的かつ持続可能な開発の実現

- 図 2.1　近年、財務省証券利回りと並行的に進む貸出・預入金利の低下 ……………… 99
- 図 2.2　ミャンマーでの厳格な資本フロー統制 …………………………………………… 101
- 図 2.3　所得水準に対し低水準にあるミャンマーの歳入 ………………………………… 107
- 図 2.4　低水準にある税収割合 ……………………………………………………………… 108
- 図 2.5　政府の税源として重要な所得、利潤、企業活動 ………………………………… 109
- 図 2.6　ミャンマーのエネルギー消費の大部分を占めるバイオマス …………………… 124
- 図 2.7　大都市で深刻な大気汚染 …………………………………………………………… 125
- 図 2.8　所得増大に伴い上昇傾向にある自動車密度 ……………………………………… 127
- 図 2.9　地域的に増加している巨大台風及び洪水件数 …………………………………… 128
- 図 2.10　小規模だが拡大方向にある森林保護区 …………………………………………… 145
- 図 2.11　近隣国に後れを取るロジスティクス実績 ………………………………………… 149
- 図 2.12　中小企業（SME）密度の低いミャンマー ………………………………………… 151
- 図 2.13　低水準にある対ミャンマーFDIフロー …………………………………………… 167
- 図 2.14　ビジネスに対する様々な金融手段 ………………………………………………… 175
- 図 2.15　成人識字率の高いミャンマー ……………………………………………………… 179
- 図 2.16　義務教育年数の短いミャンマー …………………………………………………… 180
- 図 2.17　初等教育到達度の改善 ……………………………………………………………… 181
- 図 2.18　低水準からの改善のみられた非義務教育 ………………………………………… 182
- 図 2.19　生徒数に合わせ拡充の必要な教員数 ……………………………………………… 184
- 図 2.20　文系、理系共に重視するミャンマーの学生 ……………………………………… 189
- 図 2.21　極端に低い道路密度 ………………………………………………………………… 194
- 図 2.22　未開発の通信部門 …………………………………………………………………… 198
- 表 2.1　大半を占める小規模／非公式企業 ………………………………………………… 150
- 表 2.2　細分化されている企業部門規制 …………………………………………………… 152
- 表 2.3　国有企業の重要性低下 ……………………………………………………………… 155
- 表 2.4　企業の法規制枠組みに必要な改善 ………………………………………………… 158
- 表 2.5　食料・飲料業を始めとした製造業企業 …………………………………………… 161
- 表 2.6　急速な拡大をみせる観光業 ………………………………………………………… 165

表 2.7	域内諸国が大半を占めるホテル業界に対する投資	165
表 2.8	主要輸送モードである道路輸送	165
表 2.9	大半を占める第1次産業部門への対内FDIフロー	168
表 2.10	大半を占める近隣国からの対内FDIフロー	168
表 2.11	大半を占める建設業・製造業での国内投資	169
表 2.12	限られた産業部門に集中している国有企業（SOE）投資	169
表 A.2.1	ミャンマーの金融制度	205
表 A.2.2	ミャンマー、タイ、ベトナムでの製造業企業の企業規模による分類	206
表 A.2.3	事業分野別国有企業：利益及び損失	207
表 A.2.4	ミャンマーにおける事業投資関連インセンティブ及び制限措置	209

──第3章　包摂的成長と機会均等

図 3.1	高水準ながらも改善をみせる貧困率	221
図 3.2	多様性の求められる輸出等	223
図 3.3	深刻な土地の無保有問題	225
図 3.4	銀行業サービス普及の遅れ	226
図 3.5	保健支出額の低水準なミャンマー	229
図 3.6	全世帯で物理的普及の進まない中等教育	232
図 3.7	貧困世帯ほど低水準な教育到達度	233
図 3.8	重要インフラの普及の進まない貧困世帯	234
図 3.9	地域で異なる電気普及率	238
図 3.10	州及び管区域により広く異なる初等学校就学率	240
図 3.11	国際基準に照らし高水準なミャンマーでの汚職・腐敗水準	248
図 3.12	司法制度及び裁判官への信頼に欠けるミャンマー	248
図 3.13	改善は進むがなお低水準なミャンマーの民主化	250
図 3.14	制限される政治制度への女性の参加	251
図 3.15	国民の政府機関への意見表明経験の限られるミャンマー	253

頭字語・略語

ADB	アジア開発銀行（Asian Development Bank）
AFPFL	反ファシスト人民自由連盟（Anti-Fascist People's Freedom League）
ASEAN	東南アジア諸国連合（Association of Southeast Asian Nations）
BIMSTEC	ベンガル湾多分野技術経済協力イニシアティブ（Bay of Bengal Initiative for Multi-Sectoral Technical and Economic Cooperation）
BSPP	ビルマ社会主義計画党（Burma Socialist Programme Party）
CAL	認証及び表示（Certification and labelling）
CBM	ミャンマー中央銀行（Central Bank of Myanmar）
CDMA	符号分割多元接続（Code Division Multiple Access）
CF	コミュニティ森林資源（Community forest）
CI	環境指令措置（Command instruments）
CLMV	アセアン4か国（カンボジア、ラオス、ミャンマー、ベトナム）（Cambodia, Lao PDR, Myanmar and Viet Nam）
CPI	消費者物価指数（Consumer Price Index）
CSO	ミャンマー中央統計局（Central Statistical Organization [of Myanmar]）
CSO	市民社会組織（Civil society organisations）
CVT	職業訓練センター（Centre for Vocational Training）
DICA	投資企業管理局（Directorate of Investment and Company Administration）
EIA	環境影響評価（Environmental Impact Assessments）
ERIA	東アジア・アセアン経済研究センター（Economic Research Institute for ASEAN and East Asia）
ETI	環境租税措置（Environmental tax instruments）
FAO	食糧農業機関（Food and Agriculture Organization）

FDI	海外直接投資	(Foreign direct investment)
FESR	経済社会改革枠組み	(Framework for Economic and Social Reforms)
FUG	森林利用者集団	(Forest user groups)
GDDS	一般データ公表システム	(General Data Dissemination System)
GER	総就学率	(Gross enrolment ratio)
GDP	国内総生産	(Gross domestic product)
GII	ジェンダー格差指数	(Gender Inequality Index)
GMS	大メコン圏地域	(Greater Mekong Sub-region)
GNI	国民総所得	(Gross national income)
GWh	ギガワット・アワー	(Gigawatt-hour)
ICT	情報通信技術	(Information and communications technology)
IDP	国内避難民	(Internally Displaced Persons)
IEA	国際エネルギー機関	(International Energy Agency)
IFAD	国際農業開発基金	(International Fund for Agricultural Development)
IMF	国際通貨基金	(International Monetary Fund)
IHLCA	世帯構造・生活条件統合評価	(Integrated Household and Living Conditions Assessment)
JAT	中学校教員	(Junior Assistant Teachers)
JETRO	日本貿易振興機構	(Japan External Trade Organization)
KBZ	カンボーザ銀行	(Kanbawza Bank)
KMT	中国国民党軍	(Kuomintang)
KNU	カレン民族同盟	(Karen National Union)
LDC	後発開発途上国	(Least developed country)
LEC	環境保全法	(Law on Environmental Conservation)
MBI	環境市場ベース措置	(Market-based instruments)
MDCR	多角的国家分析	(Multi-dimensional Country Review)
MDRI	ミャンマー開発資源センター	(Myanmar Development Resources Institute)
MEC	ミャンマー経済企業	(Myanmar Economic Corporation)
MOECAF	環境保全森林省	(Ministry of Environmental Conservation and Forests)

MOGE	ミャンマー石油ガス公社（Myanmar Oil and Gas Enterprise）
MNPED	国家計画経済開発省（Ministry for National Planning and Economic Development）
MW	メガワット（Megawatts）
NCCE	国家環境調整委員会（National Coordinating Commission for the Environment）
NCEA	国家環境委員会（National Commission on Environmental Affairs）
NCSD	国家持続可能な開発会議（National Council on Sustainable Development）
NECC	国家環境保全委員会（National Environmental Conservation Committee）
NEPL	国家環境政策法（National Environmental Policy Law）
NGO	非政府組織（Non-governmental organisation）
NLD	国民民主連盟（National League for Democracy）
NPL	不良債権（Non-performing loan）
NSDS	国家統計開発戦略（National Strategy for the Development of Statistics）
ODA	政府開発援助（Official development assistance）
OECD	経済協力開発機構（Organisation for Economic Co-operation and Development）
PARIS21	21世紀における開発のための統計パートナーシップ（Partnership in Statistics for Development in the 21st Century）
PAS	保護区システム（Protected Area System）
PAT	小学校教員（Primary Assistant Teachers）
PES	生態系サービス支払い（Payments for ecosystem services）
PISA	OECD生徒の学習到達度調査（Programme for International Student Assessment）
PPP	購買力平価（Purchasing Power Parity）
PVO	国民ボランティア組織（People's Volunteer Organisation）
SAARC	南アジア地域協力連合（South Asian Association for Regional Cooperation）

SAT	高校教員（Senior Assistant Teacher）
SCOUHP	丘陵地域連合最高評議会（Supreme Council of the United Hills Peoples）
SDDS	特別データ公表システム（Special Data Dissemination System）
SEA	戦略的環境評価（Strategic Environmental Assessments）
SEZ	経済特別区（Special Economic Zone）
SIGI	OECD 社会制度とジェンダー指標（Social Institutions and Gender Index）
SLORC	国家法秩序回復評議会（State Law and Order Restoration Council）
SOE	国有企業（State-owned enterprise）
SME	中小企業（Small and medium-sized enterprises）
SMIDB	中小企業工業開発銀行（Small and Medium Industrial Development Bank）
SPDC	国家平和開発評議会（State Peace and Development Council）
SWIFT	国際銀行間通信協会（Society for Worldwide Interbank Financial Telecommunication）
SWM	固形廃棄物管理（Solid waste management）
TRIMS	貿易関連投資措置（Trade-related investment measures）
UMEH	ミャンマー経済持株会社連合会（Union of Myanmar Economic Holdings Ltd.）
UMFCCI	ミャンマー商工会議所連合会（Union of Myanmar Federation of Chambers of Commerce and Industry）
UN	国際連合（United Nations）
UNDP	国連開発計画（United Nations Development Programme）
UNESCAP	国連アジア太平洋経済社会委員会（United Nations Economic and Social Commission for Asia and the Pacific）
UNESCO	国連教育科学文化機関（United Nations Educational, Scientific and Cultural Organization）
UNHCR	国連難民高等弁務官事務所（United Nations High Commissioner for Refugees）
UNICEF	国連児童基金（United Nations Children's Fund）

UNIDO	国連工業開発機関（United Nations Industrial Development Organization）
WFP	世界食糧計画（World Food Programme）
WHO	世界保健機関（World Health Organization）
WTO	世界貿易機関（World Trade Organization）

刊行にあたって

　移行とは、確固とした政策的意思によって支えられた賢明な政策立案過程の求められる複雑な現象である。2011年に始まったミャンマーでの移行過程、特に同国特有の課題である「トリプル移管」で、目覚ましい進展がみられる。政治においては、ミャンマーは軍事政権から複数政党制に基づく民主政権への移行を果たし、経済改革では、強力な中央計画経済から市場ベース経済への転換が図られるとともに、持続的に進められる和平プロセスでの停戦交渉では、国境地域での長引く紛争を幾つか停戦に持ち込んでいる。

　ミャンマーでの改革が始められて2年が経つが、尋常でないスピードでの前進を続けている。数多くの新法が議会を通過し、さらに多くの法案が起草され、討議されている。このミャンマーに対し、初となる評価での診断が示すように、この勢いを摑むことが肝要であると思われる。ミャンマーでは、今後数十年に亘る人口の増大を考えると、人口動態からの配当を収穫し、経済的潜在力を高めることが必要であり、その終了後に国民の老いが進むことになると考えられる。今、開発の勢いに乗らないのであれば、ミャンマーは国民の所得水準も生活水準も大きく改善されないまま年老いてしまうリスクを負っているのである。

　我々が現在、分かっていることは、ミャンマーにとって、これといった開発「モデル」は存在せず、その強みに基づき国民の大志に応えた独自の進路を辿ることになるだろうということである。他国での移行経験からは、移行過程は国家の社会・政治的条件と人的及び物的資源賦存状態に規定されることが分かる。したがって、政策対応も国家ごとに個別の対応が必要であり、価格及び取引自由化、マクロ経済的安定性及び民営化といった重要かつ一般的な政策課題も、国が違えば、同じ政策対応とはならない。ほんの数年前までは、こうした考え方は一般的ではなかったが、一般化してからは、今日ミャンマーの開発に携わる政策担当官及び実務家の間で多くのことが学習され、役立てられてきた。さらに、ミャンマーの経験を通して、我々の移行及び開発に対する理解に資す

る、より多くの教訓を得ることになるだろう。

　過去2年間、OECDはOECD開発戦略の一環として、開発課題への対応を考慮し、どのようにすれば最善な形で政策担当官、延いては国民の要求に応えることができるか真剣に検討を進めてきた。OECD開発戦略では、グローバルな開発への貢献を促進するために、OECDにその分析枠組みと政策手段、政策措置の適応を求めた。そして、*OECD Development Pathways*はこの要求への一つの回答となっている。そこに提示される分析には、広範な経済的政策対応に亘る国家条件の慎重な診断に重点をおいた、多様な開発アプローチが反映されている。また、この分析は、OECD加盟国での豊かな政策経験、これまで政治・経済的移行を支えてきた数多くの政策に基づくものであり、さらに、この『ミャンマーの多角的分析』では、東南アジアでのOECD作業部会を通して、蓄積の進む政策経験が生かされている。

経済協力開発機構（OECD）
開発センター長
マリオ・ペッツィーニ（Mario Pezzini）

経済協力開発機構（OECD）
統計局長兼主席統計官
マーチン・デュラン（Martine Durand）

経済協力開発機構（OECD）
事務次長兼チーフエコノミスト
ピエール・カルロ・パドアン（Pier Carlo Padoan）

一般事情

正式名称：ミャンマー連邦共和国（Republic of the Union of Myanmar）

人口：5,913万人（概算値）
　政府発表による最新の人口（概算値）は、最近年の世論調査（1983年実施）、1991年ミャンマー人口動態及び出生率調査、2001年出生率及びリプロダクティブ・ヘルス調査に基づく。世界銀行の*World Development Indicator*によるミャンマーの人口はずっと少なく（2011年時点で4,834万人）、IMFの*World Economic Outlook*ではやや多い値（2011年時点で6,242万人）となっている。国内の死亡率は、政府の公式統計では把握されないHIV／AIDSによる増分が考えられ、概算値は過小評価となっているとされる。

地理：ミャンマーの中央平原は、北西部には高い山々が連なり、東部にかけてシャン高地に取り囲まれるように存在している。また南下すると、エーヤワディ川、シッタン川のあるデルタ渓谷地域となり、そこには国内の肥沃な耕地の大半が集中している。ミャンマーの沖には、多数の島々と何百もの小島が存在している。

気候：低地は降雨量が多く暑く湿度の高い夏季（6月～9月）と、穏やかで乾燥している冬季（12月～4月）を持つ熱帯モンスーン気候である。高地の気候は、低標高地の亜熱帯気候から高標高地の寒冷気候まで、標高に応じて多様である。南部沿岸地域で年間降雨量が5,000mmを超えるのに対し、北部中央ミャンマーの乾燥地帯の一部には、年間降雨量が700mmに満たない地域がある。

国土面積：676,578km^2
　ミャンマーは、大陸のアセアン諸国の中では最も広大な面積を誇り、東西に

936km、南北に2,051kmの広がりを持つ。その面積は、ベトナムの2倍、タイの約1.25倍である。

国境共有諸国：バングラデシュ（193km）、インド（1,463km）、中国（2,185km）、ラオス（235km）、タイ（1,800km）

国境総延長距離：5,876km

海岸線総延長距離：1,930km
　海岸線は、北西部のバングラデシュとの国境地域から、南東部のマレー半島、タイとの国境地域にまで及ぶ。

行政区分：7州（チン、カチン、カヤー、カレン、モン、ラカイン、シャン）、7管区域（エーヤワディ、バゴー、マグウェ、マンダレー、ザガイン、タニンダーリ、ヤンゴン）、5自治地域、1自治地区、そして連邦領、ネーピードーからなる、21の行政区画がある。ミャンマーの州及び管区域はさらに、県から郡、そして町、区（都市）、村落区（地方）へと分化される。

通貨：チャットもしくはミャンマー・チャット（MMK）

宗教：仏教（89.4％）、キリスト教（4.9％）、イスラム教（3.9％）、アニミズム（1.2％）、ヒンドゥー教（0.5％）

民族集団：国内では135の民族集団が認知されている。その主なものから挙げれば、ビルマ民族（69％）、シャン民族（8.5％）、カイン民族（6.2％）、ラカイン民族（4.5％）、モン民族（2.4％）、チン民族（2.2％）、カチン民族（1.4％）、カヤー民族（0.4％）、その他土着民族（0.1％）と、ビルマ民族と外国人との混血である外来民族（5.3％）が存在している。

言語：ミャンマー語が正式な国語であるが、これ以外にも土着の言語が国内の

諸民族地域で使われている。

政治形態：2011年3月より議会政治

首都：ネーピードー

ミャンマーの州／管区域

要　旨

　ミャンマーは鉱物に富む肥沃な大地を有し、炭化水素、森林や水資源、また国民の平均年齢も若いといった意味で多くの資産を誇っている。ダイナミズムを持つ地域で、地理的にも有利な戦略的立地であるミャンマーは、これら資産を活用することで、農業、資源採取業、製造業、サービス業を基盤に、急速だが持続的な成長、発展に向けて、多角的な戦略を確立することが可能である。しかし、時間という重要な問題が存在する。ミャンマーは現在は比較的若い国家であるが、今後20年のうちに老いてしまうことが予想される。国家を開放し国内の和平が進められることで開発に弾みをつけられなければ、ミャンマーは豊かになる前に老いてしまう可能性がある。

安定した持続可能かつ機会平等を目標とした成長

　近年のミャンマーの経済成長は、相対的に所得水準の低い状態におかれていた。OECDの中期成長予測では、構造改革が行われない場合のミャンマー経済の2013年から2017年の平均成長率は6.3%と予測されており、現在から2015年にかけて同国政府の掲げる7.7%成長よりもやや低い水準となっている。この目標を実現するとともに、堅実かつ持続可能な発展の基盤を確立するには、民主化の促進、体系的な生産性の向上、機会と所得の公平な配分を促進する制度改革イニシアティブの下に、成長と貧困削減に向けて短期施策が適切に繰り出されることが求められる。

　資源分野は成長に寄与し得るが、国民のための安定した成長には、幾つかの雇用創出分野での離陸が求められる。現在、雇用創出と国内総生産（output）での主な貢献役となっている農業は引き続き同国で重要な役割を果たすことになろうが、機械化と生産性の改善が進む中にあって、雇用の縮小が懸念される。

現在、未だ開発の進んでいない製造業、サービス業分野への投資が、雇用創出と所得向上の鍵を握ると考えられる。同国に賦存する豊富な低賃金労働力によって、これら分野の拡大が促進されることになろうが、民間企業部門の発展を支える物的社会基盤と制度的枠組みの改善が重要となる。こうした機会を活用していくうえで、実際に短期的に展開可能な限られた政策的イニシアティブの見極めが投資の促進に有効となろう。また特に、対内投資の誘致、経済特別区、国有企業の経済成長への適切な寄与、小企業の発展を支援する適正な条件の整備に関心が向けられる必要がある。そして、こうした政策措置と並行して、長期志向性を持った構造改革が進められる必要がある。

安定した持続可能な発展を確保するうえで、政策は総合した成長以上のところをめざす必要がある。持続可能性と公平性に同様の効果を持つ成長経路には様々なものが考えられ、実際に開発政策の追求において重要な社会的総意を保持しようと思えば、発展の過程で国民の間に包摂性と機会の平等が確保されることが等しく重要となる。ミャンマーには、極度の貧困と公共サービス面での不平等に向き合うことが危急の課題となっている。政治的移行の強化、民族・部族間の緊張緩和、地域間の不均衡の克服といった複合的課題に向き合える政治的空間を開放し、改革過程への一般的な支援基盤を強化するには、この方向での迅速な改革の実施が重要となる。またミャンマーでの開発の成功は、保健、安全、そして生活に関わる意思決定への国民の参画意識といった幅広い観点からも幸福指標を用いて測定されることになろう。

安定した持続可能な成長に重要な制度資本及び社会関係資本……

制度資本及び社会関係資本の欠如は、人的資本及び物的資本の欠如よりもはるかに危急の解決の求められる問題であり、ミャンマーの発展に大きな制約となる。ミャンマーが安定した持続可能な成長を実現し得るかどうかは、主にマクロ経済及び金融面での安定性の維持、法規則の確保、環境的に持続可能な発展の実現、民間部門を支援し得る円滑な環境の創出に必要とされる、制度資本及び社会関係資本の開発を成功裡に行い得るかどうかに掛かっていると言える。

●**マクロ経済的安定性**：損害を被らせることとなった銀行危機と、ほとんどハイパ

要 旨

ーインフレ状態に見舞われてきたことを含め、これまでのマクロ経済的安定性における状況は、ミャンマーの発展にとって阻害的なものでしかなかった。現在、政策三分野での改革が求められており、第一に、金融システムでは、資金流入を促し最も有望な分野で利用できるように、安定性と効率性における改善が求められている。第二に、経済的衝撃に対処できるように必要な制度及び技術的基盤整備を進めつつ、通貨及び為替相場政策枠組みを確立することが求められる。また、教育、保健等、今後一層の支出の求められる分野を支援するうえで歳入拡大が必要となるが、第三に、そのための財政政策枠組みの開発が求められている。さらに、これらの改革を成功裡に進めるためにも、ミャンマー経済の公式化を進め、金融システム及びマクロ経済政策の対象を拡大することが求められる。

● **法規則**：国内の分野によって存在する法規則の欠如が、安全や治安等の政府サービスに例示される主要な公共財の提供を妨げてきた。さらに、法規則が欠如することによって、急速かつ制御不能とされる天然資源の枯渇が助長されてきた。こうした最近の出来事では多くの場合、法律は最善の状況にはなく、政府及び権力を有する個人が裁定的に権限を行使することを許してしまい、しばしば公共財を犠牲にしてしまってきたのである。法の主権を確立するためにも、行政権、立法権、司法権の効果的な分立が重要となる。2011年の政治改革以降、法規則が強化されてきた。現在では、国民の声を伝える対話の場が存在し、政府の説明責任がより効果的に果たされるとともに透明性も向上している。しかし、政府としては、法律及び未だ対象とされない不法行為に関してもっと議論を深めていく必要がある。

● **環境的に持続可能な開発**：ミャンマーでは、天然資源は国家の大黒柱の位置づけにあるが、今後、多角化の進められる中でも重要であり続けるだろう。しかし、国民による天然資源の枯渇が切迫した問題として危惧される中、商業需要が停止され、また可能な場合にはその返上が求められている。また同時に、ミャンマーは今後進む工業化と都市化、そして農業生産性向上のための化学肥料及び農薬の使用量増大に伴うリスクには備えなくてはならない。沿岸地域及びデルタ地域では、海洋の潮汐変化とサイクロンの頻度と強度が増したことによる影響が強まる

のに伴い、開発計画の中で気候変動を扱う必要も出てきている。こうした事態を受け、制度的枠組みの強化とともに、開発政策全般に亘り、個別分野そして全分野にまたがった、環境面をも含めた再検討が必要となっている。

● **民間のイニシアティブを支える円滑な事業環境**：企業部門が開発を主導する必要があり、それには適切な制度的枠組みが必要となる。ミャンマーには低賃金労働力が豊富に賦存しているが、その潜在力を顕在化させるための管理は未だ行われていない。国民1,000人当たりの中小企業数は推計2.6社と、タイとの比較でかなり少なく、一部の開発の進んだ国家からは取り残された状態にある。また企業の大半が非公式で、全体の83％が非公式部門に分類される一方で、国有企業には相当の自由と経済的特権が与えられている。企業間に公平な活動の場が創造されるならば、包摂的で持続可能な開発の必要条件が整うことになる。

　ミャンマーの人的資本及び物的資本に欠ける現状に向き合うに当たり、制度的改善がまた重要となる。ミャンマーでは、成人人口の大半が基礎的な読み、書き、計算能力を有し、過去20年間、公式的教育機会の確保に改善がみられたが、初等教育での中退と中等教育での低就学率は、教育機会の充足が課題として残されていることを意味している。教育の質に関する課題は、教員訓練プログラムの更新とカリキュラム改訂によって対処されてきたが、学生の学習到達度と教員の質を測定するツールの改善が求められている。しかし、ミャンマーにおいて、今後、労働市場で需要の予測される専門人材の蓄積はまだである。職業訓練と教育、保健分野での高等教育課程卒業生割合の向上にもっと力を入れることが重要である。

　物的資本の観点からは、ミャンマーの輸送、エネルギー、通信分野のインフラの更新、拡張の必要があるが、省庁間での責任が複合的に分担されている状況は統合戦略の開発を困難化させている。同国の舗装道路は全体の22％を下回る程度で、全郡に道路が通じている訳ではない。ミャンマーのエネルギー創出能力に対し、現在の約3,500メガワットの産出水準は低水準にある。電力の創出と配分が主要課題となっており、地方では人口の28％しか電力を利用できていない状況にある。近年、近隣諸国にはインターネット及び携帯電話利用

要 旨

において指数関数的な成長のみられた国家もあったが、ミャンマーではほとんどその利用が進んでいない。

……包摂的かつ機会平等を備えた開発の確保にも重要な制度資本及び社会関係資本

　成長を持続可能なものとするうえで、より公平で包摂的なものとする必要もある。消費面でのジニ係数を測定した総合的な格差水準は0.38と特に高い水準にあるようには思えないが、そこには多様な社会集団（population segments）間に存在する格差が隠されてしまっている。全人口の4分の1近くが貧困生活にあり、貧困率は成長が進んでもそれ程改善されていない。生活水準の改善に重要な役割を果たすことの期待される教育、保健医療、主要インフラ等の公共サービス財の享受面で、貧困が大きな障壁となり格差要因となっている。公共サービス及びインフラの享受面でも一般に都市との比較において、地方でのサービス享受は進んでおらず、州や管区域間にも格差が存在している。

　経済分野間にも成長の不均一性がみられ、機会の不平等をさらに拡大させている。成長の原動力（すなわち、天然資源）が特定地域に集中しているため、不均一な成長は地域間での開発の不均一化を招いてしまっている。興味深いことに、ミャンマーでは周辺地域が豊かである。というのも、近隣国との輸送費は低く、高い賃金を求めた労働者の一時的越境も可能なため、そうした地域で仕事をすることは有利であるために、タイ、中国、バングラデシュとの国境に面した地域の世帯一人当たりの支出割合は最も高くなっている。

　公平性と包摂性は、ミャンマーのような多様な人種、民族を抱える国では特に重要となる。国家的統一性を維持しつつ、多民族国家に向けて前進を続けるには、国家の建設と文化的多様性の保持との間の繊細な均衡化に努める必要があろう。連邦制度のより効果的な形態は実験により見極められる必要があるが、各民族集団からの制度面での文化的尊重要求と結束国家に不可欠な要件との巧みな調整が一層求められてきている。国家全域での平和及び政府による統制の確保と少数民族集団の権利を尊重することとは、相互作用を通して政府の正当性を高めるための基盤を強化しているのである。

第 1 章

岐路に立つミャンマー

　本章では、開発を支えている物的資本、人的資本、制度資本、社会関係資本の四つの資本ストック枠組みに基づき、ミャンマーの直面している開発面での機会と課題を概観する。まずは、ミャンマーの有する資産、特に肥沃な大地、天然資源、豊かな文化遺産、豊富な労働力、地理的戦略的立地の評価から始め、次に同国が持続可能かつ公平な成長を始動させるうえで直面する主要課題を検討し、人口統計等、同国の長期潜在力を決定づける要因について検証する。そして最後に、OECDの「How's Life?」枠組みを用いたミャンマーに対する幸福分析を行い、域内国もしくは同一経済開発水準国との比較において、時系列的にミャンマーの幸福指標について検証を行う。

はじめに

　ミャンマーでのこれから数年間は、長期開発に向けて途を整備し、適正な政策を選択する重要な時期にある。豊富な資産に恵まれる同国は、本書でも推奨している、農業、採鉱業、製造業、サービス業を基盤とした多角的開発戦略の確立が可能である。国内での和平を進め、主要二国間及び多角的パートナー関係を再建することで、こうした戦略の土台の強化が可能となる。またミャンマーはその有利な立場を利用することで、かつての域内中核拠点としての再起あるいはさらに重要な役割を果たすことが可能となる。主たる成長の極であり主要市場を形成している中国とインドの間に位置し、アセアン[1]のタイガー国家に近接しているミャンマーは、域内のバンドワゴン的開発の波に飛び乗り、そのキャッチアップ・プロセスを加速させることが可能である。「富のシフト」すなわち、主にアジアの成長に主導された、北大西洋地域から東方及び南方への世界経済の重心移動も、ミャンマー経済の離陸とグローバル経済への統合には追い風となる。

　国内的、国際的趨勢としての政治経済動向を十分に活用することが、ミャンマーが安定した持続可能な開発過程に入るための前提となる。他国経済の移行過程での経験は、ミャンマー経済の発展に有益な示唆を与えてくれる（コラム1.1）。これまでにも幾つか重要な改革が行われてきたが、そこには改革を断行する政治的意思が強く表れている。2011年の文民政治への転換以降、近年の政治改革において、全世界に開放された二国間及び多角的経済関係の確立に向け、環境整備が進められてきた。政府に更なる目に見える短期的な成果を要請しているのは、ミャンマー国民の生活条件の改善と富の公平な分配に対する強い期待である。国民の期待に応えて、これを国家建設過程に取り入れるには、包括的な政治経済アジェンダが必要である。そこには、平和の確立と国家的目標としてのその共有、政治的多様性の尊重と対話の促進、民族的アイデンティティと文化的保護、人間らしい生活の保証、民間によるイニシアティブと収入公平性の推進、そして最も重要な点として、将来世代に配慮した持続可能性と

公平性に基づく富の配分、が含められることとなろう。

　政府による優先順位の適切な設定とスケジュール化に、長期的発展は支えられている。他国との経済統合の推進、特に2015年に発効されるASEAN経済統合に向けた準備作業がミャンマーにおける目下の課題である。そこには、多角化と生産性、効率性の向上を通して国内全産業分野の競争力を向上させ、従来、競争から保護されてきた産業分野には競争圧力により対等な立場に立たせることの必要性が暗示されている。さらに長期的には、持続可能で公平かつ包摂的な形で着実に生活水準を向上させるには、多角的開発過程の持続化が課題となるが、生活面での満足、信頼、安全といった重要幸福指標を超えて、より一層、多角的開発を推進することになる。

　本書には、ミャンマーの多角的分析における診断結果をまとめてある。分析では、OECDの分析ツール及び分析枠組みをミャンマーの持続性の文脈に適応させ、全体的成長と併せ、持続可能性、公平性等、幸福の構成要素を含めて、開発過程における複数目標間の相互関係を検証することが最終目標となる。本書で焦点の当てられる分析段階では、ミャンマーでの複数の開発目標実現において鍵を握る、克服の求められる障害及び制約が対象とされる。技術及び人的資本の改善に合わせた物的資本の持続的、迅速的蓄積がミャンマーの開発目標実現において重要であると思われるが、それだけで十分という訳ではない。さらに重要となるのは、政府がその目標に向けた取り組みの基礎におく法律や規制、市場あるいは企業等民間部門を統治する法律といった、制度構造、制度的調整を内容とする制度資本であり、社会での行為主体間の相互作用の度合と質を決定づける制度、関係、規範を内容とする社会関係資本である。制度資本と社会関係資本の品質が、政策の成功裡での遂行と、迅速かつ持続可能で包摂的な成長の実現において重要であり、その改善が持続的な開発過程を始動させるうえでの鍵を握ると思われる。そこでは、制度資本及び社会関係資本の蓄積と持続可能かつ公平な成長とが相互に強め合う好循環の実現が目標となる。

　第1章では、ミャンマーが、物的資本、人的資本、制度資本、社会関係資本間の相互作用性を強化しつつ、多角的開発戦略を推進するうえで必要となる条件及び問題点を概観する。まずは、ミャンマーが発展を進めるうえでの優位性、特に肥沃な大地、天然資源、歴史的遺産、豊富な労働力、地理的戦略的立地に

ついて論じ、次に、開発の持続可能性と全社会集団間での利益分配の確保、そして保健、人的安全、市民契約等、多角的な個人的、社会的幸福の推進確保にも焦点を当て、同国の直面する重要課題の検討を行う。

　続く第2章では、これらのテーマを更に掘り下げる。執行されている政策と併せ、長期安定的かつ持続可能な成長実現のための制度資本及び社会関係資本の開発において、解決すべき課題について検討する。これには、マクロ経済及び金融的安定性確保のための枠組みづくり、民間部門の開発促進に向けた法制度的調整、環境的に持続可能な開発確保のための制度強化、そして人的資本及びインフラの蓄積が含まれる。また第3章では、現在、国民の間に存在している経済、社会的機会及び成果における多大な格差と、格差縮小に向けた政策オプションについて論じている。貧困削減と機会均等化には、公共サービスの普及改善措置と併せて、製造業及びサービス業を開拓し成長によって広く下支えることが必要である。公平かつ包摂的な発展を実現し得るかどうかは、地方自治を支える制度的要求とのバランスを図りつつ、多民族国家としての成熟化に向けた制度資本及び社会関係資本の開発を進められるかどうかに掛かっているが、この発展過程では国家的アイデンティティの下に、個々に異なる文化が尊重されるものとなる。また、それには、社会集団間の信頼関係、延いては政府との信頼関係の構築が同様に重要となる。

第1節　ミャンマーにおける多面的開発機会の活用

　鉱物も豊富な肥沃な大地、炭化水素、森林、及び水資源、世界史上重要な古代文明、平均年齢の若さ等、ミャンマー程、豊富な資産を基礎に強力な開発戦略立案機会を有する国家はほとんど存在しない。しかし、ミャンマーは、潜在能力の発現にこうした資産を十分に活用できておらず、得られるはずの利益を国民が享受できない状況にある。また歴史的には、現在のミャンマー管轄下の領土は経済的繁栄を誇ってきたと言える。そこは様々な所から人の集まる、生活にとって魅力的な場であった。肥沃なことと併せ交易ルートの中心地の特性から、人口過剰地からの新規入植者を受け入れ、安定した生活、安全な生活を

第 1 章　岐路に立つミャンマー

求める移民を惹きつけてきたのである。このような経緯を経て、幾世紀をも掛けて、現在のミャンマーの立地は経済的繁栄と洗練した文化を備える多国的地域となったのである。

コラム 1.1　過去の移行経験からの学習

　ミャンマーの野心的政治経済的転換において、他国での教訓に学ぶことが重要である。例えば、インドネシアでの権威主義体制から民主的政治体制への転換における成功は、ミャンマーにとって参考になる。1998年のスハルト「新体制」崩壊から数年を経て、国家的に劇的な転換が観察された（Webber, 2006）。スハルト体制下では、権限は大統領の手中にある中で効果的な委譲はなされず、政治的自由は限られ、選挙及び選挙活動の許される政党は少なく、高度に統制された状況で、国家政治における裁量権は基本的に軍が掌握していた。1998年以降、インドネシアでは、一連の立法措置と併せ、大統領選も自由かつ公正、平和の下に進められたと思われるが、数度の政権交代も経験している。新しいインドネシアでは、報道の自由、政治的自由の拡大と市民社会の興隆が鍵を握る。インドネシアでは軍隊及び警察も、その人権記録が国民の監視下に置かれ、国民からの要求に応じた大胆な改革が断行されている。実際に、警察と軍隊の分割は、インドネシア「新思考」戦略の12の変革プログラムの中で、第1番目に挙げられている。この制度改革は、インドネシアでの法の執行に対し、国民の受け容れを促す作用があった。

　また、中・東欧移行経済諸国、及び旧ソ連からも教訓は得られる。2003年にOECDは、1990年代前半以降これら移行経済諸国から得られた教訓に対する評価作業を行っている*。この評価・反省作業では、中東欧諸国及び旧ソ連における指令経済から市場経済への急速な移行に対し、当初の期待が大きかったことが明らかにされている。しかし、実際の転換過程は円滑ではなく直線的には進まず、大胆な改革の行われる分野もあれば、遅々として改革の進まない分野もあったとされている。過去の経験に照らせば、移行過程は社会的・政治的条件、経済不均衡、人的・物的資源の賦存状況といった初期条件に規定されると言える。中東欧諸国と旧ソ連の経験から示唆されるのは、価格及び取引自由化、マクロ経済的安

定性、民営化といった総合的政策処方箋が、各国に同じ政策結果をもたらす訳ではないという点である。マクロ経済的安定性について言えば、構造改革が伴って初めて実現され得るものである。例えば、国有企業が乏しい予算により公共部門で準財政赤字を拡大させたとき等には、政府による予算規律の確保、維持努力が侵食されることとなった。そして、そこでは、初期条件に応じて政策処方箋を書き分ける必要があるという重要な教訓を得ることとなった。また、政策措置の実施における組み合わせと順番、時期も重要である。多様な政策間で実施に必要な時間にはかなりのばらつきがある。即時効果を求めて、速やかに実施に移せる改革もあれば、長い時間の掛かる改革、また効果を得るには制度能力の構築が求められることの多い改革もある。教育政策等は本来、世代を跨ぐものであり、短期施策には向いていない。困難な改革には継続的に政治的支援を与えることが重要であるが、社会的制約の伴う場合や利権による抵抗に遭う場合には、こうした支援も難しくなる。改革過程は、成果獲得のための時間確保を困難とする選挙サイクルからは切り離して遂行される必要がある。

　最後に、市場志向的政策の成功は、最終的には制度転換に依存すると言える。この転換には、経済を超えた統治が求められる。すなわち、民主制度の創出とガバナンスの改善、新しい社会規範と価値の創造、市民社会の強化、報道の自由の推進、民間組織への開放と企業家精神の醸成、そして規制当局のネットワークの確立がこうした制度転換を下支えるのである。

* 　ここに扱う教訓は、2003年にOECD理事会に提出された文書 "The transition economies: The OECD's experience" [C（2003）165] に基づく。

　数十年に亘る植民地統制時代を経ての1950年代、この新しく建設された国家は、急速な発展に伴い、国際社会から最も嘱望される開発途上国の一つとみなされるようになった。しかし、独立後50年間、政治経済的停滞が続き、同国の潜在能力は未だ開花するに至っておらず、1987年時には低所得国に甘んじていた（付録A.1参照）。1990年代の自由化の試みも広範に利益をもたらすものではなかったが、2011年の文民政治の幕開けにより、ついに経済的悪化、社会的分断、自然環境の悪化の反転に向けて、改革に弾みがつけられることと

第1章 岐路に立つミャンマー

なった。こうした歴史的瞬間にあって、農業分野の開発、天然資源を触媒とした工業化、サービス産業の開発を基礎に、潜在能力を開花させ、多角的な開発過程に踏み出す必要がある。

　ミャンマーはその衰退の始まる半世紀前までは、その豊かな農業資源によって、アジアの米作地帯を形成していた。したがって、多角的開発戦略でも、農業がその一角を占めるべきことは明白である。大規模農地も、土地全体に占める耕地の割合が約15％と、ほんの僅かでしかなく、タイの半分程しかない。しかし、同国の険しい地形と人口密度の低さを考えると、一人当たり耕地面積は大きくなる（図1.1）。さらに、ミャンマーは、大規模な植林地帯を誇る。国土全体の47％近くが森林に覆われており、これは東南アジア全体の植林地帯の40％近くを占めている。同国の森林地帯が東南アジアのチーク材の80％を占め、広範に分布するシタン及び鉄樹も含め、商業的に重要な樹木25種類を保有している。さらに、水資源の利用においても世界14位にランク付けされる。豊富な水資源は、多様な海洋生活と漁業の基盤となり、さらにはミャン

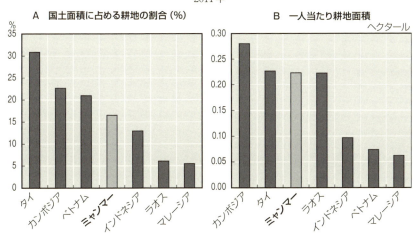

図1.1　一人当たり面積で際立つ耕地の豊かさ
2011年

出典：CSO (Central Statistical Organization) (2013), *Myanmar Data: CD-ROM 2011-12*, Central Statistical Organization, Ministry of National Planning and Economic Development, Nay Pyi Taw, Myanmar; World Bank (2013a), *World Development Indicators* (database), http://databank.worldbank.org.

StatLink : http://dx.doi.org/10.1787/888932856969

マーで創出される電力の4分の3を賄っている。ミャンマーは高地国境地域に、推計10万メガワット以上の大規模水力発電能力を有している。自流式プラントも幾つかあるが、ほとんどの水力発電プラントでダムを必要とする。現在の約2,600メガワットの発電能力は、2030年までに7倍にまで拡大する計画であるが、それでも推定潜在能力の約5分の1の水準でしかない。

　鉱物、炭化水素等の再生不能な天然資源は、比類なき程に多様である。同国の天然ガス保有量は、陸上で4,100億立方フィート、沖合で11兆立方フィートと推計されている（世界第37位）。また、ミャンマーには、石炭、銅、金、錫、タングステン、貴石、レアアースなどの鉱物が豊富である。こうした豊富かつ多様な天然資源が多角化開発戦略のもう一角を成しつつあるが、将来世代がこれら資産からの便益に与るためには、持続可能な開発に焦点をシフトさせる必要がある。ミャンマー政府は、資源統治の強化、特に透明性による効果的なアカウンタビリティの確保を検討するとともに、成果予測及び投資収益率の改善を図りながらの最適収益の確保、不安定性の管理、包摂的社会経済的発展につながる収益配分、多様性の促進、資源関連開発を支える部門特殊的機会（ローカル・コンテント要求、付加価値基準）を活用した抽出部門の基幹経済への統合をどのように進めていくか検討する必要があろう。

　ミャンマーはカンボジアやラオスといった他の域内諸国と比較して低コスト熟練労働力が豊富である。製造業分野の労働コストは、管理職部門はラオスに次いで二番目であるが、他の全ての職務において域内諸国で最も低い(JETRO, 2012)。2011年の製造業分野における労働者の月間稼得額は53米ドル、雇用者側からみた年間のコストは1,100米ドルと、中国やタイの同労働者に対して約6分の1、ラオスに対しては半分の水準にあると推計される。高技能の求められる職務では近隣国との賃金格差に改善がみられ、エンジニアについては中国とタイでそれぞれ4分の1と5分の1となっている。管理職での賃金格差はさらに小さく、これはミャンマーで熟練労働者の希少性が相対的に高いことを意味している。

　しかし、低賃金はそのまま低生産性を意味するものではない。実際、バングラデシュやカンボジア等、同一所得水準の域内他国と比べ、被雇用者一人当たり生産高は高く、中所得国に分類されるベトナムよりもかなり高い（図1.2）。

第1章 岐路に立つミャンマー

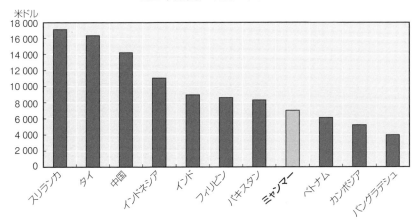

図1.2 労働生産性
PPP（Geary-Khamis法）に基づき1990年基準実質米ドル換算した
2011年就業者一人当たりGDP

出典：The Conference Board（2012）, *Total Economy Database™*, January 2012, www.conference-board.org/data/economydatabase/.
StatLink：http://dx.doi.org/10.1787/888932856988

　比較的高い労働生産性と低労働生産コストは、製造業だけでなくサービス業でも下支えとなっている。特に、国家開放に伴う訪問客数の指数関数的拡大に合わせて、ホテル及び配膳サービス、輸送サービス等、観光客向けサービスでも多くの労働者を吸収できる状況にある中で、今後が期待されている。2012年には559,610人の訪問客を受け入れているが、これは2009年から2012年の期間、年平均46％の勢いで成長したことを意味している。
　ミャンマーの豊かな文化遺産も、観光業部門の拡大を通じて同国の発展を支援し得る重要な資産である。ミャンマーには、他国の世界遺産と比肩し得る、歴史的、文化的、建築的に重要な遺産が数多く存在する。これまでミャンマー初代王朝の都、バガン考古地域とその遺跡、そしてインレー湖を含む8か所が暫定リストに具申されてきたが、現時点でユネスコ世界遺産リストに登録されている遺産はない。南部のミエイ考古地域には、800程の島々が存在するが、そうした美しい自然にも観光地としての潜在力がある。
　こうした文化・自然資産の活用には慎重な管理が求められるが、観光客に対

39

しミャンマーの魅力を風化、破壊しない持続可能な方法で、観光業を開発していく必要がある。ホテル・観光省は観光分野の開発に向けて現在5か年計画の更新を進めている。同省は環境に負担をかけない質の高い観光業の推進を目標に掲げ、ユネスコ等、関連する二者間及び多角的パートナーによる勧告、支援を尊重するとともに、観光分野における近隣諸国の開発経験に耳を傾けている。

第2節　地理的特性の優位性への転換

　ミャンマーの立地そのものが、活用可能な資源である。しかし、長年、ミャンマーは国際社会から大きく孤立してきたため、その優位性及び開発機会はほとんど利用されてこなかった。資源利用及び交易ルートで恩恵を受ける数か国を除き、ミャンマーの国際関係は脆弱である。ミャンマーが国内の改革に乗り出すのに合わせ、現在、他国もその経済関係の調整を進めており、ミャンマーの対外政策は再考の時期にある。これは同国の開発過程に今後大きな意味を持つことが予想される。ミャンマーには投資、援助、協力及び貿易関係における開放政策による利益が期待されるが、そこには慎重な管理と調整が求められる。また、天然資源採取契約を巡り国際競争が過熱する等、取引は有利な方向にある。

ロジスティクスでの戦略的立地にあるミャンマー
　中国とインドという二大新興国家に挟まれた立地にあり、ベンガル湾を通りインド洋へと抜ける海路を有するミャンマーは、戦略的地理的に重要な立地となっている。近隣諸国には、域内での連結性と円滑な貿易の推進においてミャンマーは鍵となる存在である。同国は南アジアと東南アジアを陸路で結び、インド洋海洋貿易ルートへの経路となっている。域内国家間輸送を改善するための主要インフラ・プロジェクト計画が立てられ、既に稼働しているものもある。ミャンマーを経由しインドとタイとを結ぶアジア・ハイウエー（AH1）は見直しを迫られているが、インドのマニプル州の州都インパールとマンダレー間を結ぶバス・サービスの計画もある。ミャンマー、ラオス、ベトナムをつなぐ三国間東西回廊では、ミャンマーの西海岸にあるチュウッピュー

(Kyaukphyu）港とベトナムのハイポン港を結ぶミャンマーの計画である。中国は、雲南省とユーヤワディー川河川港とを結ぶミャンマーの道路建設を支援している（Vaughn and Morrison, 2006）。

　ミャンマーの立地とそこに与えられる連結面での潜在能力はまた、中国のエネルギー安全保障戦略で重要な位置を占めるが、海外諸国の同国との関係がかなり規定されることになっている（Burgos Cáceres and Ear, 2012）。中国は原油で純輸入国化してから、ペルシャ湾岸とを結ぶ海上交通路の重要性を痛感するようになった（Lee, 2002）。現在、中国の原油輸入の80％がマラッカ海峡を経由する状況にあるが、この航路は潜在的に脆弱である。これに対し、ミャンマーは原油とガスの代替輸送ルートを提示する。中国は原油とガスの内需20％を賄う港湾とパイプラインの建設に投資してきた。ミャンマーの深海港シットウェ港から中国雲南省昆明市まで原油とガスのパイプラインが対で施設されているが、2013年6月の開通を待って、ミャンマーのシュエ・オフショア・ガス田の天然ガスと中東及びアフリカの原油を輸送する計画である。

　特に、インドと中国では、連結性の向上により陸地で囲まれた地域の再起も期待される（Arnott, 2001; Singh, 2012）。インド東北部では経済の統合により繁栄がもたらされることで、暴動につながっていた高い貧困率の改善につなげることができる。また、ミャンマーは、中国西南部各省の近代化でも鍵を握っている。輸送・通信回廊計画においてミャンマー、ラオス、ベトナムをつなぐ結節点となる中国雲南省昆明市は、インド洋、南アジアを経由する交易ルートの開設により、東南アジアの主要経済ハブとなることが予想される（Kaplan, 2012）。

　経済協力及び連結性の向上に向けられる圧力は、ミャンマーの多角的枠組みへの参画と地域的イニシアティブによって支えられてきた。1997年に、ミャンマーは、東南アジア諸国の主要多角的協力機関、東南アジア諸国連合（ASEAN）の加盟国となった。インドでは、関係強化メカニズムとしてベンガル湾多分野技術経済協力イニシアティブ（BIMSTEC）[2]と南アジア地域協力連合（SAARC）[3]の二つが期待されている。2008年にミャンマーはSAARCのオブザーバーとなっているが、インドが当機関永久加盟国となりミャンマーにとり東南アジアの南アジアへの「ゲートウェイ」となるとする声明に支持を与えている（Singh, 2012）。中国については、大メコン圏地域（GMS）[4]イニシア

ティブでの協力を通して、ミャンマーとの協力が進められている。

ミャンマーの地理的優位性と天然資源

　ミャンマーの天然資源は、その戦略的地理的重要性を強化するもう一つの要素である。中国の経済成長の維持には、エネルギー、原料、天然資源の確実な供給とその拡大が求められるが、これら資源確保のための探索活動が地域における地政学を変化させている。これは、資源豊富なミャンマーにとって特別な意味を持つ。ミャンマーは、原料と併せ、中国の重要なエネルギー供給国である。例えば、中国は、ミャンマー北部に600メガワットの発電能力を持つ発電プラントを建設、運営し、100％所有している。他方、ミャンマー側は創出電力の15％を無償で受け取るとともに50％まで購入することができるが、この場合、残り50％（300メガワット）は中国側に供給される。また、エネルギー分野での協力は、インドがミャンマーとの間に締結する戦略的契約の一つでもある。中国同様、急速な成長を遂げるインドは、新たなエネルギー調達先を探している。またタイも、ミャンマーの重要なエネルギー輸出先国であるが、ミャンマーの原油、ガス生産の4分の1近くがタイに輸出されるのと併せ、現在、タイとの間でさらに一日3億メタリック立方フィートの輸出が計画され、ミャンマー南東部でZawticaプロジェクトが進められている。このプロジェクトは、タイ石油公社国際調査・生産が株式の80％を所有し運営しているが、残り20％をミャンマーの大規模国有企業、ミャンマー石油ガス公社（MOGE）が所有している。外国人投資家とのエネルギー分野での契約は一般に市場価格の下で30年契約とされている。

対ミャンマー政策の見直しと地理的潜在能力の開花

　近年のミャンマーにおける改革は、その多くが諸外国に外交上、経済上の制裁解除／緩和を求め、対ミャンマー政策の見直しを迫る内容となっている（コラム1.2）。これによりミャンマーは他国との関係を再建し、多様な経済的、政治的関係を模索することが可能となる。こうした関係改善により、援助関係の正常化が促され、ミャンマーが開発プロジェクトに必要な金融面、技術面での援助を利用できるようになると予想される。

コラム 1.2 ミャンマーに対する制裁措置

　1990年代、ミャンマーの軍事体制に対する国際的非難が高まり、以後多くの国による制裁措置が維持、拡大されることとなった。アメリカからは幾つか最大規模の制裁措置が発動されている。1997年、アメリカのクリントン大統領は、「民主化勢力を大きく抑圧する」ものとして、アメリカからの新規投資を禁ずる大統領令を発令している。これは、2003年ビルマ自由・民主法によって引き継がれ、ミャンマーの軍事政権の財源を制約する目的で世界的にミャンマーからの全製品の輸入とアメリカ及びアメリカ国民からの金融サービスの輸出が禁止された。制裁措置は、2007年、2008年に追加的に発令された大統領令によって累進的に拡大されている。2007年にはカナダもまた、同様に厳格な制裁措置をミャンマーに対して発令しているが、輸入、輸出、投資、船舶及び航空機接岸、着陸、金融サービスもしくは買収が禁止されるとともに、武器の禁輸、資産凍結、ミャンマーの特定の個人との取引の禁止が定められた。

　EUのミャンマーに対する制裁措置は、1990年の武器輸出禁止に始まる。1996年には広範に亘って制裁措置が発動されることとなった。EUの制裁措置には、ミャンマー政府・軍関係者に対するビザの発給禁止と資産凍結、非人道的援助の禁止、一部投資禁止を内容とするが、なお一部コモディティ製品の輸入は認められていた。EUは、繊維、材木、宝石、貴金属の輸入を禁ずる2007年理事会共通の立場を通して、ミャンマーに対する制裁措置を強化している。また、その度合いは様々であるが、オーストラリアや日本等、ミャンマーに対し、武器の禁輸、経済的援助の縮小、対象を限定した渡航制限及び金融制裁等の制裁を科している。

　各国とも、これまで武器の禁輸措置は維持しているが、ミャンマーの近年の改革を受けて制裁措置の再検討が促されている。オーストラリアは2012年7月に、それまでの対象を限定した渡航制限及び金融制裁措置を解除している。カナダは資産凍結及び武器の禁輸と併せ、特定個人との武器の取引禁止は保持されたものの、2012年4月に制裁を緩和している。EUは2012年に制裁を一時停止状態においたが、2013年4月に全制裁を永久に解除することを決定している。2012年後半には、アメリカにより前政権の一部の政府・軍関係者に限り制限措置を残

し、(必要に応じて復活されることを条件に)広範に亘って貿易、投資制裁措置が一時停止されている。

　こうした制裁措置の緩和、解除は、経済制裁の対外政策措置としての効果に疑問を持つ一部の批判家には歓迎されたが、緩和、解除自体に疑問を持つ者も存在する。特に、右翼団体による批判は強く、現在のあまりに未熟な政権下では改革の恩恵に与れる段階にない、人権侵害は今なお続いていると主張する。

　まず初めに、ドナーは、2013年1月のネーピードーでの第1回ミャンマー開発協力フォーラムに結集し、ネーピードー協定に調印することとなったが、そこには政府と開発パートナーとの効果的な協力の確保が企図されていた。

　2011年の改革以降、インドのミャンマーとの協約は強化されてきた。2011年10月にテイン・セイン大統領がインドを訪問したことに対し、2012年5月にはインドのマンモハン・シン首相がミャンマーを訪問しているが、インドの首相がミャンマーを訪問したのは25年間で初めてのことであった。両国は、相互理解のための12の覚書あるいは国境地帯の開発から輸送及び連結性といった課題までをも対象とした協定に調印している(Singh, 2012)。中国同様、インドのミャンマーとの関係もこの数十年安定してこなかった。イギリスからの独立により、インドとミャンマー(当時はビルマ連邦として知られていた)は極めて緊密な関係にあった。ビルマは国際政治では中立的な立場を取っていたが、インドとビルマは1955年のインドネシアで開催されたバンドン会議を始まりとする非同盟運動の創設メンバーであった[5]。しかし、土地の所有と営業許可の取得から外国人を締め出すといった国粋主義的経済政策の導入は、当時、大規模に存在したインド人ディアスポラにはマイナスに作用し、インドとの間に緊張をもたらした(Arnott, 2001; Aung and Myint, 2001)。いずれにせよ、インドが1990年代前半に「ルック・イースト」政策を採択したことは、同国が近隣諸国とグローバル戦略を進めることを企図し、既にミャンマーとの間に親密な協約を進めていたことを意味していた。ミャンマーでの2011年の国内改革が政治的弾みとなって、こうした動きは加速化することとなった。

　ミャンマーと中国との関係が互いにとって重要であることに変わりはないが、

これは特に、ミャンマーが西側諸国との新しい関係を求め、投資及び援助により相当の金融フローの期待される現在に当てはまる。両国は2011年に「包括的戦略的パートナーシップ」を確立しているが、これは近年、2013年4月のテイン・セイン大統領の中国訪問によって強化されている。このパートナーシップを通して、両国は数多くの分野で、またASEAN10＋1[6]、ASEAN10＋3[7]、東アジアサミット（EAS）[8]、大メコン圏、国連といった多角的枠組みにおいて、調整と協力の強化を誓っている。この関係の重要性は、野党指導者アウン・サン・スー・チーのみならず、テイン・セイン大統領からも公式に表明されている。

　最後に、政治犯の釈放を含めた政治改革、アウン・サン・スー・チーの自宅軟禁からの解放、今や相当に文民化した議会で最大野党の国民民主連盟（NLD）が多くの議席を獲得した2012年選挙を通じた民主化により、米国・ミャンマー間の緊張緩和が進むこととなった。例えば、2011年末にはクリントン米国務長官が同国を訪問し、2012年11月にはオバマ大統領のミャンマー訪問に合わせ、米国による制裁緩和が行われている。また、米国は在ミャンマー米国大使の職を復権させている。

　ミャンマーの国際的孤立状態の緩和において、ASEANが重要な役割を果たしてきたことは強調されてよい。ミャンマーのASEANへの加盟は1997年であるが、ミャンマーはASEANを通して地域主体としての役割の強化を実現してきた。2006年、ミャンマーは他のASEAN諸国からの説得を受け入れ、西側諸国によるグループ会合に対するボイコットを回避するために、サミットでの議長国就任辞退に同意している。ASEAN各国はミャンマーの政治改革に期待を表明し、「準備が整い次第」、議長国に就任することになろうと述べた。2011年11月、ミャンマーの改革に第一歩が印されると、ミャンマーはASEAN諸国による2014年会合での議長国就任に対する合意に与ることとなった。ASEAN諸国は、加盟国10か国の間での財と人の自由な移動を可能とする単一市場の創設を企図し、現在、2015年のASEAN経済共同体の実現に向けて作業を進めている。

第3節　持続可能かつ公平な成長のための開発

　肥沃な大地、豊富な天然資源、豊かな文化遺産、若い労働力、地理的立地の重要性は、ミャンマーに膨大な開発機会を与えている。どうすれば、これらの優位性を国民の幸福の向上につなげることができるのだろうか。ミャンマーの政策担当官にとって、急速な経済成長は重要であり、危急の課題となっている。同国は、相対的に低廉な成長基盤に依っており、成長を通じた所得の上昇が求められるが、それにより貧困からの脱出と生活水準の改善が期待できる。しかし、経済成長を唯一の目標とすべきではない。開発政策は、成長を超えたところにあり、持続可能な開発と国民間の利益の公平な分配が確保される必要がある。全ての国民に利益となる持続可能な成長は、その実現が純粋な経済的観点だけでなく、政治体制と社会的受容性にも依拠した多面的な目標である。改革は国家政策に整合的であり、分野別政策を支援し、国際基準に合致し、持続可能性要件を満たし、国民の意思に適うとする、ミャンマー政府による改革5原則は、この考えに即したものである。現在、政府はその開発目標実現に向けて計画枠組みづくりを進めている（コラム1.3）。政府は、特にガバナンスの改善を目的に政治的転換及び制度改革から始まる4段階に亘る開発過程を考えているが、これには国民主体の開発を目標とした経済・社会改革と、第3段階の政府における行政改革、最終段階の民間部門の開発が伴う。

コラム 1.3　ミャンマーの計画システムと開発目標

　ミャンマー政府はその開発目標の実現に向けて、現在、期限の細かく区切られた計画の策定に取り組んでいる。2015年までの延長が決まっている、現在の経済社会改革枠組み（FESR）の下、優先度の高い政策分野として次の4分野が特定されている――1）農業改革を伴った工業の開発、2）管区域間、州間での均整のとれた開発、3）教育、保健、生活水準の改善、4）統計システム及びデータの改

善。またFESRはミレニアム開発目標ゴール1（MDG1）の達成を目的に、2015年に向けて、年平均GDP成長率7.7％、GDPに占める工業分野割合の26％から32％への拡大、（2010年を基準に）一人当たりGDPの30〜40％の成長という三つの量的目標を明らかにしている。

　FESRの架け橋的な性格に対し、一連の5か年計画を通じた20年に亘る長期計画（2011〜31年）として包括的国家開発計画の策定が進められている。国家計画経済開発省が連邦レベルの計画の調整に責任を持つ一方で、直系の省及び地域は、これに基づいた個別の計画の開発が期待されており、進捗状況は様々である。特に、予算により計画が制約される場合が極めて多く、計画を立て目的を実現するのは難しい状況にある。月次で個々の計画の実施状況をモニターし評価するために、2012年第2四半期には地方に計画実施委員会が設置されている。20年に亘る包括的国家開発計画に加え、ジャカルタに本部を置く東アジアASEAN経済研究センターの支援の下、今後25年間に亘るビジョンの策定が進められている。

消費及び投資により促される成長

　過去数年の低所得水準にあるミャンマーの経済成長率は相対的に低水準にあったが、どのように成長を促しより高い成長軌道に導けるかが、近年の主要課題となっている。政府は、工業化に関連した他の開発目標と生活水準の向上に併せ、2015年までの平均成長率を7.7％とする目標を設定している。OECDのミャンマーに対する中期成長予測では、構造転換がなされずに現状が維持された場合、2017年の実質GDP成長率は6.7％、2013〜17年の平均では6.3％となることが示唆されている（表1.1）。したがって、短期的な成長率、そして潜在的な成長率の向上に対して、経済の離陸につながる政策が求められている。

　将来の成長駆動力要因を識別するうえで、需要面、供給面から近年の駆動力ストックを検討することは有益である。ミャンマーは、高貧困率下でも、民間消費主導の成長を実現してきた（図1.3）。民間消費を効果的に刺激するには、広く生活水準の改善が求められる。特に、限界消費性向の極めて高い貧困層の所得向上が必要とされる。また、成長を駆動する要因としては投資も重要であ

表 1.1　東南アジア諸国、中国、インドの実質GDP成長率
年間変化率（％）

	2011年	2017年	2000～07年	2013～17年
ASEAN6				
ブルネイ・ダルサラーム	2.2	2.9	-	2.4
インドネシア	6.5	6.6	5.1	6.4
マレーシア	5.1	5.5	5.5	5.1
フィリピン	3.9	5.3	4.9	5.5
シンガポール	4.9	3.7	6.4	3.1
タイ	0.1	5.3	5.1	5.1
CLMV諸国				
カンボジア	7.1	7.3	9.6	6.9
ラオス	8.0	7.6	6.8	7.4
ミャンマー	5.5	6.7	-	6.3
ベトナム	5.9	6.1	7.6	5.6
ASEAN10平均	4.6	5.8	5.5[1]	5.5
CLMV諸国平均	6.0	6.4	7.8[2]	5.9
新興アジア諸国平均	7.9	7.4	8.6[1]	7.4
中国・インド				
中国	9.3	8.0	10.5	8.3
インド	6.9	7.0	7.1	6.4

注：データは2012年11月1日現在のものである。MPFに関するより詳細な情報は、www.oecd.org/dev/asiapacific/mpfを参照。新興アジア諸国には、ASEAN10、中国、インドが含まれる。
1. ブルネイ・ダルサラーム、ミャンマーを除く。
2. ミャンマーを除く。
出典：OECD（2013a）, *Southeast Asian Economic Outlook 2013: With Perspectives on China and India*, OECD Publishing, Paris, http://dx.doi.org/10.1787/saeo-2013-en.

図 1.3　成長を駆動してきた民間消費
需要要素のGDP成長寄与度、1999～2011年

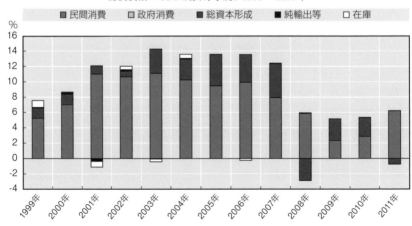

出典：IMF（2012）, *World Economic Outlook*（database）, International Monetary Fundに基づく著者による計算値。
StatLink：http://dx.doi.org/10.1787/888932857007

る。投資環境の改善に加え、近年、海外からの投資を統治する法律が採択されたこと、企業に対する制度枠組みの強化を狙い幾つかの規制がスピード感を持って採択されたことで、経済の不確実性は低減しており、投資の重要性の高まりが予想される（第2章参照）。特に、製造業分野及びサービス業分野でのFDI及び国内投資が成長を駆動させることになろうが、経済特別区と工業団地の設置がキャッチアップの更なる触媒となることが期待されている。

　資源分野には成長を始動させる潜在的可能性があるが、開発を持続可能なものとし広範に利益をもたらすには、複数分野に亘る離陸が求められる。過去数十年、炭化水素及び鉱物の産出量、輸出量の堅調な伸びが、特に採鉱業及び採取業での生産能力の増大を牽引してきた。しかし、採取業の成長は持続不可能な場合が多く、再生不能な資源を急速に枯渇させる結果となっている。

潜在成長力の向上による下支えの必要性

　ミャンマーは、（インフレ圧力なく中期に亘って）潜在成長率を高水準に保持し、今後数十年間は人口増大の続くことが予想されるが、その人口構成をみると、域内同一所得水準国と比べて早期に老いを迎えることが示唆されている。ミャンマーの人口ピラミッド（図1.4）の形状からは、今後数十年間の人口増大が潜在成長率を高水準とするものと思われる。同一所得水準国の人口ピラミッドの多くが凹型もしくは人口拡大的な形状をしているのに対し、ミャンマーの人口ピラミッドは、底の部分が狭く20〜24歳の年齢層で最も人口の多い瓶型の形状をしている。例えば、2000年代の中国はこの形状にあった。しかしまた、瓶型の人口ピラミッドは人口構成の漸次的安定化を示すものであり、全人口に占める労働人口の割合低下に警鐘を鳴らしている。実際、カンボジアやラオス等、域内同一所得水準国に対する人口予測では、ミャンマーが労働人口割合曲線のピークにあるのに対し、各国ではなお拡大局面にあることが分かる（図1.5）。これは、ミャンマーが豊かさを経験することなく老いてしまわないように、現在の成長の勢いを十分に活かす必要のあることを示唆するものである。

　人口の拡大に加え、投資の急速な拡大が予想される中、潜在成長率の上昇も予想される。現在、低水準な資本ストックからは投資の急速な拡大が予想されるが、それは民間事業や不動産投資と併せ、対内FDIやODA、政府のインフ

図1.4 堅実な増加をみせる人口
2010年

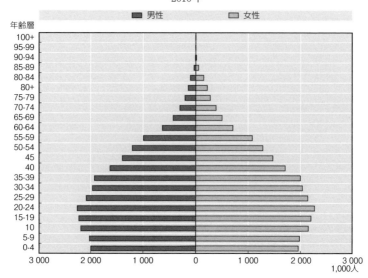

出典：UN（2011），*World Population Prospects（2011），the 2010 Revision: Standard Variants*（database），http://esa.un.org/unpd/wpp/Excel-Data/population.htm（2013年4月19日）.

StatLink：http://dx.doi.org/10.1787/888932857026

図1.5 老いの始まり間近なミャンマー
10～64歳年齢層の総人口に占める割合

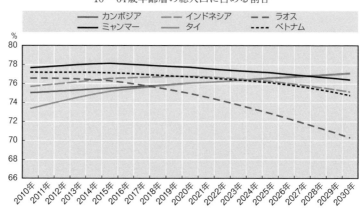

出典：UN（2011），*World Population Prospects（2011），the 2010 Revision: Standard Variants*（database），http://esa.un.org/unpd/wpp/Excel-Data/population.htm（2013年4月19日）.

StatLink：http://dx.doi.org/10.1787/888932857045

第1章 岐路に立つミャンマー

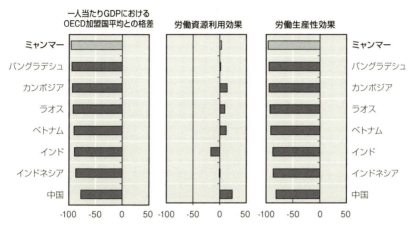

図1.6 生産性格差に起因するOECD加盟国との実質所得格差
2010年の一人当たりGDPにおけるOECD加盟国平均との格差（パーセントポイント）

注：名目GDP（米ドル；PPPベース）。
出典：CSO（Central Statistical Organization）（2013）, *Myanmar Data: CD-ROM 2011-12*, Central Statistical Organization, Ministry of National Planning and Economic Development, Nay Pyi Taw, Myanmar; IMF（2012a）, *World Economic Outlook*（database）, International Monetary Fund; OECD（2013b）, *OECD National Accounts Statistics*（database）, http://stats.oecd.org/; World Bank（2013a）, *World Development Indicators*（database）, http://databank.worldbank.org に基づく著者による計算値。

StatLink：http://dx.doi.org/10.1787/888932857064

ラ投資予算によって支えられるだろう。

さらに、ミャンマーでの産業全般に亘る生産性の改善とより効率的な活用の期待できる分野への生産要素シフトが予想されるが、これも同国の潜在成長率を上昇させる要因となろう。OECD加盟国の一人当たり平均所得に対し中国が77％、インドが90％低い水準にある一方で、ミャンマーは95％低い水準にある（図1.6）。ミャンマーは労働力活用の点ではOECD加盟国に対し比較的うまく活用しているものの、労働生産性格差がOECD加盟国との所得格差の主な要因となっている。世界銀行やIMFの人口統計では、ミャンマーはOECD加盟国平均よりも労働活用率が高くなっている。国民データは、OECDデータと比較して労働力活用の進んでいないことを示唆する点でやや異なるが、そこでも高労働生産性格差が示唆されている。総合すると、ミャンマーの長期持続的潜在性の向上には、労働生産性の上昇に向けた政策改革が求められていると言える。

鍵を握る安定的かつ持続可能な成長の確保

　成長が軌道に乗って、まず鍵となるのが安定かつ持続可能な成長の確保だろう。ミャンマーの開発を確保するには、土地、森林、鉱物等再生可能／不能資源である天然資源の利用を含め、持続可能性に脅威となる様々な分野の慣行に加え、マクロ経済環境から与えられる幾つかの潜在的不安定源にも向き合う必要がある。最終的に、持続可能な開発の実現には、労働供給量の拡大に対し国内吸収力を高められるよう、製造業分野及びサービス業分野での雇用創出の必要がある。

　潜在的に存在するマクロ経済面での不安定性の源泉としては、高水準の債務負担、財政赤字解消に向けた通貨の増発、インフレ及び為替レートの不安定性がある。こうした要因はいずれも、開発過程からの逸脱や、国家の不安定化につながる可能性がある。

- 政府債務は先進国水準との比較で、高いとは思われない（ミャンマーの債務比率はGDPの約50％である）。しかし、政府歳入が少ない中では債務返済が特に重荷となり、開発支出要求に見合うだけの財政余地の拡大が求められる。
- 政府債務の多くを海外に依存しているため、債務返済にも外国為替の所得向上の必要性が暗示されている。さらに、技術と機械は海外から輸入されるため、外為要求はさらに増大する。近年の主な外国為替の源泉は、天然資源輸出と海外直接投資（FDI）である。天然資源収入は、政府予算によるものと併せて、透明な形で外為所得計上される公式統計による輸出によって与えられる必要がある。
- 中央銀行の独立性を強化したことと併せ、財政赤字の補塡を財務証券の発行に切り替えマネタイゼーション（貨幣発行）性向を低下させたことに伴い、インフレに対する脅威は幾らか緩和されるものと思われる。しかし、消費者物価指数（CPI）に占める飲料のウエイトは68％と極めて高く、食料価格の高騰がインフレを不安定化させる重要要因であることに変わりはない。近年、中央銀行がインフレ抑制を進める一方で、非公式部門から公式部門への資金流入増大によってインフレ圧力が強まる可能性がある。
- 特に、送金、FDI、そして資源輸出を通じた資金流入によるチャット（MMK）の過大評価の回避を狙い、中央銀行によるマクロ経済安定性維持においては、為替

第1章 岐路に立つミャンマー

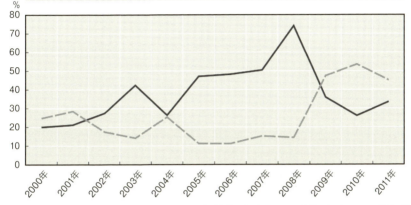

図1.7 競争力を増しつつあるミャンマーの輸出等
2000～11年

注：図には、HSコード6桁水準の同一製品分類において単位価格が中国製品の15％未満にあるミャンマー製品の対日ミャンマー輸出等に占める割合（実線）と、同様にHSコード6桁水準の同一製品分類において単位価格が中国製品の15％以上であるミャンマー製品の対日ミャンマー輸出等に占める割合（破線）を示してある。
出典：UN Comtrade（2013）, *UN Comtrade*（database）, United Nations Commodity Trade Statistics Database, http://comtrade.un.org/ に基づく著者による計算値。

StatLink：http://dx.doi.org/10.1787/888932857083

相場政策も主要優先課題として考えられている。輸出の多角化により、コモディティ価格の変動からくる収入不安定化による脆弱性を低減させることで、国家経済の安定性は向上することになろう。

ミャンマーはほとんどの競合国に対し、労働コスト面での優位性を効果的に利用してきたように思える。例えば、ミャンマー企業の製品輸出には妨げとなる制裁措置を科さない日本市場では、2008年以降、同一分類項目に対し中国製品よりも低価格にあるミャンマー製品は市場シェアが約50％と、大幅なシェアの拡大をみせている（図1.7）。この拡大は、中国製品と同一価格帯（価格差15％以内）での製品のシェア低減を伴うものであったが、ミャンマー企業が競合企業に対して低価格維持努力を行っていたことを意味している。

特に農業分野では、持続可能性に配慮した資源活用により、多くの慣行上の

53

変化が求められている。破壊的な農業慣行を止めることで、何よりも公平であることと併せ、安定的で持続可能な開発に向けて農業をより重要な推進役とすることができる。現在、多くの農家が部分的に森林を焼却し栄養分がなくなるまで土地の耕作を続ける、焼畑農業を行っている。栄養分がなくなるとその農地は放棄され、農家は新しい土地に移動してそこで新たに耕作を始める。この農業では、土地の生産性は低いが、労働者には最小限のエネルギー投入で高報酬が与えられる。この農業システムは特定の環境には適合する可能性はあるが、農地が十分に回復できるだけの休作期間を与えられなかったり、人口密度が高まったりする場合には、持続可能性に疑問符が付けられる（Roder, 2001）。2010年時点でミャンマーに点在する農地の9.1％（2005年の7.5％から上昇）が、現在の焼畑によるものである。焼畑農業は特にチン州で一般的に観察されるが、同州では2010年に開墾された農地の72.2％がこの農法によるものである。新しい土地に関する法律ではこの慣行を特に対象とはしていないが、環境的に持続不可能なこの慣行は、化学肥料を代替しても、生産性改善に向けた固定資本投資を停滞させることにつながる。

　持続可能な成長には、少なくとも新規労働市場への参入者を吸収できるだけ十分な速度で雇用が創出される必要もある。現在、対内FDIを惹きつけ、全体的成長に対しある程度の貢献をみせている資源分野は、通常、主要な雇用創出源ではない。現在は農業が主要な雇用創出主体であり、国内総生産において重要な貢献役を果たしているが、機械化と生産性向上による雇用の縮小も予想される。ミャンマーのように人口増加を続ける国家が持続可能な開発とするには、大半の雇用を、こうした分野ではなく、特に製造業及びサービス業分野の労働集約的部門で創出することが求められる。現在、製造業分野は総生産額の約20％程度しかないが、比較的低賃金かつ若年の労働力が豊富に存在することを考えると、多角的な開発の重要な主体となることが予想される。製造業の有する潜在力を顕在化するには、幾つかの課題を克服する必要があろう。製造業分野は、特にエネルギー分野や農業分野、そして幾つかのサービス業分野に代表される、他のほとんどの分野に対して、収益力に乏しく（図1.8）、付加価値額は低い（Thwin, Yoshida and Maeda, 2010）。労働賃金は低いものの、生産額の構成要素の一つでしかない。信頼できる給電システムに欠け、時に輸入

第1章 岐路に立つミャンマー

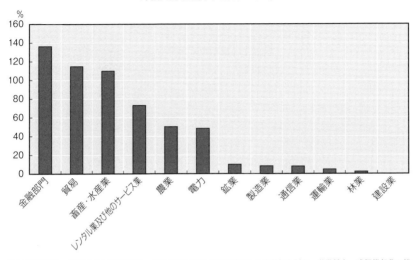

図1.8 投入財部門に対しほとんど利潤を生んでいない製造業部門
対投入財利潤率、2000～01年

注：利潤は投入・産出表から直接参照し、投入財は国内外から調達される中間投入財と、労働賃金、減価償却費の総計によって代用されている。
出典：Thwin, N. K. S., T. Yoshida and K. Maeda (2010), "Industrial Structure in Myanmar using a new Estimated Input-Output Table 2000-2001", Journal of the Faculty of Agriculture, Kyushu University, https://qir.kyushu-u.ac.jp/dspace/bitstream/2324/18856/1/p387.pdf.
StatLink：http://dx.doi.org/10.1787/888932857102

原油を使用した発電への切り替えによる超過費用が発生することもあり、サービス関連費用は高い水準にある。輸送基盤等、他のインフラも未開発な状態の中、未整備かつ高い費用を要する状況にある。しかし、物的インフラはこの状況の一部でしかない。内外民間企業を対象とした制度枠組みが、近年になって初めて考案されている（第2章参照）。

公平性改善も求められる成長

開発は公平な場合に限り持続可能となり、全ての国民を利するものとなるだろう。ミャンマーには、都市と地方、各地域間に不均一性が存在するが、全般的労働市場参加状況、労働力に占める女性割合のいずれも格差の主たる要因であるとは思われない（図1.9）。全日制教育、義務教育での教育到達度が低く、平均余命の短い状況を一部反映するものだが、ミャンマーの労働参加率は78

図1.9　高い労働参加率と半分近くを占める女性労働者の割合
パーセント、2011年

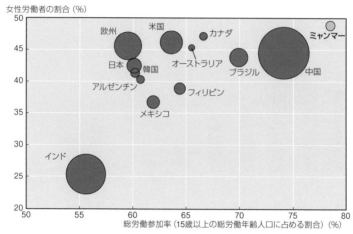

注：円の大きさは各国の総労働力の規模を表す。欧州にはオーストリア、ベルギー、チェコ共和国、デンマーク、エストニア、フィンランド、フランス、ドイツ、ギリシャ、ハンガリー、アイルランド、イタリア、オランダ、ノルウェー、ポーランド、ポルトガル、スロバキア共和国、スペイン、スウェーデン、スイス、英国が含まれる。
出典：World Bank (2013), *World Development Indicators* (database), http://databank.worldbank.org.

StatLink : http://dx.doi.org/10.1787/888932857121

図1.10　顕著な格差をみせるジェンダー格差
ジェンダー格差指数、2013年

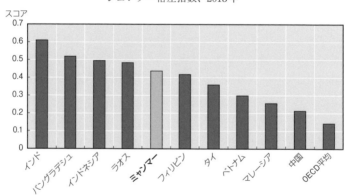

注：OECD平均はOECD加盟34か国平均として計算されている。スコアは0から1の値を取る。スコア0は女性と男性が同等な扱いを受けていることを示し、スコア1は全測定変数で最も不当な扱いを受けていることを示している。
出典：UNDP (2013a), *Human Development Report 2013*, United Nations Development Programme, www.undp.org/content/dam/undp/library/corporate/HDR/2013GlobalHDR/English/HDR2013%20Report%20English.pdf.

StatLink : http://dx.doi.org/10.1787/888932857140

図1.11 一部の社会制度により経済社会的生活への完全参加を制限されている女性
OECD社会制度とジェンダー指標（SIGI）、2012年

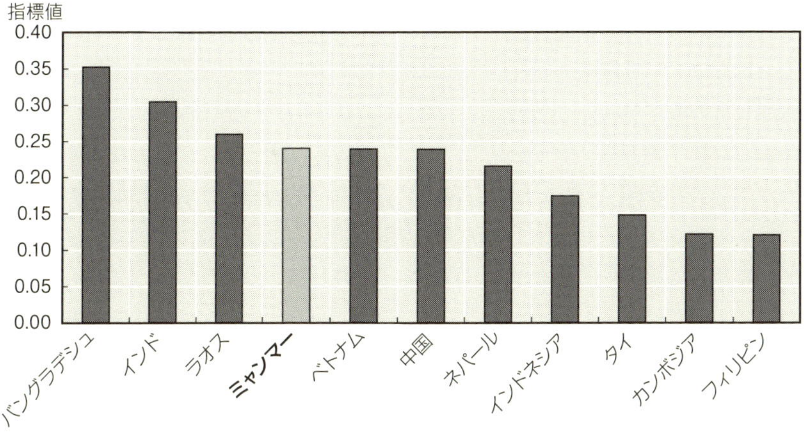

指標値（縦軸：0.00〜0.40）

国別：バングラデシュ、インド、ラオス、ミャンマー、ベトナム、中国、ネパール、インドネシア、タイ、カンボジア、フィリピン

出典：OECD（2012a）, *Social Institutions and Gender Index: Myanmar Country Profile, OECD Social Protection and Well-being Statistics*（database）, http://stats.oecd.org/.
StatLink：http://dx.doi.org/10.1787/888932857159

%と極めて高い。また人口の70％が従事するとされる農業分野での過少雇用も、恐らく参加率を過大評価させる要因となっている。

ミャンマーの労働市場のもう一つの特徴として、ここでも農業の経済活動に占める割合が高いことを反映して、女性の労働参加率が高い点にある。しかし、女性の労働参加率は極めて高い状況にはあるが、男性と比べると特有の障害に直面していることが分かる。ミャンマーのジェンダー格差指数（GII）[9]は0.437と148か国中80位にある（図1.10）。

GIIは、（性と生殖に関する健康、エンパワーメント、労働市場面での）成果の観点からみたジェンダー格差指標とされるが、他方で、その原因を探るうえでも重要な指標である。OECD社会制度とジェンダー指標（SIGI）は、ジェンダー格差に横たわる要因、すなわち経済・社会部門への女性の完全参加を制限している社会的慣行、公式的、非公式的法律に関する革新的指標である[10]。2012年のOECD・SIGI指標では、ミャンマーは開発途上国86か国中44位の位置にある（図1.11）。ミャンマーにおける女性の立場は、数十年の軍事政権の下で形作られてきた。暴動、特に紛争下での性的暴力が広範かつ体系的に報告

されてきたが、その犯人達は刑事免責を享受している。さらに、保険等基礎的サービス分野での投資の欠如による影響は、特に女性において大きい。極度の貧困状態にある女性及び少女は、人身売買、性的犠牲の点で特に弱い立場にある。政府は、この問題と向き合うべく25歳未満の若年女性の国際渡航を抑制、制限している（OECD, 2012a）。

　相続、銀行融資等の契約、財産の取得、管理、整理に対し、女性は男性と同等の法律上の権利を有する。さらに、既婚女性財産法が、女性の財産に対する所有権を保護している。同法第5条では、「いかなる既婚女性も自らのため、またこれとは独立してその夫のために、保健政策に効果を有し、その中でその効果が表明されている場合には、それと同等の、全ての利益が財産に関する彼女の持ち分に対して確保され、さらに、こうした政策により明確にされる契約は、それが未婚女性に適用される場合にも、同様に有効とされる」と述べている。しかし、一部の人種・民族集団には異なる慣行と伝統が存在しており、そこでは慣行的に女性が男性と同等の権利を享受していないことが意味される。例えば、パラウン族の伝統では、男性が亡くなると、その財産はその妻ではなく女性親族に配分され、離婚の場合には、女性は共有財産全てを失うことになる（OECD, 2012a）。公式的な法律と慣行との間の溝が埋められなければ、政策介入の効果性は制限されることになろう。

　世帯所得データが整備されていない状況では、ミャンマーにおける格差と貧困の測定を、現金による財の購買を示す世帯消費に頼らなくてはならない。消費は所得の完全な代理変数ではなく、豊かな世帯程、所得に占める消費割合が低い傾向にある中では、国民間の公平性が過大評価される可能性が高い。世帯消費のジニ係数は、2009～10年で0.38と、東南アジア標準と比べても低い値となっている。国内格差水準への影響においては、地方と都市との消費格差よりも、地域間格差の方が重要であると思われる。都市と地方の格差率は国内水準に極めて近いが、それは格差全体の28％しかこれら世帯集団間にないのに対し、格差全体の約半分がこれら世帯集団内にあることによる。州／官区域間格差は国内格差水準に対し9.8％しか影響していないが、格差水準は州及び官区域の間でかなり多様である。ジニ係数はモン州の0.3からチン州の0.51まで開きがあり、格差と地域の貧困率もしくは中位消費水準との関係は明らかではない。

貧困、特に食の貧困が成長からの恩恵分配における格差指標としてしばしば利用される。世帯構造・生活条件統合評価（IHLCA）の2010年データに拠ると、ミャンマーの食の貧困率は5％とされるが、他の指標とは異なっている。過去に食料購入で資金的に困ったことがあるかを尋ねた2006年の調査では、回答者の35％が「はい」と回答している。この割合は、2012年調査では38％に上昇しているが、これは経済成長が食の貧困指標を改善するどころか悪化させていることを示している。2006年の当指標値は50歳以上で最も低く、35～49歳、15～24歳の年齢層で高い傾向にあるのに対し、25～34歳の年齢層でやや低くなっている。避難所に関する同様の質問に対しては、「はい」と回答した者の割合は2006年に21％であったものが、2012年には35％にまで増大している。この二つの調査の間に起きた体制転換を考慮に入れれば、過去の体制下では実際にある不満を回答者が過小に伝えていたのに対し、国家が開放されてからは正直に回答するようになったと解釈することもできる。したがって、この食の貧困に関する数値における上昇は、軍事体制の産物であったと考えられる。
　ミャンマーの格差要因は、他国と異なるようである。すなわち、富の創造と分配（もしくは、それらの欠如）のダイナミズムは血縁関係に左右され、権力を持つ者が規則を定め、法を超える存在となる。ここ数年間のミャンマーの月並みな成長の下では、国民の富に支配力を行使し得る者や、独占あるいは特別許可の形で特権を持つ者を利しているようである。他方で、プロジェクトは成長をもたらしても大半の国民には利益となっていない結果として、十分な補償もないままに多くの者が土地を剥奪されたり再配置され、貧困層の脱力化が進んでいる。こうした格差の持つ性質によって、要素市場における規制改革では十分な救済策とはならず、法規制を確保し政府の国民に対するアカウンタビリティの改善と信頼強化のための制度枠組みが求められている。

第4節　ミャンマーでの生活：OECD幸福指標レンズを通して

　発展は、単なる所得等の重要要素の改善といったことを超えた概念である。最も広義に捉えると、発展とは国民の幸福（well-being）の持続可能な向上で

あると考えられる。開発政策でより広い観点から幸福を捉えなければ、一つには政策目標の追求に不可欠な社会的、政治的総意を得られず、政策の効果性がそがれかねない。

　幸福概念は多面的であり、国民生活の多くの様々な側面を考える必要性があることで、幸福を簡単に定義するのは難しい。しかし、核となる概念は直感的であり、幸福概念においては、大半の世界の人々が必要を満たすうえで重要であり、目標として成長を促進し生活を満足させるものである必要がある（コラム 1.4）。各国は様々な経済発展段階にあり、そこに暮らす人々の多様な幸福要素間におけるウエイト付けは異なる傾向にあるが、世界中で取り組まれている国民幸福測定で数か国の取り組みから重要点として一つ言えることは、基本要素は極めて共通しているということである。

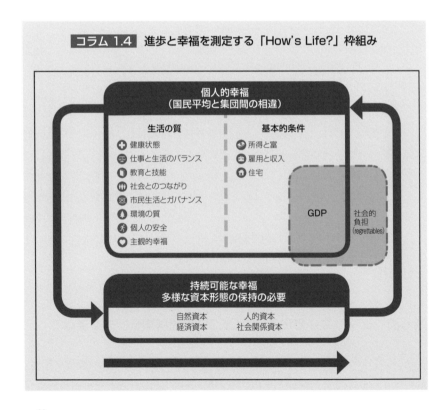

コラム 1.4　進歩と幸福を測定する「How's Life?」枠組み

「How's Life?」枠組み（OECD, 2011）は、先進国を念頭に考案されたものであるが、その全体構造はミャンマーのような開発途上国にも当てはまる。現在の幸福について、国民が基本的に経験する生活条件及び生活の質に関して、11の側面から描くものである。これら幸福要素は概念的には直感的なものである（すなわち、多様な基本的幸福要素を捉える）が、総合すると包括的となる（すなわち、幸福の持つ全重要要素を捉える）ようになっている。これら幸福の諸側面は、個々人が最終的な目的に向けて資源転換するうえでの基盤とみなし得る（Sen, 1998）。

11の幸福要素のほとんどが先進国にも開発途上国にも広く妥当するが、こうした枠組みを開発途上国に適用する場合、部分的に重要な変更は認められる。例えば、基礎的条件の所得と富では国民の経済的生活・消費水準の把握が企図されているが、開発途上国では基礎的条件として食の安全が重要となろう。また、OECD加盟国では「雇用と収入」において失業が重要な要素となるが、開発途上国では非公式的労働市場に関わる課題が中心となる。最後に「仕事と生活のバランス」は、富裕国では保育サービスの利用が課題であるが、新興国では時間の確保が課題となる。ミャンマーを対象に行う以下の幸福分析では、全般的には「How's Life?」枠組みに従うが、必要に応じて特殊的に調整されている。

ここで幸福枠組みについての概要を示しておくと、幸福枠組みには次のような分析上の多くの特徴がある。まず第一に、全体的経済条件ではなく個人及び世帯レベルの幸福を対象とする。第二に、投入面ではなく幸福成果に焦点を当てる。そして第三には、幸福の全体的成果水準と併せ、分配面にも配慮している。また第四には、幸福の客観的、主観的側面（すなわち、関心を有する国民による評価及び感覚）を考慮するとともに、第五に、現在及び将来の幸福を考慮に入れている。この展望においては、全体的経済条件からは各世帯の経験している状況を必ずしも把握できない、投じられる資源と成果との間には不完全な相関しかないとの認識がある。また、特に特定集団に集中する場合や複数分野にまたがる場合には、成果面での格差が問題となるとの認識もある。幸福の客観的側面、主観的側面のどちらも重視されており、国民生活における客観的条件が幸福評価の要諦を成す一方で、国民が生活に抱く評価と感覚の測定も重要と考えている。将来の幸福は、現代世代だけでなく将来世代の幸福をも尊重することを意味しており、世代にま

たがる持続可能な幸福に関心をおくものだが、これは、幸福に関わる社会的生産機能を支える四つの資本ストックの観点から論じられる。

現在、ミャンマーで利用可能な統計情報の下では、この枠組みの部分適用しか許されないが、本節ではミャンマーでの生活に関して初めてとなる高度な検証を行っている。ミャンマーでの統計基盤更新アジェンダは広範に亘るが、国民の生活条件に関する統計情報の改善は特に重要であり、優先的に取り組む必要がある（本章後段の統計に関する記述を参照）。

ほとんどどのような環境でも、他の条件を一定としたときの一人当たりGDPの増加は、他の幸福要素の改善につながりやすい。所得が低い状態にある場合、所得の向上が様々な形で最も幸福につながりやすいと言えるが、これは特に開発途上国に当てはまる。それではなぜ、ミャンマーのような開発途上国で、幸福成果を幅広く検討することが必要なのだろうか。単に幸福の中核的経済指標に焦点を当てるだけでよいのではないだろうか。

基本的には、他の条件を一定とせず、幸福要素全てが考慮に入れられる。幸福の多様な側面はそれぞれが価値を持ち個々に成果を与え得るが、また相互作用関係も重要である。労働者の健康状態、教育水準、ガバナンスの質は、経済成果に関わる重要な要素である。成長分析には、経済成果に対するこうした要素（概括して「見えざる資本」に分類される）の貢献度を、天然資本の約2倍、国家の物的資本ストックの3倍以上とするものもある（World Bank, 2006）。同様に、基礎的生活要件も、健康状態と主観的幸福の重要な要素である。

各幸福要素に対する政策間のトレードオフ関係を考えたとき、全幸福要素を考慮に入れることが重要である。最も基本的には、多岐に亘る目標間での政府の予算配分面でのトレードオフを考えることができる。すなわち、政策間予算配分では、個人の安全に配慮することで教育支出が削られることになったりするのである。また、特定の成果改善を狙うことで、単に他の要素に悪影響を及ぼしてしまうようなトレードオフ関係もある。世帯所得を改善させる急速な経済成長によって大気汚染が進むこともあれば、都市化の進展により雇用と収入は増大しても社会的つながりが希薄化したりするのである。

最後に、全ての幸福要素が経済的成果と強い相関関係にある訳ではなく、幸福の非経済的側面の検証が重要と言える。国民の生活評価において、所得ではなく数多くの非経済的成果の影響の大きな貧しい国家でさえ、幸福を享受し得る点は重要である（OECD, 2013c）。主たる幸福要因が政策的に熟慮されれば、経済成長率しか考慮にない場合よりも、国民の幸福のより早い向上が可能となろう。また、政策になじまない、経済成長との相関関係の薄い幸福成果（国民の社会的結びつき、様々な宗教や民族集団間の関係等）での改善が図られない場合、開発率向上を狙った改革措置が根底から揺らぎかねないといった問題も提起されている。

　以降本節では、時系列的に、他の「ベンチマーク」国家の比較指標とも関連付けて、ミャンマーの幸福指標を検討していく。ミャンマーに関する指標の選定では、あらゆる重要幸福要素を備えることを条件とし、ミャンマーについてはその入手が可能であるが、また将来的に定期的に更新される可能性が高く、この指標を用いた他国との比較検討が可能である。これら指標はミャンマーの開発過程をモニターし進捗状況を評価するための基礎となるが、今後将来、これら指標のモニターを通して、比較的安価に、開発に関わる全ての幸福要素に対する影響を合理的かつ包括的に評価することが可能となる。

　ベンチマーク国家の大半が、ミャンマーとは地理的、文化的、経済的結びつきを持っていたり、同じ経済発展段階にある国家である。これら諸国の成果を考察することで、ミャンマーに実現可能な先進的な幸福国家の展望が可能となる。これら諸国からは、ミャンマーに実現可能な様々な幸福領域の成果指標を得られ、類似した国家を通してミャンマーが相対的に強み、弱みを持つ分野の識別が可能となる。またそうした国以外にも、ミャンマーより経済発展のかなり進んだ隣接国もしくはASEAN加盟数か国がベンチマーク国家には含まれており、開発における将来的手本として開発における目標達成度の評価に役立つものと期待される。

基礎的条件の欠如と低位主観的満足水準にあるミャンマー

　OECD幸福枠組みでは、所得と富、雇用と収入、住宅事情の基本的三項目に基づき基礎的条件が測定される。しかし、ミャンマーの雇用と収入、住宅事情

図1.12 低水準な基礎的条件及び主観的満足

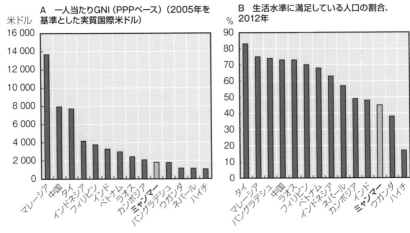

出典：Gallup Organization（2013）, *Gallup World Monitor*; UNDP（2013b）, *International Human Development Indicators*（database）, United Nations Development Programme, *http://hdr.undp.org/en/statistics/*.

StatLink：http://dx.doi.org/10.1787/888932857178

に関するデータは極めて限られ、本評価では、主に所得と生活水準に対する国民の主観的満足に焦点を当てている。ミャンマーの国民の経済的資源の測定では、一人当たり実質GNIが利用できる最善の指標であるが、これはミャンマー国民の総所得フロー（収入、自営業者の収入、資本所得）を表している。また、その生活水準に満足している国民の割合を知ることで、国民の基礎的生活条件に対して抱く感情をおおよそながらも把握できるため、一人当たりGNIを補完する情報として有用である。

ミャンマーの一人当たりGNIはカンボジア（下から二番目）よりも13％、隣国ラオスよりも24％低く、東南アジアで最も貧しい国家である。またミャンマーの一人当たりGNIはタイの4分の1にも満たない（図1.12）。一人当たりGDPで同水準の他の比較対象国（バングラデシュはほぼ同じ）における一人当たりGNIは、ミャンマーよりもやや低水準にある。

ミャンマーの一人当たりGNIは低水準にあり、生活水準に満足しているとする国民の割合はさらに低い。ここで比較対象国家13か国中、満足していると回答した国民の割合がミャンマーよりも低いのは、ハイチとウガンダだけで

ある。また、ネパールとバングラデシュは一人当たり所得がミャンマーよりもかなり低いが、生活水準に対する主観的満足度はかなり高い。所得分配に関する信頼できる情報に欠けるため、より正式な形でこの仮説を検証することはできないが、他国との比較で生活水準に対する主観的満足度が低い状況にあることについては、こうした主観的判断が他者の所得水準や以前の所得水準にかなり左右される傾向のあることを考えると、高水準の所得格差や生活条件の改善が遅々として進まないことが関係していると考えられる（Dolan, Peasgood and White, 2008）。しかし、男性（43％）と女性（46％）の生活満足度は同水準にあり、ジェンダー格差が生活満足度の低さをもたらしているとは考え難い。

混淆した状況で総じて低水準にある生活の質指標

　生活の質指標では、基礎的条件ほど相互密接な関係にない広範な成果が対象とされる。仕事と生活のバランスは例外としても、ミャンマーではいずれの幸福領域も平均的成果情報は入手できる状況にあり、また多くの指標で何らかの時系列的変化情報あるいは成果配分情報を入手可能である。

　出生時の平均余命とは、年齢別に死亡率を集約した指標である。これにより、容易に比較可能な単一指標によって全死亡要因を総合的に把握できるため、総合的保健成果の代理指標として一般に利用される。現在、ミャンマーの平均余命（64歳）は、ラオス（63歳）やバングラデシュ（65歳）と同水準で、カンボジア（61歳）よりは高い水準にある（図1.13）。1990年から2009年にかけて、アジアでは平均余命の低水準の国では8歳から13歳の改善がみられたのに対して、高水準の国では最も改善のみられた国でも2歳から7歳に留まり、明らかに平均余命の収斂が進んでいる。しかし、この例外的な国として、カンボジア（2歳の上昇）とミャンマー（6歳の上昇）がある。ミャンマーの保健成果面での改善はアジア全体では中間水準にあるが、平均余命の短い国の場合、その改善は期待できない。保健成果面での改善において、ミャンマーが急速な改善をみせる諸国（ラオス、バングラデシュ、ネパール、インド）と歩調を合わせてきたのであれば、現在、平均余命は70歳となる計算となる。また女性の方が平均で4歳寿命が長く、ミャンマーでも男女間での平均余命の相対的開きは大きな状況にある。

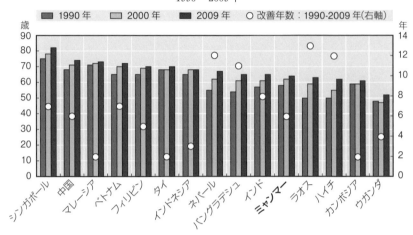

図1.13 ほんの僅かながら改善をみせる低水準の平均余命
1990～2009年

出典：WHO（2013）, *Global Health Observatory Data Repository*（database）, World Health Organization, http://apps.who.int/gho/data/view.main.

StatLink：http://dx.doi.org/10.1787/888932857197

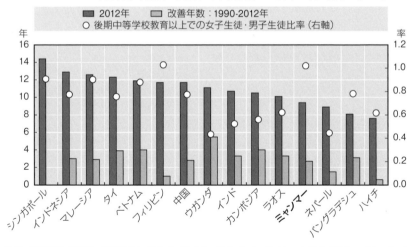

図1.14 相対的に低水準にある期待就学年数
ミャンマーでの予想就学年数及び後期中等学校教育での女子生徒・男子生徒比率

出典：UNESCO（2013）, *UNESCO Institute for Statistics Data Centre*（database）, United Nations Educational, Scientific and Cultural Organization, http://stats.uis.unesco.org/; UNDP（2013b）, *International Human Development Indicators*（database）, United Nations Development Programme, http://hdr.undp.org/en/statistics/.

StatLink：http://dx.doi.org/10.1787/888932857216

第1章 岐路に立つミャンマー

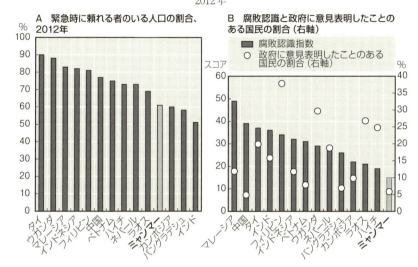

図1.15 低度な社会的支援水準と高度な腐敗認識
2012年

注：この指数は0から100の値をとる。腐敗認識度が低くなる程、国家の腐敗水準が高いことを表している。
出典：Gallup Organization (2013), *Gallup World Monitor*; Transparency International (2012), "Corruption Perceptions Index 2012", www.transparency.org/research/cpi/overview（2013年3月10日）。
StatLink : http://dx.doi.org/10.1787/888932857235

　期待就学年数は一国に蓄積される人的資本ストックの代理指標として使用することができる。ミャンマーの期待就学年数は9.4年であるが、これはバングラデシュ、ネパール、ハイチよりは長く、カンボジア、ラオス、インド、ウガンダよりは短い（図1.14）。カンボジアとラオスは、つい2000年頃にはミャンマーとそれ程変わらなかったが、その後、急速な勢いで教育成果を改善してきた。ここでの対象国の中では、ミャンマーは後期中等教育課程における就学面での女性の男性に対する割合では二番目に高い（図1.14）。対象諸国中、後期中等教育課程で男性よりも女性の数が多いのは、ミャンマーとフィリピンの2か国だけである。

　常に何よりも優先させて他者と時間を共にすることを意味する社会的接触は、幸福の重要な要素である（Kahneman and Krueger, 2006）。社会的接触はそれ自体、幸福の重要な要素というだけでなく、不足の時代に頼れる重要な母体でもある。緊急時に頼れる者を有する国民の割合は、知覚し得る社会的支援

関係の一般指標となっている。ミャンマーでは、国民の社会的支援水準は相対的に低いことが報告されている（図1.15）。社会的支援水準では、ミャンマーはカンボジア及びバングラデシュと同水準、ミャンマーの唯一大きく優位に立てる国がインドであるが、他の対象国に加え、ラオス、ハイチ、ネパールは、ミャンマーよりも社会的支援水準でかなり高い状況にある。社会的支援の確保における男女差は、男性の方が女性よりも確保割合が高いとする中国（4％高）、タイ（3％高）といった国もあれば、女性の方が男性よりも6％高いとするバングラデシュ、ウガンダといった国もあり、対象国間にも大きな開きがある。ラオス、ベトナム、フィリピンと並び、ミャンマーではこの点における男女差は全く報告されていない。

市民生活とガバナンスの質の水準は、市民の幸福に強大な影響を持っている。これには、制度の経済成長等別の成果への影響といった間接的なものだけでなく、直接的なものもある。「腐敗」（Boarini et al., 2013）及び「意思決定における市民契約」（Frey and Stutzer, 2000）のいずれも、国民の主観的幸福に直接影響を持つことが示されてきた。この二つの指標は、これまでミャンマーでの市民生活とガバナンスを検証するのに使われてきた。腐敗認識指標は、複数の調査結果の平均値に基づき、国家が腐敗から自由である度合い（「最も腐敗が進んでいる」から「ほとんど腐敗が行われていない」までの範囲で）を示す国際指標である。これは、OECD枠組みでは、ガバナンスの質を示す指標として利用されている。市民契約については補完的に公式的に発言したことのある国民の割合により測定されている。ミャンマーではいずれの指標においても十分な結果を得られていない。対象国の中でどの国家も腐敗のない状態を基準としたときに高いスコアは得られておらず、ミャンマーが最も低いスコアであった。スコア15のミャンマーは、ハイチ（19）、ラオス（21）、カンボジア（22）、バングラデシュ（26）よりもかなり腐敗が進んでいるように知覚されている。また、公式的に発言したことのある国民の割合では、比較対象国の中での多様性はさらにずっと大きい。しかし、ここでも、中国以外に市民契約水準の低い水準の国はなく、ミャンマーは対象国中、極めて低水準の位置づけにある。また、中国とミャンマーは、男性の公式的発言割合が7％（ミャンマー）と9％（中国）であるのに対し、女性のその割合は3％にも満たず、ここにも大きな男女

第1章 岐路に立つミャンマー

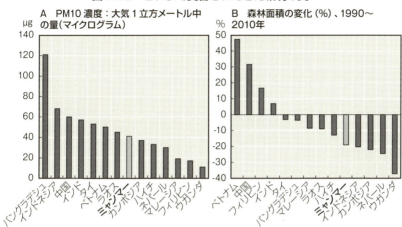

図1.16 これまで受容されてきた環境の質

出典：UNDP (2013b), *International Human Development Indicators* (database), United Nations Development Programme, http://hdr.undp.org/en/statistics/; World Bank (2013), *World Development Indicators* (database), http://databank.worldbank.org.

StatLink：http://dx.doi.org/10.1787/888932857254

差が示されている。ミャンマーと中国の数値にタイ、ベトナム、ラオスとの間で大きな開きがあることを考えると、これは純粋に文化的な現象という訳ではなさそうである。

　国民の生活は、その生活している物理的な環境の質に大きく左右される。汚染物質や有害物質の健康への影響は甚大である。さらに、環境の質も多くの国民にとってその生活環境特性を左右する本質的な価値を有している。鍵となる環境の質指標として、粒径10 μm以下の微小粒子であるPM10の大気中濃度が使用されている。大気中のPM10の濃度が高い場合、健康問題につながる可能性があるが、大気1立方メートル中のPM10の量が大気の質を測る基準指標となる。また、森林の変化から環境の質に関する動向を補完的に知ることができる。

　PM10で測定したときのミャンマーにおける大気汚染は、穏やかな水準にある（図1.16パネルA）。近隣諸国と比較したときのミャンマーの大気の質は1立方メートル中40マイクログラムと、特に良くも悪くもなかった。しかし、この値は、ミャンマーの経済発展段階からすれば比較的高水準にあり、経済成長に対して大気の質が深刻な課題となる可能性のあることを示している。ミャンマー

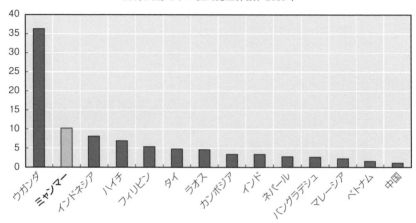

図1.17 低水準にある個人の安全
10万人当たりの殺人発生件数、2010年

出典：UNDP（2013b）, *International Human Development Indicators*（database）, United Nations Development Programme, http://hdr.undp.org/en/statistics/.

StatLink：http://dx.doi.org/10.1787/888932857273

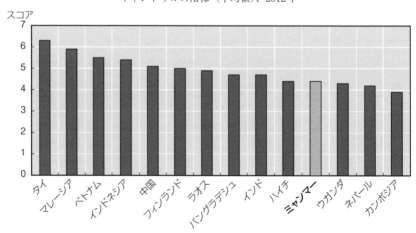

図1.18 所得水準に対応したミャンマーの主観的幸福
キャントリルの階梯（平均値）、2012年

注：キャントリルの階梯は、国民全体の生活満足度を測定するものである。
出典：UNDP（2013b）, *International Human Development Indicators*（database）, United Nations Development Programme, http://hdr.undp.org/en/statistics/.

StatLink：http://dx.doi.org/10.1787/888932857292

では2010年までの20年間に森林が19％減少している（図1.16パネルB）。これは、ネパール、カンボジア、インドネシアとほぼ同水準であるが、同じく一次産品の輸出に依存する隣国ラオスと比較したときには、ひどい状況を表している。

殺人発生率（図1.17）は個人の安全を測るより総合的な代理指標であるが、測定手法に左右される指標ではないため、他の犯罪指標よりもバイアスは少ない。フィリピン、ハイチ、インドネシア、ウガンダを除き、大半の比較対象国との比較において、ミャンマーの殺人発生率は10万人当たりで2倍以上の水準にある。対象国の中で、ミャンマーよりも高水準にあるのは、ウガンダだけである。ウガンダとミャンマーが殺人発生率の高さで二大国家となっている背景には国内での積極的な軍事進攻があると考えられ、これが状況悪化の原因となっているのは明白である。

しかし、ミャンマーでは、夜道を歩くときに安全であると感じている国民の割合は89％と主観的安全感は高い。これはインドネシアと同じ値であるが、中国（82％）、バングラデシュ（81％）よりも若干高い。これとは対照的に、マレーシア、ウガンダ、ハイチでは、いずれもこの割合が45％に満たない。また興味深いことに、ミャンマーでは安全感における男女差も相対的に小さい。他方、ウガンダとマレーシアでは男性の夜道を歩くとき安全であると感じている者の割合は女性よりも24％高い[11]。

国民のその生活に対する主観的経験と評価は、個人の幸福を構成する基本要素である。幸福の重要な要素に関する論理的判断ではなく、国民の選好に基づく情報を集めることで、主観的幸福指標によって客観的指標は補完される。キャントリルの階梯（図1.18）によって示される、ミャンマーでの全体的な国民の生活満足度の指標となる、平均生活満足度水準（4.4）は、ここで対象とされている他の幸福の要素に関してミャンマーについて予測される状況と同様の状況にある。ミャンマーのスコアは3か国（カンボジア、ネパール、ウガンダ）を上回っているが、他の対象国よりは低い。その平均スコア4.4は、国際的にみてもかなり低い水準にある。

ミャンマー最大の劣位にある社会関係資本

多様な幸福領域に対する単純な平均値と他国との比較でみたミャンマーの順

位づけからは政策に直接関連する情報はほとんど得られない。こうした進捗状況のモニタリングは、他の幸福の側面に進展がないことで所得改善が相殺されないようにするためにも必要ではあるが、他方で、ミャンマーの強みと弱みがどこにあるかを明確にするには不十分である。より分析的にアプローチするには、同様の開発状況にある国家で達成可能な何らかのベンチマークとなる成果水準との比較で、ミャンマーがどの水準にあるか見極める必要がある。

　ミャンマーに対するベンチマーク成果水準を開発するうえで、独立変数としての一人当たりGDPと従属変数としての幸福指標との間で一連の回帰分析が行われている（コラム1.5）。一人当たりGDPと幸福指標との間で推計された関係は、他の条件を等しいとして、ミャンマーと同じ一人当たりGDP水準にある国家に関するベンチマークとし得る幸福指標成果の計算に利用されている。ベンチマークを基準としたミャンマーの状況を測定するために、ミャンマーの実測値とベンチマーク値との乖離は、対象とされる成果指標の標準偏差で報告され、スコアの改善が必ず成果の改善を示す（例えば、スコアの改善は殺人発生率では減少となるが、平均余命では増加で示される）ように正規化されている。

コラム1.5　GDPに代表される幸福要素

　開発政策の基本的目標としてGDPの拡大に焦点を当てることの背景には、個人の幸福を左右する幸福要素の中で他の要素のGDP拡大への依存が大きいことがある。これは、GDPの拡大を通して特定要素の改善により多くの資源を集約させることができたり（例えば、住宅事情）、特定要素の成果の改善にGDPの拡大が必要である（例えば、雇用と収入）、あるいは、その両者が求められる（例えば、教育と技能）場合に言えるであろう。回帰分析はミャンマーに関する比較分析を目的に、国家間での多様な幸福要素指標に関わる一人当たりGDPとの間の共分散に関する情報を提供するためのベンチマーク・スコアとしても利用される。次の表では、決定係数R^2が0.5よりも大きな値を示す（すなわち、一人当たりGDPにおける分散が、特定の成果指標における国家間での分散の50％を上回る）場合には、「高度共分散」、それ以外の場合には「低度共分散」とグループ分けしている。

　一人当たりGDPとの間に、15指標のうち6指標が高度共分散、9指標が低度共

第1章　岐路に立つミャンマー

高度共分散	低度共分散
一人当たりGNI（所得と富） (0.9859)	生活水準満足度（所得と富） (0.3423)
より良い衛生施設の利用（住宅事情） (0.6681)	雇用率（雇用と収入） (0.1496)
平均余命（健康状態） (0.7189)	緊急時に頼れる者の存在（社会とのつながり） (0.3907)
期待就学年数（教育と技能） (0.7099)	公式的な意見表明（市民生活とガバナンス） (0.119)
成人リテラシー（教育と技能） (0.53)	森林の状況（環境の質） (0.2126)
腐敗認識（市民生活とガバナンス） (0.6196)	1立方メートル当たりPM10量（環境の質） (0.0742)
生活満足度（主観的幸福） (0.6282)	大気の質に対する満足（環境の質） (0.1807)
	10万人当たりの殺人率（個人の安全） (0.1413)
	安全面での実感（個人の安全） (0.1374)

分散にあった。大気の質に対する満足と雇用率を除けば、いずれの指標も成果の改善が一人当たりGDP、もしくは自然対数で表した一人当たりGDPとの間に期待通りの相関関係にあった（すなわち、一人当たりGDPの拡大は特定成果の改善を伴うものであった）。大気の質に対する満足では、一人当たりGDPとの間に何らかのクズネッツ曲線が示されているが、雇用率に関してはU字型の関係が示されている。特に、住宅事情、健康状態、教育と技能、主観的幸福に関する成果領域では、一人当たりGDPとの間に強い相関関係がみられる。環境の質、社会とのつながり、個人の安全、雇用と収入では一人当たりGDPとの間の相関関係はずっと弱いものとなっている。市民生活とガバナンスについては、一人当たりGDPと強い相関関係にある腐敗認識との関係は明確ではなく、また公式的に意見を表明したことのある者の割合との間の相関関係はずっと弱いものとなっている。

　一人当たりGDPとの関係が薄かったり曖昧であったりする幸福領域については、総合的な経済目標からは区別して特殊的政策を遂行することの正当性が示唆されている。

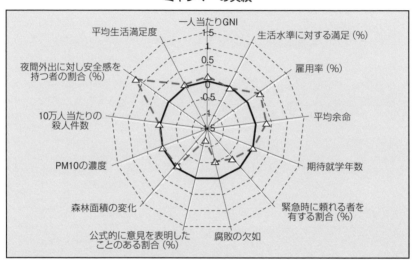

図1.19 ベンチマーク指標（比較対象国家群より算出）を基準とした
ミャンマーの実績

注：単回帰分析では、従属変数として妥当な幸福指標、独立変数として一人当たりGDPを用い、GDPと個々の実績との相関係数を推定している。ここでは、実績期待値を算出するうえで、ミャンマーの一人当たりGDP（現時点）に当係数を適用している。ミャンマーの現時点での幸福実績は標準偏差を基準とした期待値比率で表されている。ベンチマーク国には、バングラデシュ、カンボジア、中国、ハイチ、インド、インドネシア、ラオス、マレーシア、ネパール、フィリピン、ウガンダ、ベトナムが含められている。

出典：Gallup Organization（2013）, *Gallup World Monitor*; Transparency International（2012）, "Corruption Perceptions Index 2012", *www.transparency.org/research/cpi/overview*（2013年3月10日）; UNDP（2013b）, *International Human Development Indicators*（database）, United Nations Development Programme, *http://hdr.undp.org/en/statistics/*; UNESCO（2013）, *UNESCO Institute for Statistics Data Centre*（database）, United Nations Educational, Scientific and Cultural Organization, *http://stats.uis.unesco.org/*; WHO（2013）, *Global Health Observatory Data Repository*（database）, World Health Organization, *http://apps.who.int/gho/data/view.main*; World Bank（2013）, *World Development Indicators*（database）, *http://databank.worldbank.org*に基づく著者による計算値。

StatLink：http://dx.doi.org/10.1787/888932857311

　ミャンマーで幸福指標に利用し得る成果領域での改善は、所得水準からの予測とほとんど一致している（図1.19）。その主な例外に平均余命があるが、予測値よりも標準偏差で0.5高い値を示している。また主観的な安全感については、予測値よりも標準偏差分上回る値となっている。他国との比較により、ミャンマーの直面する主な課題も明確化される。ミャンマーでは同一開発水準にある国家と比較して、緊急時に頼れる者を特定できる度合いが著しく低く、社会的資源に相対的に欠けた状態にある。市民生活とガバナンスのスコアはかな

第1章 岐路に立つミャンマー

図1.20 ベンチマーク指標（世界規模で算出）を基準としたミャンマーの実績

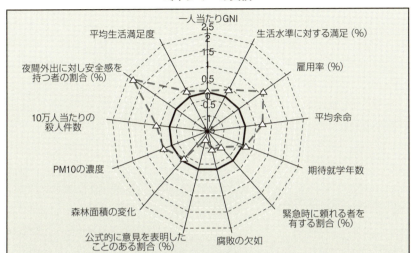

注：単回帰分析では、従属変数として妥当な幸福指標、独立変数として一人当たりGDPを用い、GDPと個々の実績との相関係数を推定している。ここでは、実績期待値を算出するうえで、ミャンマーの一人当たりGDP（現時点）に当係数を適用している。ミャンマーの現時点での幸福実績は標準偏差を基準とした期待値比率で表されている。標本として130か国が含められている。

出典：Gallup Organization (2013), *Gallup World Monitor*; Transparency International (2012), "Corruption Perceptions Index 2012", *www.transparency.org/research/cpi/overview*（2013年3月10日）; UNDP (2013b), *International Human Development Indicators* (database), United Nations Development Programme, *http://hdr.undp.org/en/statistics/*; UNESCO (2013), *UNESCO Institute for Statistics Data Centre* (database), United Nations Educational, Scientific and Cultural Organization, *http://stats.uis.unesco.org/*; WHO (2013), *Global Health Observatory Data Repository* (database), World Health Organization, *http://apps.who.int/gho/data/view.main*; World Bank (2013), *World Development Indicators* (database), *http://databank.worldbank.org*に基づく著者による計算値。

StatLink：http://dx.doi.org/10.1787/888932857330

り低い。腐敗認識については、ミャンマーではベンチマーク指標よりも標準偏差の0.5倍分だけ低い値をとり、公式的に意見を表明したことのある者の割合では、予測値よりも標準偏差の1.5倍近く低い値となっている。ベンチマーク値算出の対象とされた国家の大半がまた東南アジア諸国であったことに鑑みて、この最後の結果については、権威主義的で純粋に文化的な現象であるとは断言できない。

ベンチマーク・スコア算出に使用するデータベースを世界の人口100万人以上の国家に拡大しても（図1.20）、全体的な構図上の変化はほとんどない。主

に比較対象国に先進国が加えられたことで、ミャンマーの生活水準に対する満足と雇用に関して、相対的に高い評価が与えられているように思われる。またミャンマーの殺人発生率については、主に比較対象国にサハラ以南アフリカ諸国が加えられたことで相対的な評価値は改善している。グローバル社会でのミャンマーの実績は、大気汚染については予測値と比較し僅かながらの貢献がみられたが、森林の状態では悪化要因となってしまっている。しかし、主だった様式化された事実に関しては、そのままにおかれている。社会的支援、腐敗認識、市民生活については、ミャンマーは所得水準からみてかなり低いスコアとなっている。また、実際に、対象国を拡大してベンチマーク・スコアを算出すると、こうした分野のミャンマーの実績値は相対的に悪化する。

　絶対的観点からみたときに、開発途上国であるミャンマーの幸福度は総じて低い。これは、本書で検証される幸福要素全ての成果を均したときの評価である。しかし、ミャンマーにおいてその経済発展水準に見合った実績が考えられるならば、ミャンマーの強みと弱みの開発における妥当性は高まる。この点に関して、ミャンマーはやや不均一な状態にある。雇用、健康、教育成果に代表される人的資本ストックは、ミャンマーでは予測値を幾分上回り、さらに、これら分野の大半で女性における幸福成果は男性と同等、もしくは上回る状況にある。これは、教育に高い価値をおいている社会と同じである。

　ミャンマーでは環境成果はその豊富な天然資源を反映しているが、また自然資本ストックの減少度合いが予測値を若干上回る状況にあることも示唆している。GDPの拡大と環境成果の改善との関連性が薄い中にあって（コラム 1.5）、これは将来的にモニターの必要となる重要分野となることが考えられる。

　ミャンマーの最大の弱みは、開発推進を可能とする規範と価値の共有に基づく社会関係資本分野にあるが、これが強力な自然資本ストックと優れた人的資本を台無しにしてしまっている。これは非公式レベル（緊急時に頼れる者のいる国民の割合に反映される）でも、公式レベル（腐敗認識と公式での意見の表明に反映される）でも発現する。そしていずれにおいても、ミャンマーでの実績値はその経済発展段階にある国家に期待される水準よりも標準偏差分以上、低い水準にある。これは、当該分野での改善への取り組みがなければ、ミャンマーでの開発に重大な制約が残ることを示唆するとともに、制度の質が改善さ

れ社会的信頼が醸成される場合には、比較的大きな利益がもたらされる可能性のあることを示唆している。

第5節　強壮な統計システムの構築

　政策の効果的な設計、採択、モニタリングの確保に加え、開発戦略を実施に移すための重要なガバナンス手段として、適切な統計システムが必要となろう。ミャンマーの統計能力の評価では、能力と制度構造という二つの主たる次元が存在する。前者では、ミャンマーの統計情報収集機関の技術能力と資源の評価となるが、これは収集、公表される統計情報の範囲と質のみならず、分析水準をも左右する。制度構造については、ミャンマーの統計システムの、国連政府統計原則と政府統計品質基準管理・国際ベスト・プラクティスに対する遵守度合が評価される。これは、政府統計全般の品質と信頼性にとっての重要な要素となる。

統計機関の能力向上の必要性

　ミャンマー中央統計局（CSO）は、1952年統計法に基づき、1952年に設立された。しかし、1962年以降、ミャンマーの統計システムは、拡張的に分権化されている。政府機関の大半が自部門の統計情報の作成に携わっていることで、CSOの作成する統計情報は政府統計の比較的小さな割合に限られている。例えば、農業人口調査は農業灌漑省が行っているが、次世代人口調査は入国管理人口省人口局が行うだろう。またGDPは、CSOではなく計画省の部局により集計されている。CSOで作成されるのは、年鑑、森林統計、畜・水産統計、子女統計、月次統計指標である。

　CSOでは事務局長が指揮を執るが、事務局長は副大臣に報告した後に大臣に報告する仕組みとなっている。当機関は名簿上は533名の職員で構成されるが、現在の職員数は約280名のみである。2012年まで県レベルのCSO職員は存在せず、県計画局（District Planning Department）の作成したデータに依存してきた。近年、CSOは各州、各管区域の職員を拡充し、県レベルでも職

員の配置を進めてきた。こうした職員配置の主な目的は、価格統計及び外国貿易統計の整備にある（総計で170名）。

　資源の欠如及びミャンマー統計システムの分権的性格から、CSOの能力は制限されている。2014年の計画の新規人口調査では同国の統計基盤の整備に必要な多くの一次データが提供されるものと思われる。特に、包括的な人口調査は、将来の世帯調査を支える標本調査枠組みの開発につながるものと期待されている。しかし、この情報の活用に必要な人的資本及び職員が重大な制約となる。人口調査情報の効果的な活用には、調査終了後も引き続きCSO能力の改善に努めることが必要となろう。

統計品質の改善に資する統計局制度構造の合理化

　ミャンマーの統計能力には制限があるが、より根本的な問題はミャンマー統計システムの制度構造にある。個々のデータ収集機関では、基礎データの入力とデータ品質チェックを行うが、システム全体でのデータ品質確保の仕組みは持っていない。1952年制定のミャンマー統計法の下では、CSOの公式的責任として、「連邦政府が統計や管理等の目的で行うあらゆる統計業務に対する調査、勧告」「統計業務の調整、統合」「最高水準の統計基準の確立、規定、維持」に不可欠な要件の具備が求められている。

　しかし、実践面において、特に他の政府機関の作成する統計の品質に関しては、こうした役割を効果的に遂行するのに必要な権限をCSOは持っていない。CSOは、他の機関との関連業務については協働作業を求められるが、これはCSOの調整能力を制約することになる。こうした状況のもたらす一つの帰結は、異なる政府機関間の管理要求面での僅かな違いが、異なる政府省庁間で作成される統計情報に矛盾を生じさせる点である。

　ミャンマーの二つ目の制度的課題は、政府統計の公表過程に関わるものである。各部局から一般的、特殊的データが収集され、CSOによって分析されると、公表前に統計情報は大臣に対して提出される。そして、大臣による承認を受けて初めて、政府統計として公衆の利用に供されることになるのである。また例え、当該大臣が実直に行動し、公表される統計情報に影響を及ぼそうとしないのであっても、この過程は透明性を欠き、統計システムにおける政府の信頼と

CSOの独立性を損なわせかねない。この課題の重要性は、国連政府統計基本原則（1994）で強調されているが、その最初の2条で政府統計は「政府統計機関により網羅的に入手できる状態におかれる」必要があるとともに、「政府統計の信頼性を保持するためにも、統計機関はデータ公表に際し、厳しい専門的な観点から決定を下す必要がある」ことを強調している。

統計データ公表までの過程とシステム全体の品質管理に関わる懸念は、ミャンマーの統計データの品質に反映される。ミャンマーの政府統計システムの一部を構成する数多くの主要統計データは品質保証のための適切なチェック体制の下で作成されておらず、他の情報との間に矛盾が生じているように思われる。例えば、公表されている成人識字率は同じ教育水準にある他国と比較して、到達度がかなり高い水準にあるし、公表されている改善の進んだ衛生施設の利用率は飲料水を媒介とした疾患に関する数値と同じくかなり高い。

CSOはこうした課題の存在に気付き、ミャンマーの政府統計の作成に携わる他の機関との関係強化を企図して、外部機関との連携の下に、幾つかの品質面での課題に対する取り組みを進めている。例えば、IMFとの作業部会では、CSOはミャンマー政府統計システムのIMF一般データ公表システム（GDDS）及び特別データ公表システム（SDDS）への組み込みを進めている。これはミャンマー国内の統計機関に対して、何らかの支援を与えるとともに、一部品質管理面での助けとなるものと思われる。しかし、ミャンマー政府統計の独立性と透明性という広くシステムに関わる課題に対しては、もっと構造的観点からの変革が求められるものと考えられる。

統計改善における危急の課題

限られた政府予算及び援助資金は何よりもミャンマーの統計システムの改善に充てる必要があることは明白である。しかしそれでも、必ずしもそれ程、資金を掛けなくとも同国の統計システムで多くの改善を進めることは可能であろう。特に、他の政府機関作成のデータとの関連でCSOの役割を明確化、強化することは、国際ベスト・プラクティスとも合致するであろうし、様々なミャンマー政府機関間でのデータ互換性の改善を支援することにもなろう。CSOのそうした役割によりまた、各機関でデータ品質課題を検討するのではなく、

データ品質に関する専門知識を1か所に集約して利用できるため、統計システム改善に割り当てられる相対的に限られた資金をより効果的に活用することが可能となろう。

二つ目の改革分野は、主席統計官が政府統計データの公表に直接、責任を負うようにすることで、CSOの独立性を強化することであろう。統計データの公表サイクルから大臣を外すことで、事前に表明される公表時期に対するCSO遵守能力を高め、統計過程の透明性の向上に寄与することが考えられる。またこれにより、CSOによる管理をモニターすることからも、また直接データ公表に関わる部分のみならず、統計システム全体を管理することからも大臣は時間的に解放されることになると思われる。

データ面での不備を補うために、2015年の国勢調査を受けて最も火急の課題に対する取り組みが進められることになろう。しかし、これとは別に、ミャンマーでの定期的な世帯レベル情報が必要とされる。また、経済成長の加速化に伴い、世帯状況も急速に変化することが予想されるため、この必要性は強化されることになると思われる。したがって、人口動態、労働市場、雇用、健康及び教育成果、所得及び消費を対象とした中核となる世帯調査の開発が極めて重要となる。こうした調査を実施するに当たり、ある程度、間隔を空けてしか行われない、規模の大きなより完全な調査ではなく、(2～3年ごとの) もっと頻繁に行われるより小規模で柔軟な調査を検討することが重要となろう。

こうした提案の検討を可能とする一取り組みとして、UNESCAP統計局が調整役となり、21世紀における開発のための統計パートナーシップ（PARIS21）を通して蓄積された国際的なレベルでの専門知識に依拠する金融、技術的パートナー集団が、ミャンマーの、1）特定の短期データ集計調査の検討とそのためのキャパシティ・ビルディングに関わる取り組み、2）国家統計開発戦略（NSDS）の策定を支援している。経済・産業統計の主体となる現段階で、当集団は政府統計機関との協議を通して、数多くの評価を行っている。NSDSでは、様々な評価案を統計システム全体の評価概要の中に総合することになると思われる。また、このことには、同国の統計能力の開発と統計システムの効率性及び妥当性の改善に向けたビジョンとアクション・プランの明確化に対する支援が企図されている。OECDはミャンマーに対し、この統計システムの総合

第1章　岐路に立つミャンマー

評価実施に当たり、当面の多角的国家分析（MDCR）結果を検討するよう奨励している。

注
1. ASEANは東南アジア諸国連合である。その加盟国には、ブルネイ、カンボジア、インドネシア、ラオス、マレーシア、ミャンマー、フィリピン、シンガポール、タイ、ベトナムの10か国がある。
2. ベンガル湾多分野技術経済協力イニシアティブ（BIMSTEC）は南アジア諸国及び東南アジア諸国からなる国際機関である。その加盟国には、バングラデシュ、ブータン、インド、ミャンマー、ネパール、スリランカ、タイがある。
3. 南アジア地域協力連合（SAARC）は南アジア諸国からなる機関である。その加盟国には、アフガニスタン、バングラデシュ、ブータン、インド、モルディブ、ネパール、パキスタン、スリランカがある。
4. 大メコン圏は、1992年にメコン川流域国（カンボジア、ラオス、ミャンマー、タイ、ベトナム、雲南省（中国））の一体化を目的に、アジア開発銀行により始められた開発プロジェクトである。
5. 非同盟運動は、冷戦期に独立を維持し、東側、西側、両陣営からの圧力に抗し、新植民地主義に対抗することを目的に、（主に開発途上）国家間で追求された中道路線である。
6. ASEAN10＋1か国は、ASEANに加盟する10か国と中国の連携を意味している。
7. ASEAN10＋3か国は、ASEANに加盟する10か国と中国、日本、韓国との連携を意味している。
8. 東アジア・サミットでは、ASEANに加盟する10か国＋3か国に加えて、インド、オーストラリア、ニュージーランドが一堂に会する。
9. 可能な限り多くの合理的なデータ品質を備えた国家に関して、ジェンダー格差指数（GII）は、性と生殖に関する健康、エンパワーメント、労働市場の3側面で女性が不利な立場にあることを反映している。この指標には、これらの側面の到達度における男女間格差による、人間開発面での損失が示されている。全ての側面について女性と男性が対等な立場にある場合の0から、女性が最大限、不利な立場にある場合の1までの値を取る。
10. 雇用や教育等の成果におけるジェンダー・ギャップの測定に替えて、SIGIでは、早婚、固着した差別的慣行、女性への暴力、男児選好、公共空間の利用制限、土地、信用の利用制限等、差別的な社会制度が把握される。2012年SIGI指標は、14

のユニークな変数から構成されるが、それらは差別的な家庭内規約、身体的保全の制限、男児選好、資源の利用・統制と権利の制限、市民生活における自由の制限の5項目に分類される。

11. 安全に対する実感と実際の安全との格差は、両者間に弱い相関しかないために、通常、考えられている状況と違わない（OECD, 2011）。しかし、結局、個人の行動を決めるのは個人的な実感であるし、安全を実感できないことは個人の幸福観をも左右するため、安全に対する実感は、なお個人の安全の一部として考えるのが有益である。

付録A.1 ミャンマー略史

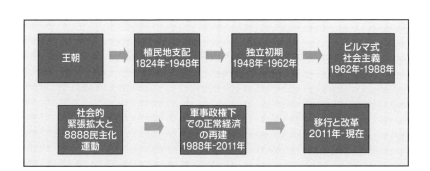

王朝

　現代のミャンマーの領土は、かつて王朝の継承者によって統治されていた。ミャンマーの起源は、しばしばパガン王朝時代（1044年 – 1287年）にまで遡れるが、上座部仏教が採り入れられたのはこの時期であった。そしてパガン王朝はついにはモンゴル軍の侵略に遭い、滅亡することとなる。タウングー王朝（1486年 – 1752年）が多民族な領土の再統一を進めたのは、それから200年近く経ってからのことである。この王朝は、シャン民族の征服により王国を拡大している。タウングー王朝はモン民族、アラカン（ラカイン）民族との闘争により、同様の勢力圏の拡大を辿ったコンバウン王朝（1752年 – 1885年）に引き継がれている。ビルマは今なお自給自足的農業が経済の大半を支配する状況にあるが、インドと中国との主要交易ルート上に位置することで比較的豊かであった。そしてこの時代も、中国による4度の侵略を経験するとともに、ビルマの植民地統治時代の始まりとされる1824年からの3次に亘る英緬戦争の舞台となっている。

植民地支配：1824年 – 1948年

　英国は、アラカン（現在のラカイン）、テナセリウム（タニンダーリ）、下ビ

ルマ、最後には上ビルマを併合し、ティーボー王の追放で幕を閉じた3次に亘る英緬戦争（1824年－1826年、1852年、1885年）を通して、漸次的にビルマ領土の統制を強めていった。ビルマは1937年までは英領インド帝国の一州として管理されていたが、以降、同帝国から独立し新憲法とエリートによる議会を備えた大英帝国領となった。ビルマ経済は英領輸出経済の一部となり、その輸出は対米輸出が独占していた。しかし、土着民たちは、貿易拡大と経済成長からの恩恵をほとんど得られておらず、憤りを強め、度重なるストライキと抗議、ナショナリストによる反英闘争へと発展する土壌を与えていた。

第二次世界大戦の開戦により、ビルマのナショナリストには英国を締め出し、独立を果たすための支援を日本軍から得る機会が与えられた。そして、日本軍は新しく結成されたビルマ独立軍の中核部隊「30人の志士」に訓練を与えている。しかし、1942年の日本軍によるビルマの占領は、ビルマの自由につながるものではなかった。当時、アウン・サン率いるナショナリスト集団は、英国軍とその植民地軍に対し、日本軍の締め出しを要請し、1945年4月までにこれは成功裡に行われている。戦後、アウン・サンは、彼自身、決して見ることのなかったビルマの完全な独立を巡り英国との交渉を行ってきたが、1947年7月19日、アウン・サンと閣僚5名が右派政治的対抗勢力によって暗殺された。それは、ビルマ独立が正式に承認されるほんの数か月前の出来事であった。そして、新しい議長には、アウン・サン閣僚メンバーであったウー・ヌが就任した。

独立初期：1948年－1962年

ビルマは、1948年1月4日に英国からの独立を果たし、「ビルマ連邦」と呼ばれることとなった。ビルマは、新連邦共和国憲法の下、議会制民主主義国となり、少数民族であるカチン民族、シャン民族、カヤー（カレンニー）民族、カイン（カレン）民族には、自治州が与えられ（るとともに、チン民族には特別行政区が認められ）た。しかし、独立後間もなく、ウー・ヌ首相は、少数民族集団からの自治拡大要求に加え、ビルマ共産党の武装反乱に直面することとなる。また、中国国民党軍（KMT）が長期に亘りシャン州の大半を支配した。1956年から1958年までの期間、ウー・ヌは、武器を放棄した武装集団には国民選挙への参加を認めるとする「民主化軍」提案により、どうにかほぼ

全ての民族集団*との紛争終結に向けた交渉に漕ぎ着けている。しかし、こうしたことの実現に対しても、ウー・ヌの反ファシスト人民自由連盟（AFPFL）は混乱状態にあり、1958年から1960年の期間、清廉派と安定派への分裂により、ネィウィン参謀総長率いる暫定政権の介入を受けることとなる。この期間、国軍により国内共産主義関係者への取り締まりが強化されることとなった。1960年の総選挙では、ウー・ヌ率いる連邦党（旧清廉パサパラ）が大勝し、首相に返り咲くこととなったが、この政権は短命に終わっている。ウー・ヌによる仏教国教化推進と国内非仏教集団による強力な反対、そして民族分離に対する躊躇が、国軍側に連邦解体の恐れを生んだことにより、1962年のクーデターへとつながっていった。

ビルマ式社会主義：1962年－1988年

　1962年、ビルマ国軍革命評議会がウー・ヌ文民政府を倒し、憲法は廃止された。クーデターによって、26年間に及ぶネィウィン下での一党支配時代を迎えることとなった。革命評議会の「ビルマ式社会主義」は、国内で唯一法律により認められた政党、ビルマ社会主義計画党（BSPP）の指導原理となった。マルクス主義、仏教、神秘主義に依拠した28項から成る政策は、その後数十年に亘る国家の経済面での青写真となった。それは、社会主義経済への移行、全主要産業の国有化を支持し、議会制民主主義を拒絶するとともに、軍事政権を強化し、外国からの影響を低減させるものであった。1962年を境に、ビルマはアジアで最も富裕な国家の一つから、世界の最貧国の一つに転落することとなった。1987年、経済の停滞により、ビルマは正式に低開発国とみなされることになる。この期間、表現の自由と組合の自由が抑圧されていた。政治的拘禁、人権侵害が一般化していた。ビルマの国境地域では、反政府民族集団との武装闘争が繰り広げられた。

社会的緊張拡大と8888民主化運動

　1980年代半ばまでの経済管理の失敗と政治的抑圧により、ミャンマーの国民間での不満拡大が助長された。1988年3月に、ヤンゴンでの学生による抗議活動として始まった活動は全国に広がり、僧侶、農民、公務員、法律家等の集

団を巻き込んだ積極的民主化運動にまで発展した。この抗議活動は、1988年8月8日についには「8888民主化運動」と呼ばれる国家規模のデモにまで発展している。そして軍が武力行使する事態となったが、ネィウィンは辞任にまで追い詰められている。BSPPは、複数政党制に基づく総選挙の実施を約束し、抗議活動を鎮めようとしたが、収まらず、一貫して政権解体が要求された。民主化運動は、1988年9月に国軍が政権を奪還し、国家法秩序回復評議会（SLORC）を組織したことにより、終わりが告げられている。

軍事政権下での市場経済の再建：1988年－2011年

　SLORC（1997年に国家平和開発評議会（SPDC）に改組）はビルマ式社会主義を放棄し、ある程度の民間部門の拡大を認め、外国人による投資を奨励している。1989年、政府は英語による正式国名を「ビルマ連邦」から「ミャンマー連邦」に改変し、その後「ミャンマー連邦共和国」と改変している。

　1990年、民主化への第一歩となることを期待して、複数政党制による総選挙が行われた。ミャンマー最大野党、国民民主連盟（NLD）はこの選挙戦で492議席中392議席を勝ち取った。NLDはアウン・サンの娘で、8888民主化運動では突出した存在感を示していたアウン・サン・スー・チーによって率いられた。NLDが勝利したにもかかわらず、SLORCは政権放棄を拒絶するとともに、アウン・サン・スー・チーは自宅軟禁下におかれ、他の反政府派の多くの者が監禁されている。こうした事態を受けて、ミャンマーに対して数か国による経済制裁が課せられることとなった。

　2007年、燃料価格の高騰が、慣習的に政府に虐げられてきた反政府活動家を刺激した。この抗議活動は、サフラン革命として知られるが、同国の仏教僧侶によって先導される非暴力抗議運動の拡大につながっている。2007年9月26日、政府は無情な弾圧によってこれに対抗することとなった。こうした事態は、ミャンマーの国際的イメージをさらに悪化させることとなり、さらに厳しい制裁を招いている。

　2008年、反政府集団からの不正投票としての非難があったものの、新憲法草案採択のための国民投票が行われた。新憲法により、国民代表院440議席、民族代表院224議席で構成される二院制の連邦議会が創設された。また、両院

第1章　岐路に立つミャンマー

の議席の内、約25％は軍人議席として確保されていた。同憲法は、2010年11月に行われた総選挙に対する環境整備となった。NLDは選挙法に反対の立場に立っていたことを理由に、当選挙をボイコットしている。選挙では、新結成された軍の傀儡政党と言える連邦団結発展党が圧勝している。

移行と改革：2011年－現在

　2011年3月30日、上級大将、タンシュエにより、SPDCは正式に解散し、以前、評議会員でもあったテイン・セイン首相が大統領に就任することとなった。2011年4月には、文民主体の議会が招集され、これ以降、大統領は一連の政治、経済、行政改革に着手することになる。停戦交渉が11の民族武装集団のうち10集団との間で進められ、2012年補欠選挙を経て下院議員となったアウン・サン・スー・チーを含め、何百人もの政治囚が釈放された。出版物の検閲緩和、労働組合の認可、一般大衆による集会及び抗議活動の承認、対内民間投資の奨励に向けて、新たな方針に基づき、新法が承認されたり、議会での討議が待たれる状況にある。国際社会は、この改革を評価しており、一部で制裁の緩和がみられ、開発援助も拡大された。しかしなお、カチンを中心とした民族闘争とラカインを中心とした人種間の暴動が改革に対する課題となっている。

注

* この提案は、ラカイン民族、Pa-O、共産主義集団、モン及びシャン民族集団、国民ボランティア組織（PVO）により合意され、闘争を続ける集団はカレン民族同盟（KNU）だけとなった。

参考文献・資料

Arnott, D. (2001), "China-Burma relations", in *Challenges to Democratization in Burma: Perspectives on Multilateral and Bilateral Responses*, International Institute for Democracy and Electoral Assistance (IDEA), pp. 69-86. Sweden: IDEA, *www.idea.int/asia_pacific/burma/upload/challenges_to_democratization_in_burma.pdf.*

Aung, T. T. and S. Myint (2001), "India-Burma relations", in *Challenges to Democratization in Burma: Perspectives on Multilateral and Bilateral Responses*, International Institute for Democracy and Electoral Assistance (IDEA), pp. 87-116. Sweden: IDEA, *www.idea.int/asia_pacific/burma/upload/challenges_to_democratization_in_burma.pdf.*

Boarini, R., et al. (2012), "What makes for a better life?: The determinants of subjective well-being in OECD countries – Evidence from the Gallup World Poll", *OECD Statistics Working Papers*, No. 2012/03, OECD Publishing, Paris, *http://dx.doi.org/10.1787/5k9b9ltjm937-en.*

Burgos Caceres, S. and S. Ear (2012), "The geopolitics of China's global resources quest", *Geopolitics, 17:1*, pp. 47-79, *http://dx.doi.org/10.1080/14650045.2011.562943.*

CSO (Central Statistical Organization) (2013), *Myanmar Data: CD-ROM 2011-12*, Central Statistical Organization, Ministry of National Planning and Economic Development, Nay Pyi Taw, Myanmar.

Dolan, P., T. Peasgood and M. White (2008), "Do we really know what makes us happy? A review of the economic literature on the factors associated with subjective well-being", *Journal of Economic Psychology*, Vol. 29, pp. 94-122.

Frey, B. S. and A. Stutzer, (2000), "Happiness, economy and institutions", *The Economic Journal*, Vol. 110 (466), pp. 918-938.

Gallup Organization (2013), *Gallup World Monitor.*

IMF (2012), *World Economic Outlook* (database), International Monetary Fund.

JETRO (2012), *Survey on the Activities of Japanese Affiliates in Asia and Oceania*, Japan External Trade Organisation.

Kahneman, D. and A. Krueger (2006), "Developments in the measurement of subjective well-being", *The Journal of Economic Perspectives*, Vol. 20, No. 1, pp. 3-24, *http://dataspace.princeton.edu/jspui/bitstream/88435/dsp016108vb296/7/PDF%20of%20Kahneman%20Krueger%20paper.pdf.*

Kaplan, R. (2012), "How Myanmar liberates Asia", *http://stratfor.com/weekly/how-*

myanmar-liberates-asia（accessed 28 March 2013）.
Lee, J.-H.（2002）, "China's expanding maritime ambitions in the Western Pacific and the Indian Ocean", *Contemporary Southeast Asia 24:3*, pp. 549-568.
OECD（2013a）, *Southeast Asian Economic Outlook 2013: With Perspectives on China and India*, OECD Publishing, Paris, *http://dx.doi.org/10.1787/saeo-2013-en*.
OECD（2013b）, *OECD National Accounts Statistics*（database）, *http://stats.oecd.org/*.
OECD（2013c）, *OECD Guidelines on Measuring Subjective Well-being*, OECD Publishing, Paris, *http://dx.doi.org/10.1787/9789264191655-en*.（『主観的幸福を測る：OECDガイドライン』経済協力開発機構（OECD）編著、桑原進監訳、高橋しのぶ訳、明石書店、2015年）
OECD（2012a）, "Social institutions and gender index: Myanmar country profile", *OECD Social Protection and Well-being Statistics*（database）, *http://stats.oecd.org/*.
OECD（2012b）, "Social institutions and gender index", *OECD Social Protection and Well-being Statistics*（database）, *http://stats.oecd.org/*.
OECD（2011）, *How's Life?: Measuring Well-being*, OECD Publishing, Paris, *http://dx.doi.org/10.1787/9789264121164-en*.（『OECD幸福度白書：より良い暮らし指標：生活向上と社会進歩の国際比較』OECD編著、徳永優子［ほか］訳、明石書店、2012年）
OECD（2003）, "The transition economies: The OECD's experience"［C（2003）165］, produced for the OECD Council in 2003.
Roder, W.（2001）, *Slash-and-Burn Rice Systems in the Hills of Northern Lao PDR: Description, Challenges and Opportunities*, International Rice Research Institute, *http://lad.nafri.org.la/fulltext/231-0.pdf*.
Sen, A.（1998）, *Development as Freedom*, Oxford University Press.
Singh, A.（2012）, "Emerging trends in India-Myanmar relations", in *Maritime Affairs: Journal of the National Maritime Foundation of India 8:2*, pp. 25-47.
The Conference Board（2012）, *Total Economy Database*™, January 2012, *www.conference-board.org/data/economydatabase/*.
Thwin, N. K. S., T. Yoshida and K. Maeda（2010）, "Industrial structure in Myanmar using a new estimated input-output table 2000-2001", *Journal of the Faculty of Agriculture*, Kyushu University, *https://qir.kyushu-u.ac.jp/dspace/bitstream/2324/18856/1/p387.pdf*.

Transparency International (2012), *Corruption Perceptions Index 2012*, *www. transparency.org/research/cpi/overview* (accessed 10 March 2013).

UN (2011), *World Population Prospects (2011), the 2010 Revision: Standard Variants* (database), *http://esa.un.org/unpd/wpp/Excel-Data/population.htm* (accessed 19 April 2013).

UN Comtrade (2013), *UN Comtrade* (database), United Nations Commodity Trade Statistics Database, *http://comtrade.un.org/*.

UNDP (2013a), *Human Development Report 2013*, United Nations Development Programme, *www.undp.org/content/dam/undp/library/corporate/HDR/2013GlobalHDR/English/HDR2013%20Report%20English.pdf*.

UNDP (2013b), *International Human Development Indicators* (database), United Nations Development Programme, *http://hdr.undp.org/en/statistics/*.

UNESCO (2013), *UNESCO Institute for Statistics Data Centre* (database), United Nations Educational, Scientific and Cultural Organization, *http://stats.uis.unesco.org/*.

Vaughn, B. and W. M. Morrison (2006), "China-Southeast Asia relations: Trends, issues, and implications for the United States", *CRS Report for Congress*, Congressional Research Service, Library of Congress, United States.

Webber, D. (2006), "A consolidated patrimonial democracy? Democratization in post-Suharto Indonesia", *Democratization*, Vol. 13, No. 3, pp. 396-420.

World Bank (2013), *World Development Indicators* (database), *http://databank.worldbank.org*.

World Bank (2006), *Where is the Wealth of Nations?: Measuring Capital for the 21st Century*, The World Bank, Washington D.C., *http://web.worldbank.org/WBSITE/EXTERNAL/TOPICS/ENVIRONMENT/EXTEEI/0,,contentMDK:20744819~pagePK:210058~piPK:210062~theSitePK:408050~isCURL:Y,00.html*.

WHO (2013), *Global Health Observatory Data Repository* (database), World Health Organization, *http://apps.who.int/gho/data/view.main*.

第2章
安定的かつ持続可能な開発の実現

　本章では、安定的かつ持続可能な開発の実現に向けて、ミャンマーで進められている政策を議論するとともに、特に制度資本の構築との関連で、今後、関心対象とされる課題を明らかにする。次の4分野が中でも優先度が高く対象とされる分野である。1）健全なマクロ経済及び金融能力枠組みの確立、2）法規則の強化、3）環境的に持続可能な開発の実現、4）民間部門に対する対等な活動の場の創出。マクロ経済的安定性に関する節では、ミャンマーの金融部門と通貨、為替相場、財政政策枠組みについて検証する。また法規則に関する議論では、意見表明、アカウンタビリティ、透明性の強化面での進展に加え、現在、進められている改革と法制面での変革について評価する。そして次には、ミャンマーの天然資源の漸減、そうした圧力の源泉と同国の枠組み、そして環境政策のための制度について議論する。民間部門のイニシアティブに関する節では、民間のイニシアティブを統治する法規制枠組みの検討に戻る前に、ミャンマーの企業部門の特徴について概観する。本章の最後には、ミャンマーの人的、物的資本ストックについて検証を行う。

はじめに

　より急速な成長を始動させ得るのは、ミャンマーの直面している開発の導入期だけである。国家的潜在能力が顕在化されるとすれば、より長期には、成長は安定し、持続的なものとなる必要があろう。安定的で持続可能な成長を成功裡に進めるためには、マクロ経済的かつ構造的な能力及び政策における困難を伴うことの多い経済的、制度的変革に継続的に取り組むことが求められるだろう。多くの国が、開発の初期段階でしか急速な成長を成し得ず、その後、成長の減速過程を辿るのは、こうした必要な変革に向けて適切な改革を断行できていないからである。

　安定的かつ持続可能な開発は、物的、人的、制度的、社会関係的な資本に依存する。制度資本、社会関係資本という後ろから二つの資本形態は、相互関連的であり、制度の改善にはアカウンタビリティを強化し、発言を促進する必要がある一方で、信頼性の向上は制度的成果に掛かっていると言えよう。ミャンマーでは、制度資本と社会関係資本の欠如が組み合わさって、開発の妨げとなっており、これら資本の蓄積が特に求められている。

　制度資本及び社会関係資本における量的な制限は、同国の歴史に由来している。過去1世紀に亘り、同国の作り上げてきたシステムで、民主主義と市場経済の原則に基づくものは言うに及ばず、洗練された制度基盤を必要とするものは何一つなかった。制度及び官僚システムがインド式の制度基盤の下に採用された植民地時代には、インドから多くの官僚がミャンマーに到来している。事実、1885年の第三次英緬戦争によって大英帝国に征服された当時のビルマは、英領インドの管理下におかれ、1930年代の自由化運動を経て初めて、1937年に植民地分割統治体制に転換した。1948年の独立宣言、国内動乱から15年を経て、旧体制は揺さぶりを受けて、軍主導の社会主義体制に転換し、1988年には同様に高度に集権的ではあるが、更に抑圧的な軍事政権体制に引き継がれることとなった。

　2011年に新体制となり、民主的政治体制が始動し始めると、新制度の形成

において歴史と伝統の位置づけは大きく低下したが、これにより、開放的、民主的経済に最適な制度を選択する機会が与えられることとなった。

本章では、ミャンマーにおける安定的かつ持続的な開発に不可欠な能力強化のための政策と将来的に克服の求められる問題について論じていく。特に、優先性の高い分野は、1) マクロ経済及び金融面での安定のための効果的で健全な枠組みの確立、2) 法規則の強化、3) 天然資源の持続可能な管理、4) 民間部門に対する対等な活動の場の創出の四つである。必要な人的資本、物的資本の構築において、社会関係資本に加え、政府能力、法律、規制といった制度資本の強化と開発がまた重要となると考えられる。ここではまた、ミャンマーに有益な教訓となるOECD及び地域経済の経験を整理し、明示する必要性の高い分野を明確化することにもなろう。

第1節　マクロ経済的安定性の確保

マクロ経済的安定性にはしっかりとした制度枠組みが求められる。これにより、貯蓄と投資、延いては持続可能な長期成長の基盤が与えられることを考えると、これはミャンマー経済の開発に不可欠なものと言える。損害を被ることになった銀行部門の危機と発作的に起きたハイパーインフレに近い状態等、マクロ経済の不安定性を示す幾つかの出来事により、この10年、ミャンマーでの経済開発は頓挫してしまっている。したがって、政府当局が健全な金融システムの確立によっても得られないマクロ経済的安定性を求めて、より効果的な枠組みの創出に優先的に取り組むのも頷ける。

またその際に、政府当局は多くの課題に直面することになるだろう。特に初期の段階は、国家的になお極めて非公式的な段階にあり、関連する制度の新規構築と新たな調整及び政策に対する技術能力の開発が不可欠となる。改革が進められる一方で、国家がマクロ経済的不安定性の犠牲とならないためにも、多様な段階を注意深く進めていくことが重要である。政府当局は、こうした必要性を十分に心得ており、この取り組みにおける国際社会からの導きを極めて寛大に受け止めているように思われる。

政策三分野で特に危急の改革が求められている。まず、国家的金融システムであるが、対内金融・投資フローに対し経済開放を進め、最も生産的な分野にそうした資金が流れ込むようにするためにも、その改革、拡張が必要とされている。二つ目の政策分野は、効果的な通貨・為替相場政策のための枠組み、制度、技術基盤であるが、これはマクロ経済的安定性の持続化と内外的な衝撃への対応を必要とする。また、三つ目の等しく重要な分野として、予算配分、租税政策、公的債務の管理といった財政政策遂行上の枠組みと能力の開発が必要とされている。金融システム及びマクロ経済政策が効果を発揮するためにも、こうした改革全般に亘って、経済活動の公式化に向け、着実な取り組みが求められる。

重要な基盤であり、安定し効率的な金融システム

ミャンマー経済は今なお大半が現金ベースで動いているが、公式的金融システムを通して、効率的な貯蓄管理、リスク分散、成熟期への転換を先取りすることができよう。これは資本配分、延いてはミャンマーの潜在的経済成長を左右することになる。大半の国民にとって重要な所得源である送金は、圧倒的に非公式な手段（決済業者）を使ってなされ、非公式な交換市場で現地通貨と交換されている（コラム2.1）。現在、この状況は、公式経済、非公式経済間の市場ベースの交換レートの統一、国際銀行間通信協会（SWIFT）システムへの参加、Visaとウエスタンユニオンとの提携といった、近年みられた多くの動きを伴い変化が始まっている。

コラム 2.1　「hundi（hawaladhars）」システム

「hundi」システムとは、仲介人を表すウルドゥ語に倣ってしばしば「hawaladhars」とも呼ばれるが、東南アジアや西アジアを中心に、中東やアフリカの一部諸国にまで広がる、開発の進んだ決済業者ネットワークである。これは、出稼ぎ労働者が家族に貯金を送るのに利用されている。このシステムの主な特徴は、紙による記録を要せず効率的な点にある。これが広く利用される背景として、

第2章　安定的かつ持続可能な開発の実現

> 銀行の高額な手数料と所得税回避傾向が指摘されているが、また経済制裁下にあるミャンマーで国内銀行の対外ネットワークをほとんど確保できないといった要因もある（コラム1.3参照）。
>
> 　ミャンマー経済の開放化に伴い、国外との銀行ネットワークが確立していく中で、「hundi」システムは（国内外で）規模の縮小を迫られるが、非公式取引が仲介業務を支配する状況で、その一層の拡大が求められる。他国の経験から、これをどのように遂行していけば良いか学ぶことができる。対外送金の規模の大きな国（「送金国」）には、一定額を超える送金者に対し記録を求める国も存在する（例えば、UAEでは550米ドルを超える送金者には記録が求められる）。また中には、直接的に公式的金融手段の利用を奨励してきた国もある。例えば、パキスタンではロイヤルティ・システムを通して、公式的手段の利用を奨励している。

　ミャンマーの銀行システムは小規模で連結性に乏しく（すなわち、言及するだけのインターバンク市場は存在しない）、産業ごとの細分化も十分に進んでおらず、銀行間競争も乏しい状況にある。金融システムは1969年に国有化されているが、1975年のその崩壊を受けて、数行の専門化された国有銀行が台頭している。例えば、外為取引を扱うミャンマー外国貿易銀行や農業分野サービスを受け持つミャンマー農業銀行が設立されている。国有銀行の中には、外貨準備の管理や通貨の供給といった、通常、中央銀行の機能を担うものも存在した。近年、権限当局により、これら機能の中央銀行への移管を進める動きがみられるが、外貨準備機能から着手され、既にかなりの移管が完了している。

　ミャンマーにも民間銀行は存在するが（付録：表A2.1）、規模は小さく、細分化が進んでいる。1988年の銀行業界の一部自由化により、数多くの民間銀行が誕生した。そして、1994年設立のカンボーザ銀行（KBZ）が宝石取引、採掘業、流通業、不動産業を扱う「Myanmar Billion Group」の傘下にあるように、そうした銀行のほとんどが民間のコングロマリット企業と取引を行っている。2010年には国内銀行を対象に銀行市場への参入自由化が一層進み、新規に民間銀行4行が認可を受けている[1]。従来、外国金融機関の参入は認められてこなかったが、政府により外銀のミャンマーでの支店設立に関する検討が

進められる中、この状況は正に変化しようとしている。近年、駐在員事務所の設立が既に許可されているが、近い将来、子会社設立も許可される方向で進められている。

民間銀行による融資は大きく制約されている。財務情報及び監査が極めて脆弱で、小企業であれば、財務諸表（financial statements）の作成も求められないため、民間銀行が（取引のあるコングロマリット企業以外の）潜在的借り手の信用度を見極めることは非常に困難である[2]。結果として、銀行の資産のほとんどが、（2～3年及び5年満期のものがあるが、流通市場がないため、満期までの保有となる）中期国債で構成される。そうでなければ、銀行部門と比べ利子率は高い（月利2.5～3％）が公的融資の際の制約や規制のない闇金融を通して非公式に融資が行われることになる。公式的な（規制のある）マイクロファイナンス部門が非公式部門との間に競合関係にあるが、これまでこれを代替してこなかった[3]。マイクロファイナンスの融資利率は、年率30％を上限としている。この上限は非公式市場で支配力を持った利子率に近い。ミャンマーには、法外な高利融資を取り締まる法律は存在せず、非公式市場での借り手は市民法の下でしか保護されていない。非公式な融資利率に上限が設定されれば、市民訴訟下で不公正な事業取引があったかどうかの判断が容易となろう。多くの国で一定の絶対的利率か複数利率平均でこうした上限の設定が行われているが、適用利率がその制限範囲内にある場合に限り、市民法による保護が適用される。

ミャンマーの金融システム開発を悩ませるのは、前章で述べた社会関係資本面での制約の一つの表れである、銀行部門に対する全般的な政府の自信欠如である。銀行部門では、銀行家とコングロマリットとの間に強い癒着関係があったり、（申し立てのある）マネーロンダリングの嫌疑をかけられていたりと、全般的に植民地的状況が疑われている。2003年の銀行危機（コラム2.2）の際のように、噂はすぐに広まり簡単に取り付け騒ぎは起きてしまうため、これが潜在的な不安定要因となっている。したがって、権限当局が最優先に取り組まなくてはならないのは、健全な金融制度と健全な金融システム基盤に基づき、高い水準でコーポレート・ガバナンス、会計、情報開示、プルーデンシャル規制及び金融監督を採択し執行することである。

第2章 安定的かつ持続可能な開発の実現

コラム 2.2 2003年のミャンマー銀行危機

　2003年上半期、ミャンマーは厳しい銀行危機を経験している*。その引き金となったのは、ネズミ講よりも規模の小さな非公式な金融会社数社の倒産であったが、認可を受けている銀行数行にも直接的な損害をもたらすこととなった。この危機は、大規模なマネーロンダリング、対中投資に関わる銀行の損失や預金の引き出しといった噂によって、増幅的に拡大していった。混乱が広がり始めたことで、国有銀行にさえもその影響は及び、銀行の短期資金はすぐに逆流し始めたことで、結果として預金者の預金引き出しを制限し、準備金の保持が試みられた。これに続き、資本逃避が起こり、チャットの供給量不足をもたらすこととなった。銀行による交換手段（小切手、送金手段（remittance facilities）、クレジット／デビット・カード、電子口座決済）は機能停止に陥った。

　銀行危機は、生産活動と流通機能の深刻な崩壊をもたらした。当時、ミャンマーの大半の国民が銀行口座を持っていなかった（現在でも同様である）が、多くの雇用主と企業は口座を持つ中で大多数の労働者はサプライヤー及び流通業者と同様に、かなりの期間、支払いのない状態が続いた。また外貨を稼いでいた企業でさえ、もはや国内コストに見合うレートで、外貨所得をチャットに交換できなくなったことで、損害を被っている。権限当局が民間銀行の融資回収を認めたことで、企業及び個人は資産を売却し、その要求に応えなくてはならなくなり、さらに事態を悪化させることとなった。銀行口座が凍結する中、額面価格の60％から80％の価格で流通市場が成長することとなった。銀行自身は、自らの財産の売却により継続して流動性の確保に努めた。

　危機が手に負えないものとなってしまった主な理由は、通貨当局が危機を止められるだけの信頼ある目に見える流動性支援策を展開できなかったことと、預金保証による預金者保護が欠如していたことにある。そして、最終的には預金者と借り手に危機のコストを負担させる結果となってしまったのである。これは延いては、雇用者と企業の一般的な金融資産の損失をもたらし、また物的資本、知識、技能の損壊に伴い、永続的な資産の損失となって現れたのである。恐らく、全面的に状況の悪化した中で、ミャンマーの経済発展に不可欠な基盤を成す通貨・金

融制度の信頼性がひどく損なわれてしまったのである。

* この危機に関する入手可能な文書はほとんどないが、再検討の試みがTurnell（2003）にみられる。

　銀行融資は、銀行危機の兆しがみられ始めた頃に導入された、極めて厳格な流動性要件及び支払い能力要件によっても制約を受ける。こうした要件には、10％法定準備率、10％流動性率、借り手単体での20％制限、借り手関連集団での20％制限（後者二つの制限は銀行とコングロマリットとの強固な結びつきから妥当性を持つ）が含まれる。さらに、銀行は、流動資産における払込資本金の50％の保持が義務づけられている。全ての融資は、（2003年以降）法により副担保ベースで行われているが、副担保として利用される資産価格は、販売価格で表される市場価格の40％として計算され、融資額を決める基準として利用される。資産価格・融資比率に対する規制はないが、銀行は（販売価格の）60～70％上限の慣例に従っている[4]。さらに、市中銀行が利益を確保できるだけの十分なマージンを得られるように、中央銀行により固定的に預金金利と貸出金利が決められている。しかし、これは、銀行を競争に向けた展望やインセンティブを与えない状況においている。中央銀行は、中小規模の銀行が経営難に陥らないよう、競争の過熱に対して慎重である。

　ミャンマーの銀行による融資は、短期融資と少数の目的に限られている。利子率15％の長期融資の解禁が近い将来に計画されている。銀行は、返済期間を最長で36か月とする分割払い購入を除き、住居目的の融資はできないことになっている。最近まで、地方部門への融資も禁じられていたが、これは活動範囲を制限し、衝撃への脆弱性を高める結果となっていた。地方部門については、ほぼ全ての郡に支店を持つミャンマー農業開発銀行により保障されている。政府国債への投資や送金業務といった非融資活動からの所得が全所得の大部分を占めている。

　慎重な融資政策と相当な非融資活動の結果として、民間銀行の不良債権（NPL）率は約2％の水準にある。国有銀行は1990年代の融資ブームによって高水準のNPL比率が許されてきたが、正確な規模は明らかにされていない。

副担保が訴訟を起こす程の価値があるとはみなされていないこともあって、いまだ不良債権は問題とは扱われていない。ミャンマー農業開発銀行のNPL比率は、現在、極めて低水準にあるが、1エーカー当たりの上限額の5倍まで融資がなされている状況で（2万チャット～10万チャット）、この比率の上昇が予想される。

権限当局は、銀行業の近代化を企図し、活動余地を拡大し得る新しい銀行業の枠組みのための新法の起草に数多く取り組み、今なお継続的に作業を進めている。さらに、銀行がかなりの投資を行っている財務省証券の利回り低減に合わせて、貸出金利と預入金利を二段階で縮減してきた（図2.1）。預入金利8％、貸出金利13％で、マージンとして5％が確保され、銀行危機以降、適正な水準にある。緊急避難的に銀行システムの安定性を保護できるようにするために、権限当局はIMF、世界銀行と連携して、監督、規制の強化を進めている。安定化に向けた更なるセーフガード措置として、間もなく口座当たり50万チャ

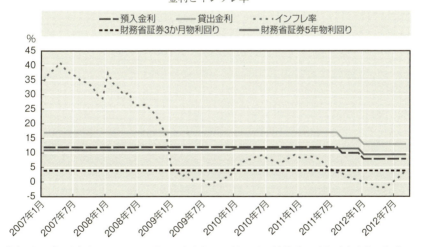

図2.1　近年、財務省証券利回りと並行的に進む貸出・預入金利の低下
金利とインフレ率

出典：CSO (2012a), *Selected Monthly Economic Indicators*, November 2012, Central Statistical Organization, Ministry of National Planning and Economic Development, Nay Pyi Taw, Myanmar; Datastream (2013), *Datastream* (database); and EIU (2013), *Country Report: Myanmar* (monthly from 2008 to 2013), Economist Intelligence Unit.

StatLink：http://dx.doi.org/10.1787/888932857349

ット（570米ドル）を上限に預金保険が法制化されるが、翌年にはこの上限が倍額に引き上げられることが予想される。また、クレジットカード保険が制度化されて、間もなく個人信用調査機関が設置される。

　大半の銀行規制が制度の安定性の確保を目的とし、効率性や消費者保護はほとんど対象とされていない。管理された利子率の下では、民間銀行間の少なくとも価格面での競争を阻害し、競争による効率性の利益は期待できない。競争制限は主として広告と優れた顧客サービス面でなされる。しかしまた、銀行に対して、金融リテラシーの低い顧客でもニーズに最も適った商品を見出せるような商品比較を促す規制は存在しない。民間銀行は効率性の向上を通したサービス料の引き下げにより、より多くの顧客を惹きつけようと自由化に向けてのロビー活動を展開しているが、同様にサービス料を管理されている。

　保険部門は主要な制度ではあるが、ノンバンクの規模はミャンマーでは極めて小さい。2013年に新しく15社が活動の認可を受け、ミャンマー保険公社の独占の構図は終焉を迎えた。新しく民間保険会社が参入したことによる、国有企業の保有する最優秀な専門家の頭脳の流出は避けなくてはならず、民間の保険会社はミャンマー保険公社の退職者しか雇うことができない状況にある。こうした措置は、社員を留めおくのには効果的であるが、退職を間近に控えた者や給与面で待遇の良い民間企業の職を探している者には悪しきインセンティブとなる可能性がある。

進む健全な通貨・為替相場政策枠組みの整備

　安定し管理された為替相場制度への移行によって、グローバルな付加価値連鎖とのつながりを確保するとともに、資本、技術、近代的生産慣行の一輸入手段である海外直接投資（FDI）を促進することによるミャンマーの成長戦略を下支えることが期待されている。権限当局は、他の域内新興経済諸国の例に倣って安定し管理された為替相場制度への移行を進めることによる、この戦略の下支えを企図している。これは、安定したマクロ経済環境の確立を目的とする包括的戦略の一環として進められる。こうした方向での取り組みは、称賛に値するものではあるが、実際に一旦FDIが行われることになると通貨流入が拡大的に進むため、FDIに合わせた持続的な国内産業基盤の構築を進めなくては

第2章　安定的かつ持続可能な開発の実現

図2.2　ミャンマーでの厳格な資本フロー統制

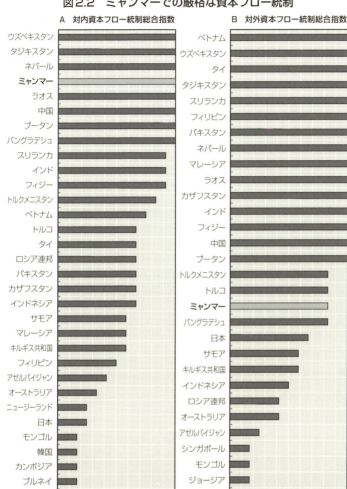

注：資本統制指数は0から1までの値をとり、数値が高くなる程、規制の厳しいことを示す。また当指数では、海外直接投資、ポートフォリオ投資、越境信用取引が対象とされている。これは、IMF, "Annual Report on Exchange Arrangements and Exchange Restrictions" に基づくが、Shindler が作成したものを基に著者が2010年までの拡張を行っている。

出典：IMF (2013), *The Annual Report on Exchange Arrangements and Exchange Restrictions (AREAER)* (database), International Monetary Fund, http://imfareaer.org; Schindler, M. (2009), "Measuring financial integration: A new dataset", *IMF Staff Paper*, Vol. 56, No.1, International Monetary Fund (IMF), www.palgrave-journals.com/imfsp/journal/v56/n1/full/imfsp200828a.html に基づく著者による計算値。

StatLink：http://dx.doi.org/10.1787/888932857368

ならず、いわゆるオランダ病を誘発する可能性もある。

　現状のままであれば、ミャンマーの通貨政策では価格と為替相場の安定という双子の目標が追求されることになる。通貨政策の中間目標は通貨基盤（monetary aggregate）（流通通貨、信用、ベースマネー等）の確立にある。利子率は銀行システムの安定性を考えて、ほとんど固定されるため、通貨政策の中で極めて限られた役割しか果たさない。これはほぼ、制度枠組みは脆弱で、銀行部門は寡占的構造にあり、金融市場に厚みのない低所得国で一般に観察される政策措置に一致している。金融の不安定性を保障する目的で、外貨準備の積み増しを企図して中央銀行の外国為替市場への介入を拡大させるのも、このような状況で一般的に観察される政策である。ミャンマーの外貨準備は、主に天然ガス輸出と対内FDIを通して、実際、推定610億米ドルにまで増大しているが、これは2010/11年度の輸入額9か月分に相当する。

　ミャンマーにおける資本勘定は未だかなり閉鎖的であり（図2.2パネルA及びB）、この限りにおいて、低インフレ率と安定した為替相場という双子の目標は互換性を持たない[5]。しかし、これらの目標を効果的に実現するうえで、通貨政策で基本的前提となるのは、ドル化及び非公式性の低減である。ドル化と非公式性とは相互に強く関連しており、両者は一つには自国通貨、政府による政策の信頼性を失わせたり法規則に欠けた経験が過去にある場合に起こる。高インフレと為替相場の不安定性に伴うリスクが存在する場合、ドル化には個人及び企業のその回避を可能とするといった有益な役割を持つ。しかし、民間部門の現地通貨とドルとの交換能力は、通貨当局のマネー・サプライ管理を困難化させる。さらに、非公式性は流通通貨の政府金融システムからの大量の逃避を意味し、同様に通貨政策範囲を厳しく制限することになる。

　これらを背景に、現在、一部IMF等国際機関との協力も進めながら、通貨・為替相場政策における大胆な改革が検討され、法制化あるいは実施に移されており、以下のような状況にある。

- **●新中央銀行法**：ミャンマー中央銀行（CBM）に自律的活動を認める新中央銀行法が通過した。これまで、ベース・マネーを創出しインフレの主要因とされてきた財政赤字に対するマネタイゼーションは、既に害悪化してしまっている。また

インターバンク市場の創設に向けた第一歩が始まっているが、この市場は技巧力と銀行技術に欠け、未だ初期段階にある。CBMは公式的にはまだ財務省から分離されてないが、十分な技巧力を身につけ分離する方向にある。

- **新外国為替管理法**：これは、2012年4月より効力が発揮されているが、相当の歪みを生んできたそれまでの複数レートに代わる統一為替レートを支えている。それまでの公式のチャット相場は非公式市場相場の一断片しか反映せず、国有企業の輸入を有利化するのに使われてきたが、輸出に対してはかなり不利な状況を生んできた。公式の統一相場は、毎日オークション形式で行われる主要銀行からの入札に基づき、1米ドル＝858チャットを基準相場としてその近傍に管理される。通貨改革の一環として、外国為替管理の緩和が進められてきた。経常勘定面における取引については今や許可を要さず（利潤や給与は法律に従って本国へ送金される可能性がある）、資本勘定面については開放化に向けた議論が進められている。インターバンクでの為替市場に関する作業が進められている（現在、各銀行にはCBMとの為替の売買しか認められていない）。従来、二大国営銀行（ミャンマー経済銀行、ミャンマー外国貿易銀行）により管理されていた外貨準備については、CBMへの移転作業がほぼ終了している。

- **新証券取引法**：2015年の選挙前に、ヤンゴンとマンダレーの2か所での証券取引所開設のための法案が議会に提出された。しかし、海外上場は不可能と思われ、域内で最も資本勘定面での規制の厳しい国家とされている。国債に対する流通市場の計画もまだない状態だが、国債の発行市場は存在する。流通市場の欠如する中では、金融機関を主体とした投資家は証券を満期まで保有するとの指摘がされている。

- **新外国投資法**：同法は、2012年3月に初めて明確化され、同国への外国人による投資に法的基盤を与えるものとして重要であるが、外国企業による対内投資、国内企業の買収もしくはそれとの合弁事業を行うための条件を定義している。長期的には、証券市場が開設され、外銀の参入が許可されたときに、証券投資及びクロスボーダーでの銀行業務まで資本勘定面での一層の開放が企図されている。以下で、より詳細に論じられるように、このような資本勘定の開放には特定の不安定性リスクが伴い、健全な安定化政策のための枠組みの開発を一層重要化させる。証券市場の存在しない現在は、これは取り立てては問題とされていない。

通貨当局は、危急かつ短期的重要課題に幾つか直面している。まずは、国債に対する流通市場が欠如しインターバンク市場が整備されない中で価格付け機能が欠如することにより、通貨目標と管理利子率との間に不整合性を生じさせない保証はない点が挙げられる。例えば、外貨準備需要が強い場合でも、インターバンク市場では価格シグナルは与えられず、また中央銀行はこの需要に対し開放市場政策を通して外貨準備を融通する術を持たない。また、二つ目には、大部分が現金ベース経済であるため、小さな割合にしかない準備通貨（銀行の準備高）を規制しても同国経済の流動性に対する効果的な舵取りはほとんど期待できないことが考えられる。三つ目には、大規模非公式経済の存在は、経済活動における金融面でのコスト条件に対する効果的通貨政策の役割を低減させ、より一般的には通貨政策の展望及び範囲を縮小させてしまっている。

　ミャンマーでは、通貨流入拡大傾向が長期的課題となっている。開発途上国では通常、様々なチャネルを通じて、経済規模と比較してかなりの量の外貨流入を経験する。天然資源の輸出や海外からの援助と併せ、送金も一つの外貨流入源である。ミャンマーの場合、前者の二つがかなりの規模に上るのに対し、後者は引き続いての政治体制転換と進められる国際的な未払い金の回収とにより拡大の方向にある。他方、民間資本の流入は、通貨の流入拡大を支えるもう一つの外貨流入源となっている。現在、積極的に推進されるのは、海外直接投資だけであるが、（証券投資やクロスボーダーでの銀行業務といった）別の資本輸入形態は、証券市場がなく外銀の極めて限られる中で、今なお小規模もしくは全くない状況にあるが、将来的には一課題として重視されることになると思われる。

　通貨流入が海外からの証券投資もしくはクロスボーダーでの銀行業務によりもたらされる場合、いつでも逆流に転じ、短期不安定性をもたらす可能性がある。指摘されるように、これは現在のミャンマーではそれ程、問題とされていない。しかし、流入が比較的安定していても、長期的にはオランダ病のような課題は存在する。これは、国際競争力を弱体化させ、様々なチャネルを通じて貿易財（典型的には製品）の国内生産を圧迫する一方で、均衡実質為替レートを切り上がらせることになる。貿易部門の収益性は、賃金高騰によって低下し、労働者は非貿易部門に取り込まれることになろう。非貿易財が貿易財の投入財

となっている場合、非貿易財の価格高騰は貿易財部門の競争力を損なわせることになる。

　開発途上国でオランダ病に該当するケースは様々である。労働力に柔軟性がある、あるいは労働力の豊富に賦存する経済であれば、非貿易財にどのように追加的需要の創出される場合でも、実質為替レートの変動（すなわち、非貿易財と貿易財との相対的な価格水準）は十分に低い水準に抑えられ、競争力の低下は限定的であると思われる。しかし例えそうであったとしても、貿易財産業部門の活動は侵食され、貿易収支は悪化し、国家の対外的金融依存を強めさせてしまう結果となろう。また資金流入元への依存に対する相殺圧力も考えられる。特に、海外からの援助や直接投資が熟練労働力の活用を拡大し、技術移転につながる場合には、生産性は向上し得る。結局は、どのような流入形態に対しても、受入国側は、資金流入が確実に生産能力の構築に資するような政策とすべきである。

　特定条件下においては、通貨・為替相場政策がオランダ病の発生を助長することも考えられる。多くの新興・開発途上国経済は、輸出主導型成長戦略の一環として、通貨切り上がりを抑制する方向で為替管理を行う。これは為替介入を通して流動性が創出され、成長に伴う需要拡大を相殺できている場合に機能していると言える。機能しない場合には、（名目為替レートに対して）実質為替レートはさらに切り上がり、オランダ病を招く結果となってしまう。為替介入による相殺を成功裡に行うには、中央銀行が介入のための通貨を十分に保有するとともに、先に公式市場に外貨が入っていることが条件となる。そしてまた、相殺によって生じる生産拡大圧力が海外からの（証券）投資の流入を誘発させないことも条件と言える。

　ここでミャンマーについて言えば、証券市場は存在せず、また銀行の融資利率は市場ベースとはなっておらず、これら条件には適合していない。さらに、ミャンマーは厳しい資本管理を行っている。発展途上の証券市場と目的を満たすと思われる外貨水準の下で、それらが適切に保持されるならば、原則的には、管理為替相場体制を成功裡に運営し、輸出主導型成長戦略を支え得るものと考えられる。しかし、先に指摘したように、（送金、直接投資を含め）いかなる外貨流入も、生産性改善につながることが重要である。また資本勘定の漸次的

な開放が進められる中では、時折みられる資金流入における不安定性は吸収される必要がある。これにはマクロ的プルーデンシャル規制が十分な水準に達し、中央銀行が最後の貸し手としてしっかりと機能するとともに、十分な外貨準備が保有されると同時によく管理され、大きな衝撃への対応に十分な財政余地を活用できることが必要となる。

開発並びにマクロ経済の安定性に重要な健全な財政政策枠組み

　多くの国家における経験が示すように、持続可能な財政がマクロ経済的安定性の鍵を握る。相対的に高水準な政府負債額、外国資本への依存（の強まり）、広範にみられる非公式性及び貧困、これに伴う限られた歳入拡大余地、そして資源収入への大きな依存、ミャンマーは現在、これらの組み合わされた状態にあり、潜在的に危険な状況にあると言える。また、インフラ開発、貧困改善、教育、保健医療には、財政への構造的要求が存在する。このいずれも、ミャンマーの持続可能な開発に対し、綿密な財政戦略の重要性を示唆している。

　一般政府の赤字額は過去10年間平均で約2.5％と推計されるが、近年、増大傾向にある。ミャンマー中央銀行（CBM）は過去10年、損失の積極的補塡の一環として、財政赤字に対し、マネタイゼーションによる大規模な補塡を行ってきた。権限当局は、財政赤字を対GDP比5％水準に維持することを目的としており、これは通常、経常的な政府債務及び成長水準の下で、持続可能であるべきとされている。しかし、ミャンマーの政府債務水準は、対GDP比で約50％水準にあり、国際的な新興市場国水準と比較しても高く、一懸念要因となっている。これは、資本勘定が相対的に閉鎖的である限り、危急の対応を要する問題ではないが、こうした高い債務水準の維持は、資本勘定の開放が進められる過程でより大きな課題として受け止められるようになることが考えられ、ミャンマーは（より潜在的に不安定な）資本輸入形態への依存を強めることになると思われる。同国は、公的債権者集団を通して、その債権の回収に関与するのに伴い、一層の課題を抱えることになるだろう。また、国際金融市場への参画が進めば、そこでの厳格な条件がミャンマーの金融市場にも及び、政府債務を持続不可能なものとするリスクが存在する。

　このような背景に加え、教育、保健医療、貧困削減、インフラ（道路、港湾、

図2.3 所得水準に対し低水準にあるミャンマーの歳入
歳入及び一人当たりGDP、2011年

注：図の判読に配慮し縦軸は60％までとしてある。一般政府歳入額がGDPの60％を超過している国家には、ブルネイ、イラク、クウェート、ソロモン諸島、東ティモール民主共和国、ツバルがある。
出典：IMF（2012a）, World Economic Outlook（database）, International Monetary Fund.
StatLink : http://dx.doi.org/10.1787/888932857387

エネルギー）を始めとして、各種分野への政府支出拡大が重要かつ危急な課題である中で、政府の歳入拡大能力の向上が重要とされる。さらに、2012/13会計年度では支出総額の15％未満に削減されたとみられる防衛費であるが、幾つかの情報筋によると、他省庁での軍事支出も考慮すると、なお30％水準にあると考えられ、支出構造はかなり防衛費に偏ったものであると言える[6]。これとは対照的に、教育、保健分野は予算的に乏しい分野となっている（コラム2.10の政府教育支出を参照）。

税収の対GDP比は3.6％とアジアの新興諸国の中では極めて低く、最も低いグループに入る。政府も国有企業による利潤送金、海洋ガス田からのロイヤルティ収入といった比較的安定した歳入源を持つが[7]、IMFの推計では一般政府歳入総額はGDPの約6～7％しかなく、一人当たりGDPによる調整でも国際的には極めて低い水準にある（図2.3）[8]。

二重為替レート制度が廃止されて、今や海外所得を市場ベースでかなり高水準の米ドルレートで交換可能となった国有企業（SOE）であるが、特定の国際貿易活動からの利潤（の送金）の増大により、政府歳入に拡大機会が与えられている[9]。他方でこれは、政府にしてみればSOEとの外国為替取引収益の喪失

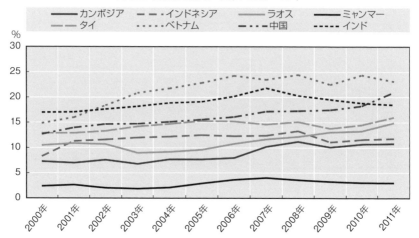

図2.4 低水準にある税収割合
対GDP税収総額割合（％）、2000〜11年

注：中国及びインドで一般政府歳入データを利用している以外は、中央政府歳入データが利用されている。
出典：ADB (2012a), *Key Indicators for Asia and the Pacific 2012*, Asian Development Bank, www.adb.org/publications/key-indicators-asia-and-pacific-2012; CEIC (2013), *CEIC* (database); IMF (2012a), *World Economic Outlook* (database), International Monetary Fund; OECD (2013a), *OECD Public Sector, Taxation and Market Regulation* (database), http://stats.oecd.org/.

StatLink : http://dx.doi.org/10.1787/888932857406

となることも明らかであり、純額でどの程度、財政ポジションに影響するかは分かっていない。しかし、新為替制度下でのインセンティブは、現段階ではまだ多くのSOEを赤字化させる状況にはあるが、今後、SOEの効率性と収益性に作用すると考えられる。資源形態を問わず、天然資源収入会計システムを適切化、透明化することも政府歳入拡大につながることが期待される。

したがって、政府支出が大きい中では、ミャンマーの徴税能力の改善が、本質的に重要な課題となると思われる。また、マクロ経済の安定性確保のための適切な財政期間の設定でも、課税平準化と自動安定化操作を許可し、天然資源収入への依存を減らすこと等により、租税体系を強化することが重要である。域内諸国の間ではミャンマーは例外的に税収が低水準にあるが（図2.4）、これは、他の東南アジア諸国との共通化が進む中でもなおミャンマーの租税体系は特徴的であり、多くのそうした特徴によりもたらされた結果であると言える。

その際立った特徴の一つとして、最上位所得層のごく一部の個人にしか個人

第2章　安定的かつ持続可能な開発の実現

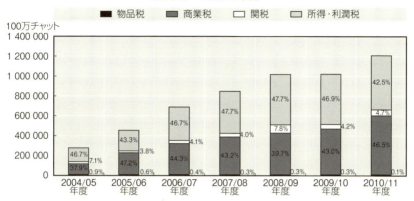

図2.5　政府の税源として重要な所得、利潤、企業活動
2004/05～2010/11年度

注：グラフ上の数値は租税・関税総額に占める割合を示す。
出典：CSO（Central Statistical Organization）（2013）, *Myanmar Data: CD-ROM 2011-12*, Central Statistical Organization, Ministry of National Planning and Economic Development, Nay Pyi Taw, Myanmar.
StatLink : http://dx.doi.org/10.1787/888932857425

所得税が課されない点を指摘できる。これには、貧困層には法定課税負担が重すぎる状況があり、潜在所得との比較でも高額なことが原因として考えられる。同様のことは、法人税対象範囲が限定されていることにも言える。民間部門へのインタビューからは、大規模企業でさえ法人税を逃避して支払っていないのが現状で、コンプライアンスが極めて脆弱なことが窺える。また、自動車輸入徴税額と比べても、法人税徴税額はかなり下回る。物品税の割合は無視し得るとしたときに、租税及び関税収入は、所得／利潤税及び消費税の形で表される（図2.5）。ミャンマーの徴税システムはなお揺籃期にある。貧困削減やFDI促進を目的とした、租税控除、特恵措置、補助金の活用は、課税基盤をさらに制限することになる（課税額を増やし、インフラ開発に歳入を支出することの方が望ましいと思われる）。結果として、法定税率が統一的に適用されることで、完全徴税時の理論的徴税額に対し、税収は必然的にこれを下回ることとなる。

　もう一つの際立った特徴は、付加価値税の欠如である。現在、ミャンマーでは、国内生産財、輸入財、及び14サービスを対象に、標準税率5％の商業税が課されている。商業税については1,000万チャット（2013年4月時点の為替相場下で11,000米ドルを僅かに上回る）を下限とし、これを下回る場合には納税

申告は必要とされない。小都市の場合、大半の企業がこの下限を下回る。現在、12.5％（近年、以前の10％から変更されている）のロイヤルティが課されるだけで、資源税は課されていない。商業税の標準税率は5％であるが、（奢侈品についてのみ）0％から200％の範囲で課税可能であり、非奢侈品の平均税率は5％から30％となっている。また財産税は都市ごとに決められている。

　資本及び通貨における予算案は、国家計画経済開発省と財務省でそれぞれ策定される。この計画省／機関と財務省との間の分業関係は特段珍しいものではなく、ブータン、ブルネイ、中国、モンゴル、トルコを含め、多くの国がこのパターンに従っている。こうした分業における典型的な課題として、特に資本支出と通貨支出の両者を含むプロジェクトでの2機関間での調整課題がある。プロジェクトの通貨予算部分とは無関係に資本予算が承認されたり、またその逆の場合もあり得る。ミャンマーでは、そうしたプロジェクトは、財務省と国家計画経済開発省管轄の委員会によって診断されているが、関係三者間の調整が効果的であると思われる。

　IMF、欧州連合の技術援助下での税務署の新設、税務調査官及び収税吏の訓練、個別納税者番号の導入、自己評価システムの導入と並行し、租税管理改革が進められている。国内数か所の納税者約1,000人を対象としたモニターに向けて、2015年までの大規模納税者単位の確立が計画されている。2016年には中規模、2017年には小規模納税者単位の確立が予定されている。

　財政分権化が進められており、これにより州及び管区域は個別に徴税可能となると思われる。こうした租税システムは憲法に規定されるものだが、課税基盤及び税率は、議会による承認を条件に州及び管区域政府で自由に設定できる。州・管区域政府レベルで徴税されるものとして、例えば、物品税や財産税がある。FDIを始め、多くの投資が国境地域や主要天然資源（例えば、鉱物や水力、その利益配分をどうするかといった問題もある）の賦存する少数民族居住地域に向かっていると思われるが、適切な課税システムも財政移転システムも備わっていないのが現状である。

　ミャンマーの財政改革アジェンダは、いずれも広範な対象を扱う。銀行部門改革及び通貨・為替レート政策枠組みの確立と並行的にアジェンダに取り組むことにより、長期持続可能な成長と喫緊の課題である安定性という、密接に関

連する二つの課題で大きな成果が期待される。

第2節　法の支配の確立

　ミャンマーにおける制度資本のもう一つの重要分野として法の支配がある。どの国でも、持続可能な発展において、政府と国民が法の支配により結び付けられていることが重要である。法の支配が脆弱な場合、開発に不可欠な制度資本及び社会関係資本の蓄積が大きく損なわれることになる。過去数十年に亘ってたびたび仲裁力の適用されてきたミャンマーでは、法の支配の強化がより一層重要となる。2012年8月、アウン・サン・スー・チー議長の下、国民代表院（下院）に法の支配・平和・安定委員会が設置されたことに、この課題への取り組みの重要性が明確に示されている。裁判所の機能の調査、及び法教育の改善方法の検討に向けて国際慣行への準拠を進めるとともに、実用性と必要性の観点から既存の法律を検証することが、当委員会の主要な使命である。同国では分野により法の支配の欠如がみられるが、安全性や裁判制度等各種サービスを中心とした主要な公共財の提供と経済的暮らしのための条件の整備に向けた政府の取り組みも侵食される状況にある。さらに、法の支配の欠如により、同国の天然資源の減少は手の付けられないまま、かなり急速かつ頻繁に進行しており、権力の濫用機会を与えてしまっている。これは、公的発言やアカウンタビリティ、透明性の欠如と併せ、法主権の欠如のもたらした結果である。また社会関係資本の蓄積の文脈でも、公的発言、アカウンタビリティ、透明性の改善は、国民間そして国民と諸制度との間の関係開発に資するものであると考えられる（第3章第3節「包摂性に向けた信頼性の構築」参照）。

法の支配の強化と重要な法律の綿密な検討に向けた改革努力の推進
　法の支配の概念には、その中核に政府を始めとして何者も法を超えることはできないとする法の主権の原則が据えられている。数十年に亘る仲裁力への依存期間を経て法の主権は確立されており、権限の分立が不可欠とされる。立法権は権限の行使に積極的な選任の代議士で構成される議会に譲渡されてきた。

行政権と司法権の分立による効果は薄く、司法の独立が危険にさらされる状況にもある（コラム 2.3）。

コラム 2.3　ミャンマーにおける三権分立

行政権、立法権、司法権の効果的な分立は、良き政府のための重要な要素であり、ミャンマーの政治的発展にとり重要部分を成している。軍事政府下でここに至るまでの期間が拡大された結果として、ミャンマーには強力かつ独立した立法府及び司法府を有した歴史はない。近年は、行政府に極めて強力な権限が残され、府の独立がやや不明瞭で対立しやすい面を持つが、新憲法下でこの二つの府の勢力が増しつつあることが窺える。

歴史

1948年の連合王国からの独立後、ビルマでは司法の独立を規定した憲法の下、ウエストミンスター式二院制議会が採択され、これに基づき大統領も選出されている。1962年に軍が市民政府を倒し、憲法が棚上げ状態におかれて以降、連邦革命評議会を通して軍が政権を担うこととなった。この期間、評議会が立法府を切り離し、次第に司法制度に対する統制を強めるようになったことで、同国での権限の分立は意味を見出し得ない状況にあった。間接軍事政権が1974年憲法の礎を築いたが、これに基づき立法府は、司法府の統制下にあるビルマ社会主義計画党により統制を受ける一院制の国民議会（Pyithu Hluttaw）として再建された。1988年のクーデターにより軍事政権が再び国家の直接的統制権を獲得し、憲法を棚上げ状態におくとともに、国家法秩序回復評議会、また1997年以降はこれを国家平和開発評議会に改組して、政権の掌握を図っている。

国内的、国際的圧力の下、2008年からは立法府と司法府を通じた行政権に対するチェックアンドバランスを改定する等、政府は「民主化原則」に基づく、同国の改革計画に従っている。

現状

現在の憲法は、前軍事政権主導の下に全国大会を通して起草され、広く批判の

みられた2008年国民投票では94％程の承認を受けて制定されたが、政治制度は三権に「可能な範囲で分立され、相互間での統制とチェックアンドバランスが行使される」としている。新憲法は2011年1月末に発効し、実際に大統領には議会及び判断に関わる実質的な権限が与えられている。

執行権は大統領にのみ付与される。大統領は議会によって任命され、任期は5年で1回の再任が予想される。国境省、防衛省、内務省の人事を軍が管理していることを除けば、内閣の人事は大統領によって管理されている。大統領は、任命と監督に絶大な権限を有し、独立仲介機関による制約はほとんどなく、予算の決定においても強力な役割を有している。また、緊急事態宣言における、大統領及び軍の権限拡大が認められている。

上院（民族代表院、Amyotha Huttaw）と下院（国民代表院、Pyithu Hluttaw）によって構成される二院制の連邦議会は、4分の3を選出された代議員、4分の1を軍の任命者が占める。この立法府は、政府法案のゴム印だと揶揄されてきたが、議会には法律を起草するのに必要な職員、委員会、中心的構造に欠け、専ら政府法案の認可の場となってきた。司法制度は、最高裁判所を最高位とする通常裁判所制度と、憲法の解釈に関わる論争を扱う憲法裁判所から成る。

司法の独立

司法制度は、軍事政権下での場合と比べて政府の影響力からは独立しており、上院による基本的権利に関わる指令と憲法裁判所の立法審査権を通して、行政府及び立法府の権限を検証する責任を持つ。しかしなお、裁判業務は、大統領及び代議士の政治的介入に従わなくてはならない。通常裁判所の判事は、独立機関ではなく、大統領により任命を受け、罷免についても可能な範囲で大統領が行うこととなると思われるが、また最高裁判所及び憲法裁判所の判事が議会から告発されることも考えられる。憲法裁判所は権限の制限されていた時代からすれば2倍の行政権限を認めているが、多くの立法委員に対し特別に予算及び立方権限を認めないことに関する2012年の決定では、立法府に反対して大統領側についている。その際、議会では憲法裁判所を告発することが決議され、判事9名が辞職を迫られる事態となっている。

司法制度の適切な機能の確保において、司法の独立に関わる公式的制約に加え、判事の能力の制限が脅威となる（International Bar Association, 2012）。過去のミャンマーでの政府による裁判所関与のケースでは、法の支配に基づく法規範及び法慣行下での裁判ではなかったのではないかとの懸念を抱く審査官もいる。憲法裁判所に関しては、裁判に判事が関わる期間が5年間と比較的短く、憲法問題に関する専門知識の獲得が妨げられる状況で、こうした問題も悪化の方向にある。

法の優位の原則に対する監視は、一貫性と包括性を備えた法体系が前提となる。現代法基盤を基礎に、この監視過程は息切れする程の速さで進展している（コラム2.4）。最も基本となる法律は憲法であり、2008年に承認されたものが最新のものである。この憲法では、予算の決定や上級弁護士、及び選挙委員会委員の任命を含め、大統領に対し幅広い権限を認めている。改革側政府は、圧倒的な速さで新法を採択してきた。新法に対して、何十人もの国内外の法律家、政策担当官が助言を行い、それが反映されてきた。新法が次々と採択されていく中で、個々の法律間の一貫性の確保が困難化しており、矛盾の温床となることが予想される。例えば、土地の権利に関する条件は農地法にも規定があるが、外国投資法との間に矛盾がある。

コラム 2.4　綿密な法律検討作業の推進

2011年1月に立法部会が招集されてから、これまでに数ダースに上る新法及び修正条項が下院を通過している。以下、新法例を一部、列挙する。

- **労働組織法（2011）**[a]
  これは、労働者に労働組織への参加及び辞退の権利を認めるものであり、通常の業務期間とロックアウト及びストライキ期間の労働者の権利及び責任の概要を規定している。
- **労働争議解決法（2012）**[b]
  これは、労働争議での仲裁機関の役割と労働者及び雇用者の責任の概要を規

定している。

- **環境保護法（2012）**[c]

 これは、環境問題に関して政府に対して勧告を行う環境保護委員会の設置を求めている。当委員会は、産業に対するルールづくりと多様な環境品質基準の設定にも併せて責任を持つことになる。

- **遊休・休閑・未開墾地管理法（2012）**[d]

 これは、未利用地の商業利用を管理する中央委員会の設置を求めているが、当委員会が土地利用に対し承認できる規模は制限される。またこれは、土地の利用承認を受けた者の責任と政府が再度土地の権利を主張するための条件の概要を規定している。

- **外国投資法（2012）**[e]

 これは、1）外国人に制限されている活動、2）ミャンマー企業との特殊的出資比率規制下での合弁事業形態でのみ外国人に認められている活動、3）特定の環境及び条件下において認められている活動、4）環境影響評価に基づき、最小投資水準でのみ認められている活動といった、外国人に特殊的に認められている企業活動をリスト化するとともに、専門職での現地人材の活用拡大を要求している。

- **輸出入法（2012）**

 これは、商業省に対し、貿易に関する規制の定義、許可、特定項目の貿易禁止に関わる業務を課すものである。

- **区／村落区管理法（2012）**

 これには、強制労働の特殊的定義とその禁止条項、及び刑事法典に基づき強制労働者使用者に対する懲罰規定が収められている。当法は、廃止された1907年村落法・町法を代替するものとなっている。

---

a. 英語版：The Labour Organisation Law, 11 October 2011, Online Burma/Myanmar Library（2011）, www.burmalibrary.org/docs12/Labour_Organization_Law%20No.7-2011-ocr-red（en）.pdf（2013年3月）.
b. 英語版：The Settlement of Labour Dispute Law, 28 March 2012, Online Burma/Myanmar Library（2012）, www.burmalibrary.org/docs13/Labour_Disputes_Settlement_Act-2012-en.pdf（2013年3月）.
c. 英語版：The Environmental Conservation Law, 30 March 2012, Asian Environmental Compliance and Enforcement Network（202）, www.aecen.org/sites/default/files/environmental_conservation_

lawenglish_.pdf（2013年3月）．
d. 遊休・休閑・未開墾地管理法は30年（更新可能）を限度に遊休・休閑・未開墾地の賃貸借を、また外国投資法は広く50年（10年を単位として2回の延長が可能）を限度に政府及び民間人所有者からの外国人の土地の賃借を認めている。遊休・休閑・未開墾地管理法では、外国人が土地を賃借する場合、外国投資法に則った許可を求めているが、これに拠らない場合、そこに生じる矛盾に対し責任は持たない。英語版：The Administration of Vacant, Fallow and Virgin Lands Law, 30 March 2012, Online Burma/Myanmar Library (2012), www.burmalibrary.org/docs13/VFVLM_Law-en.pdf（2013年3月）．
e. 要約：Global Legal Monitor (2012), "Burma: Amended foreign investment law published", www.loc.gov/lawweb/servlet/lloc_news?disp3_l205403415_text（2013年3月）．

発言、透明性、アカウンタビリティに対する段階的支援

2011年に権限を手中にした改革側政府は、発言、透明性、アカウンタビリティといった主たる法の支配強化原則の確立において重要な進展をみせている。国民は、直接もしくは選挙や市民社会への参加を通して、自分達の考えを表明する自由を拡大させてきた。参加面では、区／村落区管理法の通過を受けた、2012年12月の村落レベルでの選挙制度の導入が主な変革内容であった。この変革により、国内の約30％の区域で、現在、選挙により村落為政者の選出が行われている。また、2012年の補欠選挙でも、市民の代表者の選出に対する意思の表明が認められ、その選択が尊重されることとなった。まだ萌芽段階ではあるが、これら以外にも市民参加は進んでおり、市民社会を急速に拡大させ、市民の発言の場も拡大してきている。例えば、近年、政府は賄賂が確認された場合の通報を促すとともに、通報した個人に対し保護を与えている。しかしそれでも、財産所有権、政府の土地収用に対し合理的水準で補償を受ける権利、組合（association）やロビー団体を設立、登記する権利、そして農家が穀物を選択し育てる権利等の権利分野にはまだ多くの改善余地が存在する。また政府が、区／村落区管理法（2012）を通して、必要な法基盤の中で強制労働課題に向き合っている点においても、前進がみられる。組合や財産権などの制度を支援し、違法行為や特権濫用に対し国民に発言権を与え制度資本の蓄積を進めることで、政府も信頼を構築し、制度強化につなげることができる。

軍による管理から国民による管理へと移行する勢いに乗じて透明性向上のための指標も採択されてきたが、議会での論戦が透明性改善を最もよく伝えている。また報道機関、いわゆるマスコミは、様々な利害集団の考え方を取り上げたり、旧体制下では公けの議論がタブー視され対象外とされてきた課題を積極

的に扱うようになっている。そこには、人身売買や強制労働に加え、収賄やマネー・ロンダリングに関する報道が含まれている。ミャンマーは、重要な時期に国際連合腐敗防止条約に批准している。透明性向上に向けてさらに求められるのは、対象外にあった不法な事業活動に加え、新規法規制に関して一般に広く国民による議論を進めることである。また、透明なガバナンス・システムには、監査機関を通じた積極的な監査と、競争当局の独立性、予算精査機関の独立性が必要となる。

　透明性の向上に継続的に関与していくことがアカウンタビリティの前提条件となる。ミャンマーは、採取産業透明性イニシアティブへの参加に向けた準備を進めている。連邦政府及び準国家、両レベルでの実直な選挙が、有権者の利害を代表しない者の再選を排除することで、政府のアカウンタビリティを強化することになる。執行力（enforceability）に伴う応答力が政府のアカウンタビリティの重要な柱となる。政府は、国民の声に耳を傾け、有権者に対しアカウンタビリティ改善措置を導入してきた。重要な転機となったのは、腐敗との闘いにおいてである。副大統領のリーダーシップの下、9名の委員から成る腐敗撲滅委員会が結成されたことは、政府の腐敗撲滅に対する決意を表しており、この課題の重要性が窺える。報道機関は市民社会とともに政府のアカウンタビリティのための手段となってきた。

　近年、執行力においても改善がみられる。国民の声は一層、聞き入れられるようになってきており、政府は労働基準及び土地の権利の濫用といった事案にも応じるようになった。しかし、より重要なのは、執行力の強化によって、濫用問題に対して効果的にアカウンタビリティを果たせるようになったことである。腐敗に対する責任からの政府上級職員の辞任は、執行力の向上とクリーンな政府が推進されてきたことを表している。そこには、政府と国民との間の個々の権利と責任を意味する社会契約が機能し始めていることが窺える。さらに、特権層と貧困層との間のアカウンタビリティについては、社会的正当性に対する認識の向上、延いては、政府の正当性に対する認識向上が求められる。これには、例えば、政府だけでなく、コングロマリットや実業界の重鎮による、補償の無いあるいは補償の十分でない土地の収用に対し、再検討することも含まれるだろう。

地方政府への分権化を通して、発言及びアカウンタビリティ面での潜在力を高め得る。連邦制度下で発言及びアカウンタビリティを改善するための条件は、現地レベルでの効果的な制度とよく訓練された職員の確保にあるが、それはこうした条件が備わらなければ、現地計画の執行も政策の執行も困難だからである。さらに、歳入拡大に対する権限を含め、権限委譲の度合によって、分権化による参加、発言、アカウンタビリティに対する影響も左右される。

民族的緊張調停の鍵を握る効果的連邦関係

ミャンマーは、7州、7管区域から成る連邦国家である（管理区域にはさらに下位のものもあるが、そこには何らかの特別管理権が与えられている）。独立史における絶え間ない暴動からも示唆されることであり、各民族集団に対し歴史が保証してくれていることは、全民族集団に対し公平でなければ、統一した多民族国家の存立はあり得ないということである。国家の管理構造及び、中央政府と諸民族州との間の分権構造の効果性に対する各民族集団の不満は、1948年の国家建設以来、しばしば武装集団による反乱を招くこととなった。1947年憲法では、各民族州に対し何らかの自治権を認めているが、そこでは、ビルマ政府は国家の中心であると同時に全民族区域を包括するビルマ連合政府でもあるとし、古典的な意味での連邦体制ではなかった。この最初の憲法では脱退条項（第10条）も備え、ミャンマーの独立直後、10年間の脱退過程に対して、各州の参加を認めていた。

これに続く法制度改革において、中央政府と準中央主体との分権体制における進展はみられていない。2000年代半ばに政府とは停戦合意に至っているが、連邦的な分権体制に懸念を抱く民族集団からの要求は無視されている。政府との停戦に署名した一部の民族機構（特にカチン独立機構、新モン州党は、新憲法の準備に向けた全国党大会への参加を招待されている。民族機構側は、彼らの要求が却下されたことに対し、軍事政府を彼らの自治支援者とはみていなかった。また、ミャンマー最大の反政府組織、国民民主連盟（全国党大会には参加招待されていない）も民族自治を支持してはおらず、その姿勢は、各民族集団の参加能力に基づき双方の合意に基づき民族問題を解決するというのであった。民主主義を求めて闘う反政府派、そして真の連邦主義を求める諸民族集団

のどちらからも敬遠される考えが支配する状況にあったようである。こうした集団間では、民主主義と連邦主義が共存し合いながら、相互に強化し合うものであると考えられていた。

　民族的要求を満たす憲法上の余地はあまり残されていないというのが一般的な考えであるが、理想的な連邦形態を定義することは難しい。概念的な連邦主義は、効果的な分権化状態にはなく機能しないというのが歴史の教えるところである。最初の憲法では、ある程度の自治を認めていたが、少数民族には効果的な自己決定権をほとんど認めず、準連邦制度程のものでしかなかった。これが、本来の連邦制の確立を企図した丘陵地域連合最高評議会（SCOUHP）が、独立後、短期間で制度化された理由である。少数民族は、州レベルの立法権、司法権、行政権と、自己決定権、脱退権を求めていた。現在、ミャンマーでは州及び管区域レベルで、独自に議会及び憲法を備えることが可能である。2008年憲法で発効された州レベルの立法権は、ミャンマーの連邦制で新しく付け加えられた項目である。民族紛争解決に向けた連邦制への期待は高いが、ミャンマーに適した連邦主義の模索にはまだ時間を要するものと思われる。

　一部民族集団による自治要求と併せ、民族集団の多様性に起因する民族的課題の複雑化は、ミャンマーが他国の連邦制（コラム2.5）に範とし得る制度を見出し得ない状況を生んでいると思われる。ある意味で連邦構造は脆弱に思われるが、純粋に多国民的もしくは厳格に行政区域的な連邦構造の実現可能性は低いだろう。ミャンマーでの国民性に基づく自治は、国民の多様性によって複雑となる（ここでは、国内の民族集団を国民（nationality）としている）が、他方で、地理的に厳格に地域自治を組織し全ての国民に同等の権利を約束したとしても、過去十年間、抑圧下にあった国民には信憑性を持って受け容れられないだろう。また、行政区域的な連邦制度は、国民性といったアイデンティティ上の課題のない国家であればよく機能するが、ミャンマーではそうした状況にはない。さらに、現段階での州及び管区域に対する分権構造下における、基本的には統一性を持ったハイブリッド型の連邦制度も、魅力的な選択肢には思われない。方向性として考えられるのは、まずは自分達の問題に対処する意志と能力を持った国民を基本として、新参者にも州及び管区域の自治に参加する余地を残しておく多国民的連邦制度である。現在の複数レベルでの管理（州／

管区域レベル、自治地区、自治地域、県レベル）下で付与される自治に基づく二頭体制では、その規模と能力に見合った権限と責任が民族集団特殊的自治要求に認められていると思われる。

　ミャンマー「独自の」連邦制度では、自由裁量権と歳入徴収における州及び管区域への効果的な権限移譲を伴うものと思われる。自由裁量権を付与するには、州あるいは管区域の住民の必要性を踏まえ、法規則を定め、経済社会的課題を管理する必要がある。これにより、持続可能な形での民族集団のアイデンティティの確立、言語及び文化の保護と開発、入手可能資源の雇用組織化が可能となると考えられる。こうしたニーズを資金面で支えるには、徴税権の効果的分権化が必要となるが、地域独自の財源確保の自由、そして最も適正かつ効果的な州／管区域特殊的手法での税金及び手数料徴収の自由と併せ、中央と準中央管区域・州間での透明かつ公正な分税制に対する交渉が求められる。

コラム 2.5　連邦制度：
多国民的か、行政区域的か、あるいはハイブリッド型か

　世界の連邦制は、国民性（多国民的連邦制）か地理的地域（地域的もしくは管区域的連邦制）に基づき組織されている。前者では一般に、自己決定権、国民的アイデンティティ保護権を保持する国民に対して、区域的自治が認められている。多国民的連邦制の例としては、スペイン、カナダがある。管区域連邦制では、全ての市民に対し、等しく権利を認めるが、民族集団の構成区域とは関係なく、地域を基礎に自治が認められる。この例としては、オーストラリアとアメリカ合衆国がある。

　アジアでは、少数民族問題、国民的アイデンティティ問題への対応には、ハイブリッド型連邦制が最も適していると考えられる場合が多い（He, Galligan and Inoguchi, 2007）。これは、国家建設時代に旧英国植民地への連邦制の導入に失敗し、その後数十年に亘り、同質的な国民国家（nation states）の建設の試みが順調に進まなかったことによる。脱植民地化後、当初は、ほとんどのアジア諸国が、単一的で同質的な国民国家の建設を求めたが、その後、国民的アイデンティ

第2章 安定的かつ持続可能な開発の実現

> ティ問題や民族的、宗教的マイノリティ間抗争、また市民戦争に直面する国家に
> おいて、連邦制に向かう傾向がみられるようになった。ミャンマーやスリランカ
> ではこの連邦制導入の試みは失敗に終わったが、インドでは連邦制が有効に機能
> し、インドネシア及びフィリピンでも連邦制を確立しつつある。特にインドネシ
> ア及びフィリピンでは、部分的に連邦制を採用し、中央政府及び主要政府機能に
> 集権制を留めた、よりハイブリッドな連邦制度形態を採っている（He, Galligan
> and Inoguchi, 2007）。インドネシアでは、2005年の和平合意を受け、アチェ
> 族が中央政府との間で石油及びガスに関する魅力的な歳入交付協定を締結したこ
> とに加え、アチェ族の宗教的自治が認められることとなった。フィリピンでは
> 1987年憲法により、徴税権、経済社会問題、教育政策等数多くの議題を巡り、
> ミンダナオ群島を構成する諸地域に対し自治が認められることとなった。
> 　複数の国民性や民族集団からの自治に対する要求が、集権制を持続不可能なも
> のとするときに、ハイブリッド型の連邦制が生成される。これにより、民族的対
> 立を解消に向かわせるとともに、国民国家の統一性を留保することが可能となる。
> またこれは、連邦からの脱退と民族的な分割にも効果的に対処し得る手段として
> 信頼されてきた。しかし、安定性及び平和は、しばしば民族間の平等を犠牲にし
> て成り立つものである。複数の民族集団が存在する中で、ある集団に自治を容認
> することは、他の集団にも同様の扱いを求めさせる結果となろう。

　連邦政府と諸地域との間の権限の配置構造が連邦制の要諦であるが、それは憲法によって一時的に保護されている。二院制は連邦国家の典型的な特徴であるが、この場合の連邦政治では第二院が地域的利害の代弁者となり得る。ミャンマーの議会では、二院間に同等の権限が認められている。独立した憲法裁判所は、連邦政府と州／管区域政府との紛争調停権限主体であり、連邦制を機能させるうえで不可欠な存在である。ミャンマーの立法権、行政権、司法権の間の分立には長い歴史がある。したがって、連邦制を確実に機能させ、信用の高いものとするには、憲法裁判所の能力と併せ、その独立性の強化が必要となると考えられる。

　公式的制度環境より重要なのは、連邦制が実際にどのように機能するかであ

る。憲法規定が無視される、州／管区域が憲法の保証する自己決定権を十分に活用する能力を有していない、また逆に連邦制下での慣行が憲法規定を超越する、こうしたことが慣行を重要とするのである。ミャンマーはその統一国家としての特性により、純粋な意味での連邦制にはない。最初の憲法では、初期の州／管区域にある程度の自治は認められていたが、1962年からの独裁政権によって、連邦関係の形成が妨げられることとなった。また、次の1974年憲法でも、新しく加えられた州に概念上の自治が認められただけであった。2008年憲法では、原則的に、各地域にかなりの現地懸案事項に対して議決を認めているが、それまではこの点ではほとんど進展がみられていない。多くの地域は、内部統治構造の設計に際し、能力的制約に直面していると思われる。さらに、民族集団の要求を満たすには、より大きな自治権の付与が望まれる。これには、議会での承認と憲法における関連条項の変更が必要となると思われるが、長い過程を伴う傾向にある。また別のアプローチとして、連邦制度を整備し、そこに採り得る最適構造を試行錯誤により見出し、憲法にそれを反映させるやり方が考えられる。連邦制に不慣れであれば、とりあえず採れる措置から試してみて、しかるべき連邦関係へと制度化を進めていく方が容易であろう。

　連邦制は、地域自治要求と一貫性の維持との危うい均衡がうまく保たれなければ機能しない。この場合、地域自治を抑制し地域自治の犠牲の下に統一性が図られるのであれば、脱退運動を惹起し、国家の統一性に終止符が打たれることとなろう。また、地域自治要求が極めて高く、国家的統一性の余地が残されない場合にも、同様に連邦制は機能し得ない。

第3節　環境的に持続可能な開発に向けた制度構築

　今後20年間で中所得国入りを目指すとするミャンマーの開発目標の実現にとって、天然資源を効果的に保護・管理し、持続可能な活用につなげていくための制度枠組みの確立が鍵を握る。これまで主に国内経済を支えてきたミャンマーの特段多様で豊かな森林、土地、水、鉱物資源は、今後一層の経済的多様化の進む中で、その基幹的重要性に変わりはないものと思われる。しかし、ミ

ャンマーにとっての天然資源は、機会であるとともに課題でありリスクでもある。資源の誤った利用はコスト負担となる。こうした事態を避け、資源を確実に効率的かつ持続可能な形で利用できることが重要となるが、開発のまさに初期段階にある現在、組織及び法規制を巧妙に設計できるかどうかが鍵を握ると言える。

環境資源は人口圧力と商業需要によって損なわれてきた。しかし、ミャンマーが経済開発の初期段階にあることで、環境及び天然資源の被害は特定分野に限定されてきた。産業汚染が他の大半のアジア開発途上国と比べて深刻な状況にはないのは、主に産業開発が相対的に限定的で所得水君が低いことに拠る。しかし、ミャンマーでの開発で今後引き続き依存すると考えられる森林や土地等の重要資源では、そのかなりの減少が進んでいる[10]。

1988年に経済改革に着手して以降、ミャンマーの森林は著しく減退している。総森林面積は、1990年には国土の約58％に及ぶ3,920万ヘクタールであったが、2010年には47％の3,180万ヘクタールにまで縮小している。これは20年間に亘って毎年1％近く縮小した計算となる。森林破壊は、1990年から2000年の期間に最も急速に進んだが（年間約1.17％）、2000年以降はやや緩慢となり、2005年から2010年の期間は僅かながら加速する程度であった。森林破壊は、相対的に人口密度が高く経済成長率の高い地域、そして森林の潜在的商業的価値が比較的高い地域で最も進んでいる。1989年から1998年にかけて、森林の土地に占める割合は、ヤンゴン管区域、マンダレー管区域、エーヤワディ管区域で40〜50％近く減少しており、これは年率5％以上の減少を意味している（ADB, 2008）。人口密度の低い（主に）北部地域、特にバゴー管区域、カチン州、ラカイン州、ザガイン管区域での森林破壊は全般的にゆっくりであるが、商業的価値の高い種での被害は深刻化する場合が多い。

商業を目的とした過度な開発と併せ、貧困及び人口増加は、ミャンマーの森林縮小の主要因となっている（Sovacool, 2012）。地方の人口拡大に伴う厳しい生存要求は、農業活動を拡大させるとともに、都市で暖房及び調理の主たる燃料源となっている薪等、林産物に対する地方家庭の需要を増大させることで、容赦なく森林を浸食させる結果となっている（図2.6）。また、こうした圧力は、比較的単純で非効率な場合の多い耕作技術によって助長され、多くの場合、土

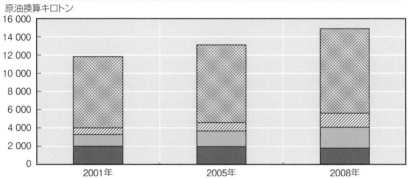

図2.6 ミャンマーのエネルギー消費の大部分を占めるバイオマス
主要エネルギー消費

出典：Ministry of Energy, Myanmar.
StatLink：http://dx.doi.org/10.1787/888932857444

地の生産性低下につながっている。また同様の圧力により、ミャンマーの沿岸・河川地域では水資源を始め環境資源の減少がもたらされてきた。マングローブは、エビ産業と稲作の拡大によって被害を受けてきた。人口拡大の中での生活の維持は、漁を過剰とし、重要海洋種の保全に脅威をもたらしている。

人口増大圧力はまた、特に一部地域の土地資源の大きな縮小につながっている。耕作地の約10％で土壌浸食リスクが高い状態にあると推計されている（ADB, 2008）。こうした土地の大半が（主に）人口の42％が暮らす北部山岳・丘陵地帯にある。主に人口増大からの土地の過剰利用によって、土壌浸食は深刻さを増している。また他の地域でも人口圧力と自然要因による土壌浸食は起きている。政府統計によると、「問題土壌」とされる土地は全耕作地の約5％に上るとされる（ADB, 2008）。土壌の質は、デルタ地域、沿岸地域では塩害によって、乾燥地域、高度地域ではそれぞれアルカリ害と酸害によって、また低地では季節的な洪水によって浸食される。

違法な開発と取引が更なる環境悪化につながっている。国内外からの強力な商業目的での森林資源の開発により、合法的にも非合法的にも過剰な開墾と伐採が続いている。過去20年間に、鉱業での大幅な規模的拡大がみられたが、これが原因で特に北部山岳地帯での危険な機材の使用、森林の開拓、露

第2章 安定的かつ持続可能な開発の実現

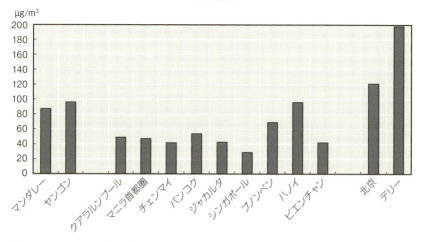

図2.7 大都市で深刻な大気汚染
PM10濃度

出典：Pandey, K. D. *et al.* (2006), "Ambient particulate matter concentrations in residential and pollution hotspot areas of world cities: New estimates based on the Global Model of Ambient Particulates (GMAPS)", *The World Bank Development Economics Research Group and the Environment Department Working Paper*; WHO (2013), *Database on outdoor air pollution*, World Health Organization, http://www.who.int/gho/phe/outdoor_air_pollution/exposure/en/index.html（2013年3月19日）.

StatLink：http://dx.doi.org/10.1787/888932857463

天採掘法等による土地及び水資源への被害が拡大することとなった（Burma Environmental Working Group, 2012）。採鉱と石油及び天然ガスの採取及び輸送により、地方の村落が押しのけられてもきた。環境の保護を犠牲にした鉱物資源の商業的開発は、時に政府による資源開発重視政策によって推進されてきたのである。

　ミャンマーの都市は、固形廃棄物管理（SWM）と併せ、大気汚染問題にも悩まされてきた。特に廃棄物収集割合では、二大都市におけるSWMで大きな改善がみられたが、他の都市のSWMではほとんど改善はみられず、全般的に多くの問題を残したままとなっている（ADB, 2008）。ミャンマーの二大都市の大気汚染は、東南アジアの開発途上国の都市の中では最もひどい部類に入る（図2.7）。大気汚染水準が高いのには、自動車が増加したことに加え、オートバイ等低出力車に適した低オクタン燃料の利用が進んでいることが背景にある。

天然資源に対する圧力の拡大と新たな課題

　概して、ミャンマーでの環境の悪化は、人口拡大からの要求、国内外企業による需要、そして政府の国内開発政策からくる政府の限られた管理能力を圧倒する程の圧力が、強力かつ拡大する競争圧力を生じさせていることを反映している。こうした圧力はほぼ確実に増大しているが、天然資源の開発が加速するのに伴い新たな課題が生じつつある。

　農業部門の一層の開発と、現在GDP（2010/11年度）の20％を僅かに下回る水準にある工業部門の活動を通して、管理を必要とする廃棄物と汚染物質の量は増大し、その源泉も拡大している。ミャンマーでは、工業部門による廃棄物と土地の汚染は比較的限られてきたが、他の開発途上国での経験からは、それが容易に重要問題化する可能性のあることが示唆される。これまでかなり制限されてきた化学肥料と農薬の使用が、農業部門の開発に伴い大幅に増大する傾向にあるが、これは水資源の汚染及び生物多様性の危機といった厳しい潜在的リスクを示している。

　特に中国等他の開発途上国の経験からは、急速な開発に伴い、石炭の発電のための使用、産業活動、自動車を通じた、都市での深刻な大気汚染リスクが明らかにされている。ミャンマーの保有する水力及び天然ガスは、これらのリスクの初期段階での低減に資すると思われる。しかし、ミャンマーにおける自動車の使用台数は、今世紀最初の10年間で急速に拡大している。また、他の開発途上国の経験からは、一人当たり所得の上昇に伴い、それはさらに拡大することが示唆されている（図2.8）。

　FDI及び国内民間部門に対する国家の開放政策は、天然資源及び工業部門開発要求と持続可能な開発要求との均整化に伴う重要な課題を提起するものと考えられる。これら課題は、すぐにでも尖鋭化しそうであるが、エネルギー分野等、重点資源分野へのFDIの中期的な急速な拡大が期待されるとともに、このFDIがこれら分野の開発の鍵を握ると考えられる。しかし、天然資源の開発を持続可能なものとし、環境目標との一貫性を確保するだけの制度能力が備わっているかと言われると、現段階では極めて限られていると言わざるを得ない。

　また、エーヤワディ・ダム建設を巡る激しい論争で明らかにされたように、ダムを始めとした水資源管理インフラでも、経済開発と持続可能性目標との均

図2.8 所得増大に伴い上昇傾向にある自動車密度

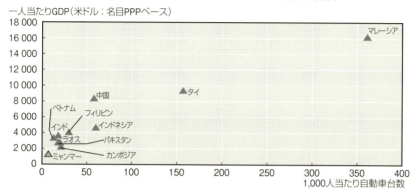

出典：IMF（2012a）, *World Economic Outlook*（database）, International Monetary Fund; World Bank（2013a）, *World Development Indicators*（database）, http://databank.worldbank.org.

StatLink：http://dx.doi.org/10.1787/888932857482

衡が重要課題となる。ダム及びその関連インフラは、水資源要求拡大への対応、ミャンマー保有水力の開発、自然災害及び気候変動リスクへの対応において最も重要である。しかし、東南アジア諸国等での他の重点プロジェクトが示すように、大規模ダム・プロジェクトには評価の難しい深刻な環境リスクが存在しており、効果的な管理には政府当局の洗練された計画、評価能力が求められる。

更なる課題を提起する気候変動

農業及び天然資源に大きく依存する状況で、長い海岸線と沿岸部での人口の密集とが、東南アジア諸国を気候変動からの影響に特に脆弱なものとしている（IFAD, 2009; Zhuang, Suphachalasi and Samson, 2010）。気候変動の影響は、特に当地域を襲った巨大台風及び洪水件数を2000〜08年と過去40年間の各期と比較したときに顕著な増加が示されているところに、既に明確に示されている（図2.9）[11]。気候シミュレーションからは、1990年との比較で2100年にはこの地域全体が平均4.8度程の気温の上昇を経験し、海面も70cm上昇することが示唆される。2100年までに総合して降水量の増加が予想されるが、そのパターンには変動傾向が示されており、タイ、ベトナム、インドネシアでは、今後20〜30年間に乾燥化の兆しがみられるとされている（Zhuang, Suphachalasi

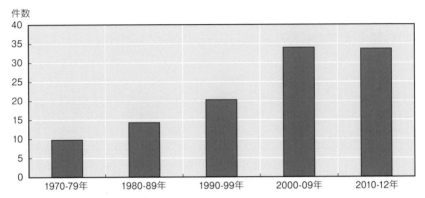

図2.9 地域的に増加している巨大台風及び洪水件数
東南アジアにおける年平均巨大台風及び洪水件数

注：インドネシア、ラオス、マレーシア、フィリピン、タイ、ベトナムの総数。
出典：Centre for Research on the Epidemiology of Disasters (2013), *International Disaster Database*, www.emdat.be/disaster-list (2013年3月13日)。
StatLink : http://dx.doi.org/10.1787/888932857501

and Samson, 2010)。山岳地帯での雪及び氷の融解は東南アジア主要河川体系の流水量を減少させ、水資源需給を逼迫化させる可能性がある。

これら変動は広範に亘り、当地域の経済及び生態系に相当な影響を及ぼしている (Zhuang, Suphachalasi and Samson, 2010)。

- 安心かつ安全な水資源の供給及び利用は、より困難化の兆しをみせる。ある推計によると、タイでは390万人、ベトナムでは840万人の国民が、2050年までに水資源危機を経験すると予想されている。
- タイ、ベトナム、そしてフィリピンでも、技術革新と適応がなければ、米の収穫量で50％程の大幅な低下の兆しがみられる。
- 気温上昇への適応が進む中、当地域の森林構成は炭素吸収能力の低い種に偏った大きな変動傾向がみられる。

ミャンマーの沿岸部及びデルタ地域は、地球温暖化に伴う潮流の変化の増大と、熱帯低気圧の頻度及び強度増大の影響を特に強く受ける方向にある。これらの変化は雨量の増大と併せ、海岸の浸食と上流、支流での塩分濃度の上昇、

延いては洪水リスクを高める結果となっている。東南アジア域内でも、ミャンマー、タイ、ベトナムのデルタ地帯は、インドネシア、フィリピン、マレーシアの低地同様、特にリスクの高い地域となっている（IFAD, 2009）。また海面上昇は、海水の淡水への流入を通して、沿岸部の水利用を制約してしまう可能性がある。

気候変動の悪影響を適切に管理し緩和するには、環境破壊に適応し回復する能力を持続可能な開発戦略及び計画に組み込む必要があろう。こうした能力を開花させられなければ、実質成長率を低下させ、貧困削減を後戻りさせることになりかねない。

国際的に求められる基本的環境配慮開発政策の統合

1970年代頃までは、大半の国において環境保護及び資源管理課題は無視されるか断片的扱いにしかなく、特に開発途上国では急速な成長と産業開発の実現が至上命題とされていた（「成長第一、清浄第二」）。こうした状況にあって、環境問題に対して費用は嵩み、地球温暖化に付随し様々な事象が現実化していく中で、基本的経済政策及び開発計画の策定と執行において環境目標と政策とを統合する必要が一層増すこととなった。

この過程の最終目標は、「国家、地方、部門の開発に向けた政策、規則、計画、投資、活動主導機関における意思決定に、対象となる環境課題を周知と合意に基づき包括する」ことの実現のために、環境目標を「本流化」することにある（OECD, 2012a）。この本流化要求の背景には、環境目標と他の重要社会・開発目標との相互依存関係が特に強いことがある。例えば、ミャンマーを始めとして、東南アジア諸国での持続可能な森林開発政策は、地方での貧困削減政策実績と鉱物等天然資源開発に直接影響する。こうした分野では諸目標間のバランスを保ち不必要な対立を招かないように、政策の策定、実施面での統合が必要とされる。

本流化の実現は最先進国でも程遠く、継続的な取り組みとなる。特定任意国における開発政策及び意思決定プロセスの中での環境目標の本流化は、その国の制度・統治能力に基づき行われる必要があるとともに、能力の変化に合わせて対応させる必要もある。環境目標と基本的開発政策との効果的な統合実現に

おいて、幾つかの重要課題と苦闘しなくてはならなかった。

- 本流化を支える効果的な法枠組み及び政府機関の創出。国家レベル、地方レベルの政府機関を始めとした諸機関間での政策決定及び執行の効果的な調整が鍵を握る。
- 環境目標を最も効率的に実現し得る効果的な手段の考案。
- 環境政策の改善とともに、環境効果的行動へのインセンティブの強化を目的とした環境政策の策定及び実施過程に対する非政府主体——企業部門、世帯、市民社会——の参画。

環境政策で鍵を握る効果的な政府機関間調整

　東南アジアを含めほぼ全ての開発途上国で、環境課題が重要課題として認識されるようになってきているが、また環境目標の実現と基本的経済目標・政策との調整を進める中で、組織構造の改善にも努めている。アジア諸国の多くが、憲法で環境保護に対する政府の義務を謳っている。大半の東南アジア諸国で持続可能な開発実現のためのアジェンダ21が起草されているが、こうした行動計画（mandate）は少なくとも、政府の政策の中に環境課題を漸次的に定着させ、環境保護戦略「ビジョン」として開発政策立案過程へのその統合化に貢献してきた。

　現在、例えばタイ、ベトナムでは天然資源環境省、中国では国家環境保護総局と、主に各国で環境課題を扱う政府機関が一般に環境政策における最高責任機関となっている。これは、より広範な役割を担う政府の副次機関が環境課題を扱うことの多かった数十年前と比較すると、環境課題の優先性が高まった点において有意な前進があったと言える。環境目標及び政策が様々な形で国家開発計画に組み込まれ、環境課題が解決されているのである。

　このような進展の一方で、幾つかの理由から、環境政策の他の開発政策への統合を支える組織構造で、十分に効果的な体制にないことが広く認識されている（Dalal-Clayton and Bass, 2009; Habito and Antonio, 2007; OECD, 2012a; UNESCAP, 2003）。計画省（もしくは局）、財務省等、政府の主要「政策関連」機関と並び、エネルギー部門や輸送部門等、重要部門を管轄する省庁が、伝統

的に国家の政策立案及び国家開発計画の策定に大きな影響力を持ってきた。これら主要機関の場合、経済開発、並びに（国家規模の高圧送電線網の改善、拡張といった）国家開発計画の特定重点部門と比較して、一般に環境への配慮は後回しとなる。また、多くの基本的法手段が性格的に極めて部門特殊的であるため、この傾向はさらに強められる。そして、多くの場合、これら省庁の環境配慮能力は技巧的に制約される（UNESCAP, 2003）。また、環境省の場合、特殊的環境政策の策定に必要な技巧的専門知識は持つが、効果的な調整機能を発揮するうえで必要とされる他の分野の専門知識は十分に持っていないのが普通である。

調整問題への試行錯誤による対応では、数多くのメカニズムが使われている。東南アジア諸国の中に、国家開発計画の準備作業を監督する機関間委員会を設置している国があるが、またそれらの中に、さらに環境課題や持続可能な開発を扱う独立した機関間委員会を併設している国もある（UNESCAP, 2003）。例えば、ラオスの計画開発委員会、カンボジアの計画と貧困削減に関する技術的作業グループは、それぞれ国家計画の調整に責任を負っている。また、タイの国家環境委員会（NEB）は、環境改善に向けた政策及び計画を推奨し、環境基準を設定している。しかし、機関間での調整は限られるのが一般的である。国家計画機関は機関間環境委員会／局（board）を代表しない場合が多く、計画機関及び機関間委員会は環境課題に関する情報を環境省庁内の副次機関に依存している場合が多い。

フィリピンでは、機関間での計画調整機関と環境に関する調整機関との間の連携は強く、天然資源環境省長官はフィリピン持続可能な開発委員会の議長を務める、国家経済開発庁の委員会の委員である。タイで首相がNEB議長を務めるように、一般に首席閣僚が先導する場合に、こうした機関間機関は最も効果的に機能する。また東南アジア諸国の多くが設置する国家持続可能な開発会議（NCSD）も、一つには環境目標と環境政策との調整及び統合改善を目的として利用されてきた（本節後半部での議論を参照）。

経済政策に環境に対する配慮を組み入れる手段として、OECD加盟国また多くの開発途上諸国でも、環境影響評価（EIA）及び戦略的環境評価（SEA）が拡大的に利用されている。EIAは、例えばダムの建設といった特殊的プロジェ

クト／計画の環境に対する影響を評価するのに一般に使われてきた。EIAは計画策定後に適用され、一般にその環境への直接的影響（例えば、ダムの建設が現地の水資源供給にもたらす効果）の解明に焦点が当てられる。

　SEAは環境課題を政府の計画、政策、プログラムに統合し、そのより包括的位置づけにある社会経済開発目標との相互関係の評価を目的としており、一組の分析ツールから成る参加型アプローチを採っている。例えば、SEAは、地域開発戦略の環境目標との折り合い評価や、エネルギー補助金に関わる改革提案の環境目標との整合性とこの改革提案が意図しない結果を招くリスクの評価に利用できる（OECD, 2012a）。SEAは、EIAを手段として含むが、通常、計画策定の初期段階で、より基本的、長期的観点から適用されることになる。

　開発途上諸国では、環境目標の基本的目標化の改善に向けてSEA枠組みの構築に取り組む動きがみられるが、これは一層多くの国を巻き込んで拡大をみせつつある（コラム2.6）。アジアの開発途上国では、中国及びベトナムで最もSEAプログラムの開発が進んでいるが、ベトナムを除く東南アジア諸国では、一部の最貧国（ラオス、カンボジア）を含め、大半がそれぞれ開発段階にある（Dusik and Xie, 2009）。SEAは、（十分な需要のある）EIAに対し、戦略能力、技巧的専門知識、情報の点から相当な規模での需要が考えられるが、開発に時間を掛け、国家能力に適応させる必要がある。

コラム 2.6　中国及びベトナムにおける戦略的環境評価（SEA）

　中国は1990年代半ば、環境面に対する直接的影響に限定せず、中国のEIAに対する展望を拡大するために、SEA実施枠組みの開発に着手した。2003年発効の改定環境影響評価法では、環境評価へのSEAの適用が明示された。同法では、（伝統的やり方での多くのEIAのように計画策定後にではなく）計画策定の一環として環境評価が準備されること、（部門計画の場合には）専門家以外の者により評価が行われることを要求している。また同法は、市民を含め、他の関係機関及び主体との協議も要求している。SEAは、地域及び都市開発計画、産業部門計画、土地利用計画を含め、これまで広範な分野に適用されている。

第2章　安定的かつ持続可能な開発の実現

　ベトナムでは、2006年に発効した改正環境保護法（LEP）の中で、国家社会経済開発戦略・計画、地域開発計画、土地利用・森林保護開発計画、水資源等超省天然資源の利用に関する計画に対するSEAの適用を明示している。中国と比べ、なお開発の初期段階にあるが、多くの部門・地域開発計画を取り込み、SEAのパイロット・プロジェクトが適用されている。開発に関わる政府主要機関はSEAの準備、実施面での機関間調整改善のための手段と併せ、SEAの実施、評価のための手段に関する作業を2008年以降、進めている。

　ベトナムでは、約60件の大規模個別プロジェクトを総合した、クアンナム水力発電所建設計画（2006～15年）の環境、経済、社会的影響の評価にSEAが使われている（Dalal-Clayton and Bass, 2009）。SEAは、地方、国家いずれにおいても必然的にその利害関係者を伴うが、次の四つの戦略課題に焦点を当てる。1）生態系の保全、2）水資源の供給、3）少数民族への影響、4）クアンナム＝ダナン省の経済開発。SEAでは、計画そのものの持続可能性にとって脅威となる多くの負の影響が明らかにされ、改善に向けた多くの推奨政策措置が提示されることになるが、その内の幾つかが政府によって採用される。

環境目標実現の鍵を握る効果的、効率的手段

　環境政策を執行する場合、環境に悪影響を持つ経済主体の活動に働きかける効果的な手段が求められるが、それには直接、基準を設定したり損害行動を禁じたりする環境指令措置（CI）と市場シグナル等の経済インセンティブを活用して環境に影響する行動に働きかける環境市場ベース措置（MBI）の二つの基本形態がある。

　CIの例としては、工場や自動車からの汚染物質排出量の制限、水資源管理局による最低水質基準の維持、森林伐採材木量の制限がある。またMBIには環境租税措置（ETI、すなわち環境汚染物質排出に対する課税と補助金、利用者等への課徴金、許可取引スキーム）（OECD, 2011参照）がある。またそこには、1）天然資源の採取管理に用いられるライセンス、コンセッション、割当て、2）環境サービスへの支払い、3）環境に優しい製品やサービスに対する認証及び表示体制も含まれる。

CIは、OECD加盟国及び開発途上国で最も広く利用される環境措置である。これは、理解も適用も比較的容易であり、(実行される場合には) 都市の大気汚染を限界地まで引き下げるといった特殊的環境目標の実現に利点がある。しかし、その効果性は執行メカニズム、遵守状況モニタリング・メカニズム、グローバル環境効果の評価と基準設定に必要な情報生成システムに依存する。CIには、適切な基準設定にかなりの技巧的専門知識が要求される可能性があるし、変化する環境への適応に頻繁な変更が求められることが考えられる (UNESCAP, 2003)。CIの主な欠点は、これを通した環境目標の実現が非効率となる傾向を持つことである。これは通常、より低コストで基準を満たせる主体の存在を考慮せずに、全体に一律の基準を課すことに拠る (OECD, 2011)[12]。

　MBIでは、環境破壊コストの全てもしくは一部をその原因と関連づけたり、環境配慮行動を取る者がその受益者となることを認めている。これにより、CIとの比較で、MBIは所与の環境目標実現において効率性を改善する傾向を持つ。例えば、工場から排出される汚染物質に対する課税では、汚染物質の縮減を低コストで行える生産者が高コストの生産者よりも多くの排出量を削減することになろうし、世界全体でみた所与の汚染物質削減量に対する削減コストはCIよりも少なく済むだろう。MBIはまた、汚染物質のより効率的な削減や天然資源の活用におけるイノベーション投資を促すのに適している。また、ETIの利用によって、さらに他の社会的目的に活用できる収入を得ることもできる。

設計の工夫次第で高い効果の得られる MBI

　MBI特にETIは、効果性の向上においてCIよりも先進の制度能力を求められることが多い。例えば、工場の汚染物質に対する効果的な課税には、営業税及び法令遵守措置に対し合理的でよく開発された効率的システムが求められる。MBIはCIに対し直接働きかけるものではないし、その目標実現に対する効果は信頼性に欠ける。そのため設計面での情報及び技巧的専門知識からの要求が多くなり、税体系の開発が初期段階にある場合には、措置の実施は困難であると考えられる。

　これはMBI特にETIが大半の開発途上国でほとんど利用されていない主たる理由である。環境税もしくは他の自動車に対する課税の使用はほとんど制限

され、現在、ガソリンに課税しているのは域内ではシンガポールとタイだけである（OECD, 2011）。域内の多くの開発途上国では、（主に）貧しい家庭の支援のために、本国産燃料の使用には課税ではなく補助金支給で対応している。しかし、ETIの利用は増加しており、制度能力の改善に伴いさらに増大の方向にある。特に、ベトナムでは2011年に一般環境税を導入しているが、特定の除草剤、農薬、消毒薬、防腐剤、レジ袋への課税に加え、幅広く燃料及び潤滑油にこれが適用されている。

また域内経験からは、経済インセンティブに依存するMBI等の政策は、その適用対象状況と国家の制度能力に慎重に適応されるならば、有用であり実施可能であると言える。そして、環境保護と世帯所得の創出とを組み合わせた措置が特に効果的となる場合が多い（Sovacool, 2012）。

多くの開発途上国では、森林、海洋、水等天然資源に対する持続可能な管理の推進に生態系サービス支払い（PES）が利用されるが、これには、清浄水や土壌浸食管理、森林の持続可能な開発といった環境「財」提供を巡る、土地所有者、企業、個人に対する支払いが関係している。PESスキームの中には、環境資源の受益者により、その所有者、管理者への直接契約に基づく支払いがなされるものもある。こうした調整には、財産権を合理的に適切に定義するとともに受益者を特定する必要がある。PESスキーム下での支払いは、受益者を代表し非政府組織を通して政府によりなされる場合が多い。中国は流域保護と土壌浸食の抑制にPESを拡大的に利用している。またベトナムでは、これまで野放し状態にあり、かなり深刻化している森林の保護、保全の促進を目的に、2008年にパイロット・プロジェクトに着手している。

認証及び表示（CAL）も、環境基準の遵守に対する報奨手段として利用できる。環境汚染物質の未使用が保証されている、環境に優しい工程を経て生産されている製品であれば、環境への配慮に欠けた製品に対してプレミアム価格で販売可能であり、また（財の環境基準への適合を選好する国があれば）輸出市場にまで拡大して販売可能となる。認証スキームは、環境保存慣行として明確化された基準の遵守を求められる農業分野、森林分野において、ミャンマーを始め多くの開発途上諸国で適用されている。効果的なCALスキームには、コンプライアンス基準とその表示、認証により基準遵守を実効性あるものとす

る必要があるが、いずれにしても、効果的な設計とできなければ生産者には高価となるだろう（OECD, 2012a）。

　最後に、また政府は、経済的インセンティブを利用して、商業的利益を追求する企業を特定の環境サービス提供の方向に促したり、政府調達に環境への配慮を組み入れたり、また「グリーンな」社会的企業の活動を促進することで、環境目標の実現に近付けることができる（OECD, 2012a）。例えば、水資源問題であれば、民間企業や官民パートナーシップを使って、それらがサービス提供から利益を得られるようにできれば、効率性は改善され、利用者側の汚染水使用を削減することが可能となる。インドやブラジルといった開発途上国での経験を通して、適正かつ効果的な条件が与えられれば、環境目標（例えば、代替エネルギーの提供）を追求しつつ商業的利益の獲得を可能とする「社会的」企業の可能性が示されてきた[13]。

鍵となる非政府ステークホルダーと現地コミュニティの参画

　効果的な環境政策及び統合を求める場合、政府の先導に他の主体が従うトップダウン・プロセスを安易に採ることはできない。環境保全に関わる企業、家庭、市民社会組織が、環境面での具体的意思決定のほとんどを行う状況にあって、それらの環境政策目標及びその合理性に対する理解が不可欠である。これら非政府主体が政策的意思決定及び執行に参画することによって、より利害関係を容認した形で政策を受け容れられると考えられる。また政府の政策立案者は、効果的な政策設計とできるように、これら非政府主体のおかれている状況と要求を理解する必要がある。家庭及び企業は環境政策の策定に参加することで、その合理性、延いてはより利害関係を反映したものとして意思決定結果を容認できる場合が多い。しかしながら、環境政策の立案に非政府主体が効果的に関与できるものとすれば、非政府主体の役割を適切に定義し、その参加と後押しを法的に支援していく必要がある。

　大抵、どの開発途上国でも国家持続可能な開発会議（NCSD）を創設し、環境政策の計画化、公式化、実施とそれらの基本的な開発政策への統合に非政府主体が関与できるようにしている（UNESCAP, 2003）[14]。そして当会議では、政府の各省庁、機関の職員、企業部門、労働機関、NGO等非政府ステークホ

第2章　安定的かつ持続可能な開発の実現

ルダーの代表が一堂に会することになる。東南アジア諸国を含め、当会議は通常、直接的な意思決定の場ではなく勧告の場として機能している。

フィリピンのNCSDでは、幾つかの限界面と併せ重要な貢献が明らかにされている（コラム2.7）。政府間調整機関として、高位官職の職員が積極的に参加する場合には、高度に可視化され非政府主体の積極的参加が促されるが、また他の政府調整機関との棲み分けが明確にされる（OECD, 2011）。

コラム 2.7　フィリピン持続可能な開発会議

フィリピン持続可能な開発会議（PCSD）は、同国の持続可能な開発目標を実現するとともに、フィリピン「アジェンダ21」（PA21）戦略に即した国家開発計画、政策、プログラムに対するその統合を実現するためのメカニズムとして、1992年に大統領令により設置された。当会議は、基幹となる経済政策への環境課題の組み入れにおいて、同国の主たる計画機関である国家経済開発機関（NEDA）に対する勧告機関としての役割を持つ。PCSDの役割には、PA21の策定、中期計画を始めとした主要政府計画への当アジェンダ目標の組み入れ、国家生物多様性保全戦略の策定が含まれる。

当会議は、環境天然資源省の副議長を務めるNEDA長官をその代表である議長とし、政府の各省庁、NGO、企業、労働組合からの代表で構成される。四半期ごとに開かれる会合では、フィリピン大統領を交え、環境政策課題と関心事項について議論する。当会議は、環境課題及び政策に対する勧告のみを役割とするが、政策的意思決定に対する責任は政府の各省庁、立法府、行政府にある。

当会議の主な強みとして、まず一つには、基本的な経済社会政策の文脈で環境課題を識別し議論する、高度に可視化された討議の場を提供している点にあり、二つ目には、政府職員と環境政策及び成果における各民間利害集団の代表とが一堂に会する点にある。但し、当会議は、政府職員と（過去ほどではないにしても）未だに環境問題を二義的問題と考える傾向にある民間部門の代表とに推奨措置を提示するだけに終わる可能性があり、効果面での制約がある。このような状況で、事実上中心におかれている会議とは別に、民間部門側の代表によって、比較的低い官職の職員を指定した副次委員会が開催されている。

現地の農家や村民等の主体を環境政策の策定と執行に関与させる様々な草の根レベルでの調整が、環境保全への取り組みを大きく拡大し、他の経済政策との統合を促進することが知られている（Sovacool, 2012; OECD, 2012a）。通常、こうした調整には、訓練等の支援を与える政府の専門家とNGOが共同する形で、現地の森林や農地等の資源の管理に対し現地ステークホルダーが参加することになる（その幾つかの例は次節参照）。現地ステークホルダーが依存している生態資源の詳細な現場情報についてはコミュニティの関与が求められるが、またこれを通して現地ステークホルダーは持続可能な資源活用に必要な知識と能力を高めることができる。こうした調整により現地主体の資源管理が改善され所得増大期待がもたらされることが多く、彼らの政府の政策に対する理解が深まることで受容面でも改善される。しかし、コミュニティの契約ベースでの調整が効果を発揮できるかは多くの要件――現地参加主体の選別と生態資源管理に対するモチベーションの最適化、よく訓練された政府訓練技術指導スタッフ、現地環境課題に不可欠なNGO等との調整――の関わる問題である。

ミャンマーの環境政策と初期段階の法枠組み及び制度

　近年のミャンマーでの経済開放では、他国が急速な工業化で直面した厳しい環境問題にやや先取り的に対応すべく、環境保全の推進と基幹的開発政策へのその統合に向けて制度を構築する機会が与えられた。環境と現地住民への影響を検討するために時間を確保する必要性もあって、新政府下で幾つか重要インフラ・プロジェクトが保留されたことを受けて、政府による持続可能な開発への関与に期待が高まった。しかし、なお制度構築への取り組みは十分ではなく、開発の離陸が予想される中、喫緊の課題として取り組まれなければ開発を支えられず、国民、内外企業、政策間で国内の資源利用を巡り競争が激化するといった深刻なリスクが考えられる。

　ミャンマーは森林、採鉱、野生及び自然動植物の保護、水資源及び河川の保全を含め、重要な環境分野及び政策に関する法律を備えており、1994年には総合的な国家環境政策法（NEPL）を採択している。また、ミャンマーは多くの環境保護を扱う国際会議にも参加し、持続可能な開発に向けた「アジェンダ21」戦略を採択している。

しかし、環境政策のための法律枠組みは更新されてはいるが、近年までの国家的な経済的統治重視姿勢と農業開発優先、天然資源の優先的利用を反映したものとなっている。NEPLを含め、法律においては大局的展望と基本的目標を中心として、それがどのように実現されるかについての具体的な記述は限られる（Sovacool, 2012）。法律対象分野には深刻な溝が存在し、例えば汚染問題は扱わなくとも、一部の重要分野あるいは環境影響評価（EIA）に関する環境基準は策定されている（BEWG, 2011）。

権限当局も環境保全及びその基本的開発目標への統合に合わせ、法律枠組みの近代化が必要であることは認識しており、過去5年間、これら目標に向けて多くの重要な段階を乗り越えてきた。2008年の新憲法では、政府は「……自然環境を保護、保全し……」、国家の立法府に対しその目的実現に向けて法律制定の権限を委譲するとし、統治機関は法律に則り司法府に対して環境法制定権限を委譲すると明記している。

新環境保全法（LEC）は、2011年に提案され2012年に制定されたが、これは環境政策効果向上に向けたより強固な法律基盤の確立とより基本的開発目標との調和において、極めて重要な段階にあることを示している（コラム2.8）。国際NGO等による指摘を踏まえ、当法律では最終段階で2011年草稿の改定を行っている。

コラム 2.8　新環境保全法（LEC）

　LECでは、NGO等、外部オブザーバーからの重要意見を取り入れ、2011年に起草した当初法案の重要な改定を行っている（Thein, 2012; BEWG, 2012）。LECの下、環境保全森林省（MOECAF、旧森林省）には、全環境分野に亘る政策の策定、公表、執行といった重要な責務が与えられている。その特殊的責任には、1）環境保全政策の執行と国家及び地方環境管理計画の開発、2）水、大気、固形廃棄物等環境分野での環境品質基準の策定、3）危険廃棄物の特殊化とその管理施設の開発促進がある。また、MOECAFは、環境影響評価（EIA）及び社会環境評価（すなわち、戦略的環境評価（SEA））を目的に、また都市での土地利用等環境

に影響する都市政策に対して勧告を行う他の関連政府機関に対して、汚染物質監視システムの開発、運用を行うとともに、環境に対する汚染者と環境サービスの受益者に対する料金徴収を目的とした「経済的インセンティブ」等の措置における政策策定と推奨をそのタスクとしている。

MOECAFは事業開始に当たり事前承認を必要とする産業活動を明示する（すなわち、環境規制等の遵守を確実にする）ことを任務とする。また、（ほとんどの場合）他の政府部門で環境破壊につながると思われる活動や政策には中止推奨権限も与えられている。

LECは、環境保全・促進に向けた総合戦略の開発とそれら政策の政府機関間での調整を目的に、国家環境保全委員会（NECC）（恐らくNCCEの後継機関となる）の設立を計画している。NCEEでは、（LECで特定する訳ではない）恐らく他の政府機関から「相応しいメンバー」として政府により指名された大臣が議長を務めることになるが、NCEEには環境破壊につながる政策を個別政府機関ごとに明らかにし、（ほとんどの場合）政府に対してそれら政策の中止を推奨する権限が与えられる。

新法では、環境分野全般が対象とされるが、環境保全森林省（MOECAF）に対し、環境基準の策定と汚染物質等、環境危険物質監視システムの開発といった環境保全政策の策定にまで拡大的に権限を与えている。同法は、従来の法律で重大な溝を生んでいた箇所の大半に対処するとともに、市場ベースでの環境措置の開発推進権限を認めており、EIAを活用するうえでの法基盤を与えている。また同法は、他の政府機関の政策と環境政策との調整及び統合も規定している（以下の議論を参照）。

概括すると、LECはミャンマーの環境政策の効果性改善のための優れた法基盤であり、基礎的枠組みを与えるものである。しかし、法枠組みを効果的なものとするには、他の環境に関する重要な法律の修正（もしくは置き換え）が必要となるとともに、幾つか新しく法律を制定する必要が出てくるものと思われる。特に、EIA及びSEAに関する法律がこれらの政策に関わるLEC条項の実現において求められるだろう。民間の産業部門に対する規制、汚染物質に対する課金及び制裁規定等の法律で特定されている多くの権限当局では、法律策

定を進めさらに規定を精緻化する方向にある。

環境政策等で制限される調整メカニズム

　ミャンマーの環境政策に携わる政府機関には、開発途上国で一般的な重点産業部門が反映されている。重点産業部門に携わる各省庁は、その担当分野に直接関連する特殊的環境政策を策定し執行する。例えば、畜産・漁業省は海洋・淡水漁業に責任を持ち、農業省が農業部門の環境課題に対処するのに対し、自動車交通担当省は自動車の排気ガス規制を扱っている。また特定課題に関する責任は、幾つかの政府機関間で共有されることになる。例えば、都市及び地方の水資源開発政策に関する責任は、灌漑省、地方の水資源利用部門、ヤンゴン及びマンダレーの都市開発委員会等、多数の政府機関の間で按分される（ADB, 2008）。

　他の大半の東南アジア諸国と違い、ミャンマーには経済全般に亘って環境政策を策定し他の政策との統合を調整する、専門の省庁、独立した高度機関は存在しない（ADB, 2008）。1994年に国家環境委員会（NCEA）が創設されているが、2005年からは森林省に間借りする形となり、同省が議長役を務める傍ら、環境保全機関として先導的役割を担っている。他の省庁、政府機関メンバーの代表から構成されるNCEAは（環境基準、天然資源採取基準、汚染物質管理基準を含む）総括的環境政策の策定に責任を持ち、環境要求と他の開発目標との均整の取れた環境政策を推進するための調整権限を持っている。また当委員会は、持続可能な開発に向けてミャンマー・アジェンダ21戦略の策定と実施に責任を持つ。

　相対的に政府機関における地位が低いことに加え、産業部門中心の省庁にあって環境政策策定に介入もしくは参加する直接的権限を持たないこと、また予算が極めて限られる中で技巧的にも職員的にも能力が制限されていることにより、特に調整におけるNCEAの役割遂行能力は厳しく制限されてきた（Habito and Antonio, 2007; Sovacool, 2012）。2005年まで外務省に間借りし議長を外務大臣が務めていたことからも推察されるように、NCEAは長い間、国内政策よりもむしろ国際ドナー・機関との関係を重視してきたようである。産業部門中心の省庁では、NCEAの重要かつ特殊的政策のための小委員会に、しばしば下位

職員が委員として参加しているが、NCEAへの参加に対する優先順位は低いことが多い。またNCEAの国家計画策定への貢献は限られ、国家計画経済開発省（MNPED）もミャンマー・アジェンダ21計画の策定にほとんど関与しておらず、NCEAのMNPEDとの調整も制限されてきた（Habito and Antonio, 2007）。

環境政策における責任は分権的に委譲されているが十分な調整はなく、優先面での対立や重複、溝が生じ、全体的効果が抑制されてきた。また分野によっては、複数目標に関わる主体が多くなり過ぎる状況にある。例えば、マングローブを管理、保護する森林省の権限は、エビの養殖規制に関わる水産局の権限と時折対立する（ADB, 2008）。また分野によっては、特に大気、水の品質基準等、他の重要課題に対する責任が明示されてこなかった。こうした中、産業課題と比べ環境保全は副次的扱いにしかなく、森林、農業、水資源分野での環境問題を悪化させてしまっている。

政府は、環境政策の調整及び統合面での改善に向けて、地方当局及び中央政府省庁の代表により構成される国家環境調整委員会（NCCE）を2004年に創設している[15]。また国家水資源対策委員会、国家土地浸食防止委員会等、特殊的環境分野での調整責任を担う国家委員会も別に幾つか設置されてはいるが、こうした調整機関間の責任分担は明確にされていない。

新LECが、環境政策の調整及び統合に関する公式的責任配分を根本から変えてしまうとは思えない。政府指名の大臣が議長を務める国家環境保全委員会（NECC）の設置を政府に要請する同法では、政府機関間での調整と併せ、国際機関、NGO、個人との調整推進が明確な目的とされる。NECCの総括的な役割は、LECに特定される諸目標に従い、環境保全活動を実施に移すことにある。NECCは環境課題に対し他の政府機関と協働し、他の政府機関の活動や政策が環境破壊となると考えられる場合には、原則としてこれを規制、禁止する権限を与えられている[16]。しかし、LECでは、NECCが他の省庁にコンプライアンスを遵守させる独自の権限を有するのか、あるいは政府に対し他の省庁への規制勧告を行うだけなのかは明確にされていない。

公式的にはNECCは（恐らくその前身と思われる）NECAに酷似した組織であり、その役割を主に勧告とするか、幾分強力なものとするかは保留状態にある。NECCの権限と併せ、環境保全及びその経済開発政策への統合が一層可

視化され優先的に扱われるならば、より効果的に調整機能を果たし得ると考えられる。先に指摘したように、こうした機関は、国家計画機関の副長官もしくは長官といった極めて高位の官職にある職員が議長を務める場合に、より効果的となる場合が多い。この点については、NECA同様、LECでNECC議長を環境保全森林省が務めることを特に指定しておらず、保留されている（Thein, 2012）。

一層の開発と利用拡大の求められる環境影響評価（EIA）、戦略的環境評価（SEA）等の措置

　開発政策の環境影響評価手段のない中で、インフラ・プロジェクト、経済特別区の開発等、開発政策の中期的な拡大がミャンマーの持続可能な開発目標実現の妨げとなる深刻なリスクが存在している。域内近隣諸国と異なり、現在のミャンマーの法律では重要プロジェクトでEIAは要求されず、またその利用における枠組み及び基準も存在しない。過去のEIA実施件数は少なく、また必ずしもベスト・プラクティスとなる国際基準に適合してもいない（BEWG, 2011）。

　特に、EIA改善に向けた技巧面、情報面等での能力開発にはある程度時間を要するため、現在、検討中のEIA課題は優先的に進める必要がある。効果的な執行手段と併せ、EIAを必要とする環境、そこに不可欠な要素、EIA過程への国民参加に対する準備を含め、国際基準に照らしてEIAを実施する際の手続き及び基準を明確にする必要がある。EIA過程は、SEAでのできるだけ早い段階での利用を考えて設計することが望ましい。ミャンマーは、これまで長年に亘りEIA及びSEAの改善に取り組んできた、他のGMS諸国での経験に学ぶことができる（Habito and Antonio, 2007）。

　現在、ミャンマーで利用されている環境政策措置では、直接管理が圧倒的に多い。森林、その他地域に対する規制は、多くが保安林等の保護地域で適用されている。ミャンマーでは多くの場合、森林伐採の制限や、耕地の保安林への転換を目的とする場合には専ら伐採を禁止することで、森林の保護が行われている。また、耕地の非保安林への転換の場合にも現地当局からの許可が必要となる。自動車による大気汚染及び固形廃棄物は、直接制限により規制されている。

多くの要素により環境政策措置の効果性は制約されてきた。執行スタッフは人数的にも、訓練的でも制限され、そうした制約の下で最適な組み合わせが模索されている（Sovacool, 2012）。先に指摘したように、農地の保安林への転換は進められているものの、丸太用材木の違法な伐採と鉱物資源の採取には目に余るものがあり、こうした違法活動からの潜在的経済利益は、違反に対する罰金を凌ぐ場合が多い（Sovacool, 2012）。

　効果的な森林保全にとって保護区はあまりに狭すぎるが、長い間、少なくとも最も有効な手段として活用されてきた。ごく最近まで、ミャンマーの保護区システム（PAS）下にある森林は全国土の約4％であった（図2.10）。これとは対照的に、タイでは2006年までに森林保護区の割合を25％にするという目標が採択されている。ミャンマーでPAS下にある森林の割合は2010～11年には5.6％と加速的に増大している。これは、10年以内に保護区域を5％～10％にするという国家野生生物保全局の長期目標における、単なる一時点での数値である（Sovacool, 2012）。保護区の拡大は、設定範囲内で中間値、上限値についてさらに検討が進められるものと思われる。

　現在、ミャンマーで適用されるMBIやこれに関連する経済的インセンティブはごく限られる。政府は可燃性天然ガス（CNG）自動車への乗り替えには優遇ローンを提供している（ADB, 2008）。また、まだ導入までには至っていないが、持続可能な森林管理基準に基づき、1990年代後半以降、森林認証システムの開発が進められている。

　工業化及び民間部門の開発は限られ、租税体系は開発初期段階にあり、市場機能のための制度が脆弱な中にあって、インセンティブ措置の利用が限られるというのは、ごく自然なことである。国家の開発が進めば、こうした措置の利用にも展望が拡がる。実際、新LECには汚染者はその活動からの環境汚染を負担し、環境資源からの受益者はその受益部分に対して負担を負うメカニズムの確立における権限も規定されている。

　現在の環境下でも経済インセンティブの活用促進が有効な分野は幾つかある。シンガポールやタイ等の多くの東南アジア諸国では、効率性の向上を狙って、企業に許可を与えて廃棄物回収責任を求める方向へと転換を進めている[17]。アジアの開発途上国では国家予算の多くを固形廃棄物の管理に充てている場合

第2章　安定的かつ持続可能な開発の実現

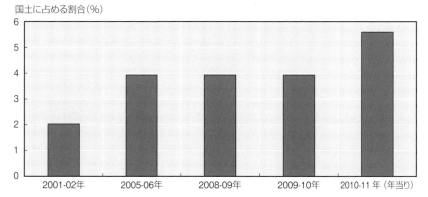

図2.10　小規模だが拡大方向にある森林保護区

出典：CSO (2012b), *Myanmar Forestry Statistics (2001-02 to 2010-11)*, Central Statistical Organization, Ministry of National Planning and Economic Development in collaboration with Ministry of Environment Conservation and Forestry, Nay Pyi Taw, Myanmar.

StatLink：http://dx.doi.org/10.1787/888932857520

が多く、その大半を収集費が占めるため、そうした効率性からの利益は、国家の財源を大きく潤す可能性がある（Asia Productivity Organization, 2007）。廃棄物の蓄積を制限し、リサイクル促進に向けて廃棄物処分料等のインセンティブの活用を拡大するとともに、民間主体への廃棄物回収に関する責任・権限の段階的委譲を進める方向で、ミャンマーでは二大都市圏での固形廃棄物管理協定の開発がかなり進んでいるようである。先に引用した他国の経験からも、ミャンマーでの森林保全と水資源生態系管理において、生態系サービス協定に基づく負担の仕組みは実現可能であり、利益となることが示唆される。

非政府主体参加メカニズムの強化

　現地のコミュニティ、NGO、企業といった非政府主体は、効果的に動員することによりミャンマーの持続可能な開発目標の実現機会を大幅に拡大する可能性があり、重要である。以下に議論するように、現地資源管理への現地コミュニティの参加により、既にミャンマーでは大きな効果が確認されている。NGOはこれまでも数多くのイニシアティブの下、環境対策、貧困削減での資源及び技術支援において重要な役割を果たしてきたが、将来においてその重要性に変

145

わりはないであろう。環境政策を効率的に設計し企業間競争に不要な負荷をかけないようにするためにも、企業部門との協業が不可欠であると考えられる。

　こうした非政府主体の効果的関与を確保するには、必要な制度資本及び社会関係資本の強化に政府による支援が必要となる場合が多い。環境面からの要求及び懸念に対し主体相互間の気づきを深めるうえで、政府職員と現地のNGO、企業、コミュニティ組織からの代表者を一堂に集めるNCSDの創設が有効であると思われる。現地コミュニティ集団が環境課題を扱う政策担当官に支持及び忠告を与える法律上の権利を尊重し、当集団への権限委譲を進めていく必要がある。

　ミャンマー経済では、地方部門が森林、土地、水資源に対して支配的であるとともに依存的な状況にあるが、環境保全への現地コミュニティの参加拡大が重要である。ミャンマーにおけるコミュニティ参加における多くの経験からは、その恩恵は極めて大きいことが示唆される。その良い一例として挙げられるのは、乱獲と海洋汚染により海洋哺乳動物ジュゴンが危機にさらされている問題で、沿岸部の村落を持続可能な捕獲に関与させる、生態系要求に合わせた訓練プログラムがある（Sovacool, 2012）。このプログラムは、ジュゴンの持続可能な捕獲の必要性とその手段に対し村落側の気づきを大きく高めることに成功しており、他のアジア諸国と比べジュゴンの生存期待を大きく改善するのに役立っている。

　ミャンマーでのコミュニティ森林教育では、コミュニティ森林資源共同管理プログラムを通して、幾つかの解決の必要な課題と併せ、潜在的な便益が示されている。1995年に始められた同プログラムは、政府の森林管理・保全への取り組みにおいて重要な位置を占める（ADB, 2008）。コミュニティ森林教育下では、現地集団は森林再生等の保全活動を進めながら現地の指定森林区域での薪等、林産物に対する基本要件に照らし、現地当局及びNGOとの協働で森林利用者集団（FUG）を結成することができる。

　当プログラムを通して、コミュニティへの参加は森林破壊を緩和し森林管理を改善することが明らかにされた（Sovacool, 2012）。政府は2030年までに当プログラムを通して森林資源を150エーカーとする目標をおいているが、2010年時点でのコミュニティ森林資源は約10万エーカーでしかなく、目標には遠

く及ばない状況にある。実際、コミュニティ森林資源（CF）区域の2001年以降の拡張率は低く、緩慢な変化しかみせていない（Tint, Springate-Baginski and Ko Ko Gyi, 2011）。

コミュニティ森林資源の緩慢な成長には、コミュニティが環境を保全しつつ潜在的な阻害要因や落とし穴に効果的に対応するうえでの条件が関連している。現地の森林資源を巡り、現地コミュニティと、利用に関心を示す企業等海外主体との競合関係の強まりが観察されてきた。産業部門を中心に考える政府各省庁は、後者を優遇する傾向にあり、これがCF申請承認率の上昇を抑制してきたと考えられる。また現地コミュニティに森林に対する法的所有権が認められない中、海外主体との利用を巡る競争が、現地住民に直接的利益が認められない場合でもFUG設立のインセンティブとなっていたように思われる。このような状況は、例えば、生存要求からCF外の森林破壊等の環境破壊行動への誘因を生み、想定外の問題を生む可能性がある。また、権限を持った影響力のある集団にCFにおける財産権を譲渡する傾向にあり、プログラムの効果が低下する場合もあるが、これは森林地域に密接した貧しく影響力を持たない現地集団に譲渡する場合程には、問題とならないと思われる。

第4節　民間イニシアティブ促進環境基盤

企業家精神及び民間側イニシアティブを後押しする適正な制度枠組みが与えられれば、民間部門はミャンマーの経済発展を主導する推進力となり得る。技術の獲得には、海外直接投資が求められるが、その一方で、工業化を進めるためには国内民間資本のイニシアティブも同様に重要となる。企業は技術を開発し雇用を生み所得を創出する一方で、財及びサービスを通して社会に対して付加価値を生み供給する。ミャンマーは、天然資源が豊かで、低賃金の労働力が豊富に存在するが[18]、中央計画経済と官僚制の弊害、多くの先進国による経済制裁によって、その潜在能力を十分に顕在化させるだけの管理に欠けている（UNESCAP, 1996; ADB, 2012b）。

これまでにミャンマーを対象に行われた事業調査（Kudo, 2002 and 2005;

JETRO, 2009 and 2012; Oo, 2013）からは、資本及び信用の利用、限られた貿易円滑性及び高い通関関連費用、煩わしい事業及び貿易免許及び許可、電力不足、脆弱な通信システム及び非効率な運輸システムといった一般的な問題を含め相当な事業阻害要因が明らかにされている。またこれら以外にも、スペア・パーツ及び原材料の不足、先進技術の利用水準の低さ、機械設備の不足、外貨不足といった問題が明らかにされている。世界銀行のロジスティクス・パフォーマンス指数（World Bank, 2012）によると、ミャンマーはロジスティクスの効率性の点では155か国中129位に位置づけられる（図2.11）。また同様に、トランスペアレンシー・インターナショナルの汚職認識指数（Transparency International, 2012）では、176か国中172位と最下位に近く、ASEAN諸国の中では最下位となっている[19]。

　初期段階にある企業部門、その発展を妨げる多くの阻害要因は、少なくともある程度はミャンマーの過去の経済体制によって説明できる。ミャンマーは、1948年の連合王国からの独立以来、社会主義経済モデルに従ってきた。1962年に政府は全国の主要企業を国有化し、農地を収用している。市場は破壊され、多くのコモディティ価格、製品価格は政府により固定され、コモディティ製品の配置、流通に対する政府による直接統制は拡張された（UNESCAP, 1996）。しかし、1987年にこうした動きは逆転し始めた。政府はリージョナル及びグローバル経済への統合を進め、FDIを誘致するために、市場を再開放し、民間企業の役割を拡張するとともに、国家の介入を控える方向へと向かった（UNESCAP, 1996）。1990年代半ば以降には政府はまた国有企業改革に向けて企業化、民営化戦略を採択している（Than, 2007）。この期間、特にFDI法（1988）、国有経済企業法（1989）、民間工業企業法（1990）、家内工業促進法（1991）、協同組合法（1992）、ホテル観光法（1993）、ミャンマー国民投資法（1994）等多くの企業法が改革促進を目的に導入されている。また、こうした広範な取り組みとは対照的に、ミャンマー会社法（1914）及び同関連会社規則（1940）・会社規制（1957）は、当初の形態を留めたまま、企業の基本的法規制枠組みとなっている。

図2.11 近隣国に後れを取るロジスティクス実績[1]
2012年

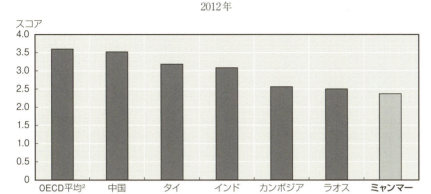

1. 当指数は、通関手続き（すなわち、公式手続きの迅速性、簡便性、予想可能性）；貿易・輸送関連インフラ（例えば、港湾、鉄道、道路、情報技術）；国際海上輸送運賃；ロジスティクス・サービス業者（例えば、輸送業者、通関業者）；貨物の追跡；タイムリー性の6基準に基づき算出されている。
2. イスラエルのデータは含まれない。
出典：World Bank (2012), *Logistics Performance Index: Connecting to Compete 2012*, http://lpisurvey.worldbank.org/domestic/performance（2013年4月27日）。

StatLink：http://dx.doi.org/10.1787/888932857539

小規模・非公式企業に支配される企業部門

民間企業に関する包括的で一貫性を持ったデータはミャンマーではすぐには入手できない状況にある。国家計画経済開発省は、国内での投資及び企業登記の専門部門として活動してきたが、そこで扱っている統計は、主にミャンマー会社法（1914）及びミャンマー国民投資法（1994）の下で登記される企業に限られている。同省はまた、外国直接投資法（1988; 2012）の下で登記される外国企業に関する情報も扱っている（DICA, 2013a）。

2013年1月に大統領府によって公表されたデータからは、ミャンマーで登記された企業は、約127,000社、内99.4％が中小企業（SME）であることが分かる（表2.1）。SMEの全企業数に占める割合は、国際的な基調と同じであるが（UNESCAP, 2012a）、政府の公表しているSMEの定義は期待の域を出ていない（ミャンマーはまだ産業部門全般に亘る、正式なSMEの定義が必要とされる状況にある点には留意を要する）[20]。大統領の公表によると、ミャンマー企業の83％を占める62万社を超える企業が非公式部門に属し、その大半が家族

表2.1 大半を占める小規模／非公式企業

	企業数	割合（%）
公式部門		
大企業	721	0.6%
中小企業	126 237	99.4%
総計	126 958	100.0%
非公式部門	620 000	企業全体の83%

出典：Nay Pyi Taw News (2013), U Thein Sein delivers an address at Small and Medium Enterprises Development Central Committee meeting at Presidential Palace, 14 January 2013.

経営及び自営業者であるとされている（Nay Pyi Taw News, 2013）。

　ミャンマーの中小企業は、1,000人に対し2.6社の割合で存在すると推計されている[21]。この数値は、EU諸国やタイと比較するとかなり低いが、ベトナムに対しては僅かに低い程度である（図2.12）。この相対的にSMEの数が少なく、非公式部門が大規模な理由には様々なものが考えられるが、1）企業家精神に基づく文化の脆弱性、2）公式部門への参入に対するインセンティブの欠如、3）中央計画経済体制の名残り、4）市場での国有企業の役割の重要性、といった理由を挙げることができる。

　ミャンマーでの企業部門構造は、情報不足に起因して、更なる検討は困難な状況にある。非公式部門で活動する極小規模あるいは小規模企業の数は多いが、これが一つの理由となって、データからは大半の企業が把握できないできた。ミャンマーの非公式経済に関する雇用状況や産出額については信頼性の高いデータがほぼ入手可能である一方で、それは小規模家族経営から大規模企業までを擁する大規模かつ多様な部門を形成している。高貧困率、租税や規制、財産権保護の面での制度的障壁といった問題を抱える国では非公式労働が重要な場合が多いが、これらはいずれもミャンマーにおいても深刻な問題である。小規模非公式企業は投資水準も生産性も低いのが普通であるが、大規模非公式企業は租税及び規制を回避するため政府歳入にかなりの損失をもたらしている可能性があり、公式企業との競争でも不公正な状況にあると思われる。したがって、労働力等資産の公式部門への移行は、ミャンマーの開発で重要部分を成すと考えられる。

　基本的に、ミャンマーの企業部門のおかれている状況を描写する際の問題は、同国の断片化した制度構造と併せ、その規制・政策枠組みに起因している。ミ

第2章　安定的かつ持続可能な開発の実現

図2.12　中小企業（SME）密度の低いミャンマー
1,000人当たり中小企業（SME）数

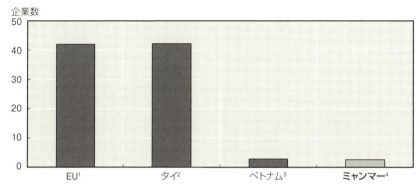

1. EUについてはギリシャとマルタのデータは入手できず含まれない。2010年のデータに基づき、雇用者数249名以下の、採鉱業・採石業；製造業；電気・ガス・蒸気・空気調節供給；上水、下水、廃棄物管理、環境修復活動；建設業；卸売業、小売業、自動車・バイク修理；運輸業、保管業部門の企業が対象とされている。
2. タイについては2010年のデータに基づき、雇用者数200名以下の企業が対象とされている。
3. ベトナムについては2009年のデータに基づき、雇用者数300名以下の企業が対象とされている。
4. ミャンマーについては表2.1で扱ったデータに基づく。

出典：Eurostat (2013), *Eurostat small and medium-sized enterprises (SMEs)* (database), European Commission, http://epp.eurostat.ec.europa.eu/portal/page/portal/european_business/special_sbs_topics/small_medium_sized_enterprises_SMEs (2013年3月13日); Office of Small and Medium Enterprises Promotion (2012), *Report on SMEs situation* (in Thai), Office of Small and Medium Enterprises Promotion, Thailand, www.sme.go.th/Pages/whitePaper/art_17.aspx; Ministry of Planning and Investment (2011), *White paper on small and medium sized enterprises in Viet Nam 2011*, Ministry of Planning and Investment, Viet Nam, www.economica.vn/Publications/tabid/113/topic/T18H16161015108716/Default; Nay Pyi Taw News (2013), "U Thein Sein delivers an address at Small and Medium Enterprises Development Central Committee meeting at Presidential Palace", 14 January 2013に基づく著者による計算値。

StatLink：http://dx.doi.org/10.1787/888932857558

ャンマーには、企業部門を規制する省庁は数多く横並び的に存在するが、その間の調整は不十分である。

ミャンマーでは、企業組織を多様な形態に分類しており、この分類は次の基準に基づく。1) 所有及び国籍（例えば、国有、法人所有、外国人所有、合弁事業）、2) 産業及び当産業（ホテル・観光業等）での事業規制／許可を扱う個別省庁、3) 多様な企業を統治する法規制（例えば民間工業企業法（1990）下で活動する製造業企業）、4) 企業の規模（例えば、協同組合省下にある「家内工業」）。入手可能な最善のデータに基づくミャンマーの企業部門構造の詳細は、表2.2の通りである。情報が不完全なため、表2.1に示した総数よりも少なく、把握できている企業は106,000社のみとなっている。しかし、そうした事情

表2.2 [1/2] 細分化されている企業部門規制

事業組織形態	組織数	%	概要	登録局	認可局	法枠組み
国有企業	639	0.6%	工業部門の企業のみ：軽工業から重工業までの多様な製造業企業¹。	工業省等の省庁を含む；様々な政府機関	工業省等の省庁を含む；様々な政府機関	国有経済企業法 (1989)
ミャンマー企業	30 135	28.5%	ミャンマー国民により所有もしくは管理される企業；製造業企業との重複が考えられる。	国家計画経済開発省	国家計画経済開発省等関連省庁：地方権限当局	ミャンマー会社法 (1914) (及び会社規則 [1940]：会社規制 [1957]：ミャンマー国民投資法 (1994)：ミャンマー国民店舗及び商業施設法 (1951)
外国企業	1 686	1.6%	外国人投資家による完全所有もしくは合弁形態で管理される企業か外国企業の支店；製造業企業との重複が考えられる²。	国家計画経済開発省	国家計画経済開発省等関連省庁：地方権限当局	ミャンマー会社法 (1914) (及び会社規則 [1940]：会社規制 [1957]：特別会社法 (1950)：外国投資法 (2012)
パートナーシップ形態²	1 072	1.0%	パートナーは20以下とする；登記は義務づけられない。	国家計画経済開発省	国家計画経済開発省等関連省庁：地方権限当局	パートナーシップ法 (1932)
国有企業とミャンマー企業との合弁事業	54	0.1%	特別会社法 (1950) 下での国有企業との合併企業：法人登記は免除される；製造業企業との重複が考えられる²。	国家計画経済開発省	国家計画経済開発省等関連省庁：地方権限当局	ミャンマー会社法 (1914) (及び会社規則 [1940]：会社規制 [1957]：特別会社法 (1950)：ミャンマー国民投資法 (1994)
国有企業と外国企業との合弁事業	17	0.0%	特別会社法 (1950) 下での国有企業との合併企業：法人登記は免除される；製造業企業との重複が考えられる²。	国家計画経済開発省	国家計画経済開発省等関連省庁：地方権限当局	ミャンマー会社法 (1914) (及び会社規則 [1940]：会社規制 [1957]：特別会社法 (1950)：外国投資法 (1994)
ミャンマー企業と外国企業との合弁事業	92	0.1%	製造業企業との重複が考えられる²。	国家計画経済開発省	国家計画経済開発省等関連省庁：地方権限当局	ミャンマー会社法 (1914) (及び会社規則 [1940]：会社規制 [1957]：外国投資法 (2012)
ビジネス・アソシエーション	57	0.1%	民間であるが非営利組織。	国家計画経済開発省	商業省：地方権限当局	ミャンマー会社法 (1914) (及び会社規則 [1940]：会社規制 [1957]：組織形成関連法－NGO法 (1988)

第2章　安定的かつ持続可能な開発の実現

表2.2 [2/2]　細分化されている企業部門規制

事業組織形態	組織数	%	概要	登録局	認可局	法枠組み
大規模製造業企業	4 808	4.6%	自動車、電気機器、消費財、その他	工業省	工業省：地方権限当局	ビルマ会社法（1914）；民間工業企業法（1990）；特別会社法（1950）；ワークショップ法（1951）
中規模製造業企業	7 287	6.9%	工具及び工業計器、消費財、原料、出版、その他、建設資材	工業省	工業省：地方権限当局	ミャンマー会社法（1914）；民間工業企業法（1990）；特別会社法（1950）[3]；ワークショップ法（1951）
小規模製造業企業	31 137	29.5%	食料・飲料、金属・鉱物、衣類・アパレル、農業機械、その他	工業省	工業省：地方権限当局	ミャンマー会社法（1914）；民間工業企業法（1990）[3]；特別会社法（1950）；ワークショップ法（1951）
零細企業	13 309	12.6%	食料・飲料、衣類・アパレル、建設資材、家庭用品等様々な産業部門での小規模な製造、サービス活動	協同組合省	協同組合省：地方権限当局	家内工業促進法（1991）；家内工業促進法修正法（2011）[4]
第一次産業部門の協同組合	5 985	5.7%	農業、漁業、畜産業、林業	協同組合省	協同組合省：地方権限当局	協同組合法（1992）
工業及びサービス業部門の協同組合	3 596	3.4%	製造業、貿易業、卸売業、小売業、輸送業、金融業、保健医療業、ホテル業	協同組合省	協同組合省：地方権限当局	協同組合法（1992）
ホテル・観光業企業	5 790	5.5%	ホテル業、旅行代理店、輸送サービス、ツアーガイド	国家計画経済開発省及びホテル・観光省	ホテル・観光省：地方権限当局	ミャンマー会社法（1914）；ホテル・観光法（1993）
総計[5]	105 664	100.0%				

1. さらに、農業、鉱業、エネルギー、輸送業、貿易業、建設業、郵便業、通信業等、非製造業部門の国有企業も数多く存在している。
2. 国家計画経済開発省にはミャンマー会社法（1914）の下で登録されたことがない企業が国際貿易に従事するには、商業者のいずれかもしくは両者として登録する必要がある。非製造業外国企業が国際貿易に直接携わることは許されていない（輸出入等及び輸入等管理（改定）法（1947）；輸出入法（2012））を参照。2011年時点で、1221社が国際貿易業者として登録されている。
3. この法律は、原料、技術に関連した工業化が全国されるが、市場経済では主に民間部門企業の責任とは法となる。公共サービス、土地、金融サービス、工業部門に不可欠な投入財の製造業企業の利用促進を目的としており、恐らく租税の控除及び減免といった例外措置を活用し、政府による監督も含めたこの二つの法律は、特に技術は国で行われる規定である。
4. 零細企業に関連するこの法律のうち、特に技術は国で行われる。大統領府による公務をかなり下回っている。後者では、620,000社近くが未だ登録の状況にあるとしながらも、ミャンマーには2013年1月現在で126,958社の民間企業が存在するとしている（Nay Pyi Taw News, 2013）。
5. この表に示される企業総数は、大統領府による公務をかなり下回っている。後者では、620,000社近くが未だ登録の状況にあるとしながらも、ミャンマーには2013年1月現在で126,958社の民間企業が存在するとしている（Nay Pyi Taw News, 2013）。

出典：CSO (Central Statistical Organization) (2013), *Myanmar Data: CD-ROM 2011-12*, Central Statistical Organization, Ministry of National Planning and Economic Development, Nay Pyi Taw, Myanmar; DICA (Directorate of Investment and Company Administration) (2013a), *Data on Foreign Investment, Local Investment and Company Registration*, Directorate of Investment and Company Administration, Ministry of National Planning and Economic Development, Nay Pyi Taw, Myanmar, www.mnped.gov.mm; Central Department of SMEs Development Centre (2013), a presentation made by the Ministry of Industry on 16 January 2013; Small Scale Industries Department (2012), "Business opportunities in Myanmar, a presentation of the Ministry of Cooperatives, 17 December 2012.

はあっても、ミャンマー企業について得られたデータとして、1) 国有企業[22]、2) ミャンマー企業、3) 外国企業、4) パートナーシップ形態、5) 合弁事業、6) ビジネス・アソシエーション、7) 規模別（すなわち、大／中／小企業）に分類した製造業企業、8) 零細事業、9) 協同組合、10) ツアーガイドを含むホテル・観光事業を挙げることができる。

未だ重要性を留める国有企業

国有企業（SOE）は過去数十年間、ミャンマー経済で重要な役割を果たしてきた。様々な分野で活動する軍事企業がミャンマーでは重要である（コラム2.9）。1980年代末以降、市場主導の改革措置が実施されたが、それでもなお、SOEは農業、林業、採鉱業、エネルギー、重・軽工業、建設業、通信業といった多くの事業分野を支配している（Than, 2007）。SOEの全体における比重は、1990年代前半以降、着実かつ漸次的に縮小しているが、2004～10年のGDP平均の8.7％を占め、政府歳入の半分及び輸出の40％を超えている（表2.3）。IMF（2012b）では、天然ガスが政府部門の輸出額の50％を超えると試算している[23]。

現在、民間部門の参入に多くの産業分野で規制は存在しないが[24]、しかしなお、SOEがGDPでの重要な貢献役であることに変わりはなく、民間企業と競合する場合が多い。SOEは、資金調達面でも優遇される場合が多く、これが民間投資機会を制限することが考えられる。一般にSOEは、民間企業と比べ、費用構造的に安価で、より良いサービスを享受していると言えるが（例えば、土地の配分面での優遇、公共サービス価格の割引、安定した電力供給、国家開発銀行によるソフトローンと迅速な許認可）、SOEの大半が赤字であり（表2.3）、またそこには国有の銀行、金融機関が含まれている。この赤字構造が明確に示していることは、多くのSOEで経営改革、能力構築、法人化戦略の採用と併せ、恐らくリストラをも含めた改革が求められているということである。

現在の政府は、（法人化、時に民営化をも含め）SOE改革の必要性を重く受け止めてきた。例えば、工業省は、2012年にはその監督下の工業部門SOE数を142社から49社にまで削減し、また、2014年までにこの数を戦略的に重要な4社にまでさらに削減する計画を持っている[25]。政府は下請け関係に加え、

表2.3　国有企業の重要性低下
（100万チャット）

	1990～91年	1995～96年	2000～01年	2004～05年	2005～06年	2006～07年	2007～08年	2008～09年	2009～10年	2004～10年平均
収入	32 042	88 183	284 396	677 938	1 120 886	1 675 585	2 268 592	2 483 607	2 544 762	1 795 228
支出	3 636	101 854	412 711	926 443	1 346 100	2 008 645	2 702 130	2 988 346	3 082 022	2 175 614
赤字	-4 320	-13 671	-128 315	-248 506	-225 214	-333 060	-433 538	-504 739	-537 259	-380 386
GDP寄与度	21.1%	14.6%	11.1%	7.5%	9.1%	9.9%	9.7%	8.5%	7.5%	8.7%
政府歳入寄与度	65.7%	68.6%	67.9%	53.5%	57.6%	56.4%	56.6%	53.6%	54.0%	55.3%
政府輸出に占める割合	n.a.	n.a.	n.a.	43.3%	45.1%	39.6%	36.9%	36.5%	42.5%	40.7%

注：国有企業には国有銀行等、国有金融機関が含まれる。
出典：CSO（Central Statistical Organization）（2013）, *Myanmar Data: CD-ROM 2011-12*, Central Statistical Organization, Ministry of National Planning and Economic Development, Nay Pyi Taw, Myanmar; IMF（2012b）, *Myanmar 2011 Article IV Consultation*, International Monetary Fund, www.imf.org/external/pubs/ft/scr/2012/cr12104.pdf; Interconsulting（2013）, *Myanmar Business Opportunities*, www.interconsulting.com.sg/myanmar-business-opportunities.htmに基づく著者による計算値。

合弁事業、パートナーシップ形態を通して、SOEと密接な関係を持った民間企業の設立を促進してきたが、これらの事業形態による活動は、特別企業法（1950）及びパートナーシップ法（1932）の下で行われる。こうした合弁事業やパートナーシップ形態を通して、民間企業の市場参入及び資金調達が可能となる一方で、SOEは民間企業の持つ先進の経営管理スキル及び技術を手に入れることができる。

国有企業のプレゼンスによって、市場での民間企業の活動が阻害されたり競争が歪曲化されたりする等、非効率性がもたらされ、成長、発展が制約されない状況を確保することが重要である。そこでの課題は、「競争中立性」の実現であり、国有企業と民間企業が対等な立場で競争できる環境を創出することである。これには、政府によるSOEに最適な企業形態の選択、商業的収益率の実現、公共サービス面でのアカウンタビリティの実現、債務中立性の改善、政府調達の開放と透明化等の課題に対処することが求められる（OECD, 2012b）。

競争的活動が一般政府から独立したアームズ・レングス取引下で活動する主体によって行われ、配慮に欠けた政治的介入から保護されるならば、中立性の追求は容易である。また、SOEは過度な競争優位にも競争劣位にもおかれるべきではない。例えば、政府系企業は、民間企業と同様に税を負担し、同一の規制環境の下で活動すべきであり、同様の環境では民間企業と同じ利子率の下

で債務を負うことが期待されている。さらに、政府調達慣行も競争的で無差別なものとすべきである。

コラム 2.9　多様な部門に及ぶ軍事企業活動

　国有企業、ミャンマー企業、外国企業、パートナーシップ形態、合弁事業、協同組合と併せ、ミャンマーにはもう一つ、軍事企業という重要な事業形態がある（Araki, 2012）。軍事企業は1950年代の市民戦争を起源とし、防衛省による管理及び軍事的リーダーシップの下、主に軍事活動を対象に必要な財、サービスの供給を行っていたが、その現代的な例として、ミャンマー経済持株会社連合会（UMEH）、ミャンマー経済企業（MEC）を挙げることができる。

　UMEHは、1990年代の市場改革時に設立された市場志向型の軍事法人であり、ガバナンスにおける法人化慣行に則り設計されている。今日、UMEHは、現行為替レート下で登録資本金14億米ドルのミャンマー最大のコングロマリットで、宝石及びチーク製品、ゴム製品、水産品、食品及び飲料、縫製・衣料、建設、鉄・塗料・セメント等の産業資材、電気機器といった多様な事業ポートフォリオを管理している。また、UMEHは、貿易、銀行業、ホテル業、小売業、運輸業、不動産業、通信業といったサービス活動に従事するとともに、現地投資家との間に多数の合弁事業を手掛け、（インドネシア、韓国、シンガポール等）アジア諸国の海外パートナーとの間に50社近い合弁会社を設立している。

　MECは1997年に設立されているが、これも宝石及び鉱物の探査・採掘業、木工業、鉄鋼業、建設業、商社活動、農産物取扱業、ホテル・観光業、石油及び天然ガス採取・販売業、通信業と幅広い事業活動に携わっている。

　軍事企業に関する統計は、国家計画経済開発省中央統計機関による国家統計としては入手できない。また他の資料も全く公開されていない。したがって、軍事企業については、全く不透明な状態にある。さらに、軍事企業と内外企業との合弁事業を監督する経済関連省庁は存在しないように思われる。パートナーシップ法（1932）及び特別会社法（1950）の下では、こうしたパートナーシップ形態や合弁事業は、ライン組織の軍事部門に対する登記が免除されている。しかし、財務歳入省内国歳入局は、2013年1月より軍事企業からの所得税の徴収を開始し

ており、将来的に軍事企業に関するより多くの情報が広く入手できるようになることが期待される。

急がれる強力な事業法規制枠組みの確立

　ミャンマーでは、事業に関する法・規制枠組み及び制度構造は分化された状態にある。国家計画経済開発省は、公式的、集権的な企業登記所を持つが、全企業の設立を対象とした登記や許可のための効果的、集権的な管理システムは存在しない。同省は、企業の登記、管理を専門に扱う部局として指定されてはいるが、まだ企業社会の全体的統計を取得するまでには至っていない[26]。多くの直系の省庁は産業分野の監督とともに、個別企業の登記及び許可にも携わる。例えば、工業省は全国の民間製造業企業を監督する一方で、多くの国有製造業企業の直接管理も行っている。国家計画経済開発省を通して登記を行う[27]輸出入業者に対する許可は商業省が与えることになる[28]。協同組合省の監督下にある数多くの主体は、様々な事業分野（例えば農業、食料及び飲料業、軽工業、商社活動）に従事するが、ホテル観光省ではホテル・観光事業の管理を行っている（CSO, 2013）。他の経済関連省庁は、それぞれ独自の事業登記・許可スキームを持ち、延いてはその統制対象企業に関する統計も備えていると思われるが、現段階で、分析に利用できる関連情報は入手できない。

　このように制度枠組みが分化する中、諸産業及び部門（例えば、SME、産業開発、経済特別区等々）に亘る様々な課題の調整を目的として、様々な政府規模の委員会が設置されてきた。また、国有企業が国内もしくは海外の投資家とパートナーシップや合弁事業を展開する際、法人登記に書類提出が必要とされないことが一因となって、政府設立企業の透明な管理と金融を損なわせてしまう可能性も特筆すべき課題として指摘できよう。

　ミャンマーの直系組織にある省庁間には、企業に対して共通の定義も存在しない。ミャンマー会社法（1914）は、英国政府を通してインドから植民地ビルマに移入されたものだが、同関連会社規則（1940）及び会社規制（1957）も併せ、企業、産業、及び企業規模に対し、明確な定義は与えられていない。民間

表2.4 [1/2] 企業の法規制枠組みに必要な改善

項目	内容及び機能	ミャンマーにおける関連法規	ミャンマーの法規制枠組み上の課題
法人登記	次の三核機能からなる。a) 法人の監督と特有性の保持を目的とした企業名の管理；b) 商業登記の維持；c) 相税当局への登録。	ミャンマー会社法 (1914) ; 会社規則 (1957) ; 店舗及び商業施設法 (1951) ; ワークショップ法 (1951)	インセンティブの弱さ及び欠如
事業免許	事業開始に当たり直系の省庁からの事業免許取得が潜在的な障害。	産業部門関連法（すなわち、ホテル・観光法 (1993)）	取得の集中化と単純化（例えば、ワンストップ事業サービスセンターの設置）
労働規制	労働者保護のための望ましい労働規制として、雇用、労使関係、社会保障法、労働市場規制が備えられるべきである。	雇用及び訓練法 (1950) ; 雇用制限法 (1959) ; 雇用統計 (1948) ; 工場法 (1951) ; 労働組合法 (2011) ; 休暇及び休日法 (1951) ; 最低賃金法 (1949) ; 油田労働及び福利厚生法 (1951) ; 賃金支払法 (1936) ; 社会福祉法 (1954) ; 店舗及び商業施設法 (1951) ; 労働争議法 (1929) ; 労働者災害補償法 (1923)	十分ではあるが、法規制の細部における整合性と効果性、及びそれらの執行面に関する検証が必要である。
財産登記	明確な定義に基づく財産登記システムでは、取引コストを低減させるとともに、民間の銀行部門による融資の利用を改善することですべての企業を利することができるように財産権の保障を全うに改善する。	不動産譲渡制限法 (1987)	極めて脆弱（また外国企業に対しては禁止）。
信用規制	政府は債権者を保護し、損失補塡のための規制を明確にすることで円滑な融資を実現しなくてはならない。	ミャンマー会社法 (1914) ; 会社規則 (1940) ; 会社規則 (1957) ; 店舗及び商業施設法 (1951) ; ワークショップ法 (1957)	改善が必要
コーポレート・ガバナンス	コーポレート・ガバナンスにおけるグッド・プラクティスを推進するうえで、企業の統制、管理体を目的とした政策とアカウンタビリティ及び透明性向上のためのコーポレート・ガバナンス・コードが重要なツールとなる。これが倫理管理の企業行動に繋がる。延いては腐敗防止につながる。	ミャンマー会社法 (1914) ; 会社規則 (1940) ; 会社規則 (1957) ; 店舗及び商業施設法 (1951) ; ワークショップ法 (2011)	脆弱
租税	複雑な租税管理と税務スケジュール上の矛盾が非公式部門の事業活動を生じさせる。タックスコンプライアンス・コストは業減的な場合が多く、小企業側の負担が大きい。	所得税法 (1974) ; 商業税法 (1990) ; ミャンマー印紙税法 (1899) ; 訴訟費用法 (1980) ; ミャンマー国民投資法 (1994) ; FDI法 (2012) ; 民間工業投資法 (1990) ; 内工業促進法 (1991) ; 民間工業促進法修正法 (2011) ; SEZ法 (2011) ; ダウェーSEZ法 (2011)	様々な投資・開発法下での租税インセンティブ間の折り合い（すなわち、FDI法 (2012)とミャンマー国民投資法 (1994)、所得税法 (1974)とSEZ法との間で一貫性が欠如）。財務機関の税務手続の設置。
貿易円滑化措置	貿易円滑化はミャンマーが地域・世界市場に参画するうえで重要である。こうした統合は書類要件に合った通関手続の簡素化により実現できると考えられる。	ミャンマー関税率表 (2012) ; SEZ法 (2011) ; 他の関連法	ミャンマー関税法、SEZ法 (2011)、通関・徴税手続

158

表2.4 [2/2] 企業の法規制枠組みに必要な改善

項目	内容及び機能	ミャンマーにおける関連法規制	ミャンマーの法規制枠組み上の課題
契約執行	契約執行措置には簡素化された商業紛争解決手続きと、透明事例管理及び司法情報システムの確立の方が含まれる。	ミャンマー会社法 (1914)：会社規則 (1940)：会社規則 (1957)：店舗及び商業施設法 (1951)：ワークショップ法 (1951)	脆弱性
代替的紛争解決策	効果的な調停・仲裁により商業紛争解決が容易になり、時間と費用を節約できる。これが正式な司法システムに代替するべきではないが、調停システムの導入により、一般に資源と知識に欠けるSMEに、より効率的なシステムとして一手段を提供できる。	労働会議法 (1929)：仲裁法 (1944)：ミャンマー会社法 (1914)：会社規則 (1940)：会社規則 (1957)：店舗及び商業施設法 (1951)：ワークショップ法 (1951)：輸出入規則・規制：ミャンマー国民投資法 (1994)：FDI法 (2012)：民間工業法 (1990)：家内工業促進法 (1991) 及び家内工業促進法修正法 (2011)：SEZ法 (2011) 及びクエーSEZ法 (2011)	ミャンマーには該当機関が存在しない。
破産法もしくは退出法	明確で執行力のある破産法、退出法の存在は十分な透明性の下で公正かつ効率的な企業の解散を確保するうえで重要である。これにより企業家の活動のリスクが減じられる。当該制度では事前に破産の法的定義を明確化する手続きを規定しなくてはならない。	ミャンマー会社法 (1914) 及び会社規則 (1940)：会社規則 (1957)：店舗及び商業施設法 (1951)：ワークショップ法 (1951)	ミャンマー会社法 (1914) の下位条項の一部に破産法の条項を満たすものがあるが、ミャンマーには該当機関は特に存在していない。
競争政策	競争法により、最終的には品質、価格、サービスの改善を通じてだとなる公正な競争文化の醸成につながる。競争法では、不当な価格引き上げを制限すべく価格慣行を監視することと併せ、市場の効率性を維持、改善することを目的に、規制枠組みを規定すべきである。	なし	ミャンマーには該当機関が存在しない：独占禁止法及びこれを管理する政府機関が必要。
腐敗防止法	適切な法規制枠組みにより、企業による規則遵守の最大化と透明性の向上、不確実性の最小化を通じて、自由裁量権の濫用を縮小化することができる。	なし	法規制枠組みが必要。

出典：UNESCAP (2012a), *Policy Guidebook for SME Development in Asia and the Pacific*, United Nations Economic and Social Council for Asia and the Pacific, Bangkok, www.unescap.org/tid/publication/indpub2621.pdf; PWC (2012). *Myanmar Business Guide, August 2012*, PricewaterhouseCoopers LLP, Singapore, www.pwc.com/sg/en/assets/document/myanmar_business_guide.pdf. に基づき著者編集。

工業企業法（1990）では、小・中・大規模企業に対する定義等、幾つか定義を与えているが、その対象は製造業部門に限られている。他方、家内工業促進法（1991）及び家内工業促進法修正法（2011）では、どの部門にも適用可能な零細企業の定義を与えており、農業ビジネス、製造業、サービス業を対象としている。また、これとは対照的に、協同組合法（1992）では、農業、製造業、（事業融資及びマイクロファイナンスを含めた）サービス業を対象に、産業分野及び部門を超えて取り組まれる協同組合を定義している。ホテル・観光法（1993）では、観光部門での事業を規制する。

現代のミャンマーの事業法規制枠組みには、重要な特徴が三つある。まず一つは、SOE（軍事企業を含む）及びその合弁事業パートナーはかなりの自由度と経済特権を持っていることである。これは、彼らの活動の透明性を失わせかねない。また二つ目には、外国人投資家を含め、民間企業とSOEが合弁事業契約、パートナーシップ契約を締結する場合、外国投資法（2012）あるいはミャンマー国民投資法（1994）下でのインセンティブ適用条件に該当しなければ、企業登記を要求されない点を指摘できる。さらに三つ目には、サービス部門全般を包括する法規制枠組みが未だ開発されていない点を指摘できる。より正確に言えば、銀行業、通信業、ホテル・観光業部門といった特定分野に断片的にしか規則は存在していないのである。したがって、大半が公共分野となるが、様々なサービス部門の分野に亘り開発を支える明確な政策措置は存在していない。ミャンマーが包括的で持続可能な発展を進めるには、政府が企業間競争に対等な活動の場を用意しなくてはならない。現在の法規制枠組みでは、企業部門を発展の原動力とするうえで補正必要な欠陥が極めて多いのが実情である（表2.4）。

製造業活性化に重点をおいた政府の民間部門開発アジェンダ

民間製造業企業の4分の3近くが小規模企業である（表2.5）。製造業部門には多くの大企業もあるが、それは製造業部門全体の11.1％に当たる4,808社である。食料及び飲料業分野が企業数の点で言えば支配的である。自動車及び電気機器に代表される高付加価値、資本集約的分野で大企業が多い傾向にあるが、他方で、小企業の場合、食料及び飲料業、衣料及び縫製業に代表される

表2.5 食料・飲料業を始めとした製造業企業

産業部門	大企業	中規模企業	小企業	総計	割合
食料・飲料	2,369	4,110	20,976	27,455	63.5%
建設資材	510	650	2,117	3,277	7.6%
アパレル	341	380	1,001	1,722	4.0%
金属鉱物資源	315	381	1,204	1,900	4.4%
個人的雑貨	375	410	330	1,115	2.6%
工業原料	169	240	282	691	1.6%
印刷・出版	60	117	183	360	0.8%
家庭用品	144	79	97	320	0.7%
輸送機関	194	40	33	267	0.6%
工具・設備	15	49	66	130	0.3%
農業用機械	9	25	37	71	0.2%
電子機器	43	15	12	70	0.2%
その他	264	791	4,799	5,854	13.5%
総計	4,808	7,287	31,137	43,232	100.0%
割合	11.1%	16.9%	72.0%	100.0%	

出典：Central Department of SMEs Development Centre (2013), a presentation made by the Ministry of Industry on 16 January 2013.

労働集約的分野に集中する傾向にある。製造業企業の分類（すなわち、零細企業、小企業、中企業、大企業）は、近隣諸国のものとは異なっている（付録・表A2.2）。工業省によると、ざっと500万人近くが現在、製造業部門で雇用されているとされるが、これは、当部門で何らかの雇用対策が採られている訳でなくとも、製造業部門が相対的に多くの雇用を生み出している（労働力総数3,000万人の約16％）ことを示している。同省は、国際援助社会からの技術援助に関して、ミャンマー商工会議所連合会（UMFCCI）との協働により新SME法を起草している。このSME法では、訓練及びネットワーク化に加え、市場参入と金融の拡大を通じたSMEに対する支援を目的としている。

　民間製造業企業は、現在、民間工業企業法（1990）の下で産業省の監督下にある。同法は民間製造業企業活動推進に向けた、明確な法規制枠組みの提供を目的とする。また同法では、民間製造業企業が、原料や技術に加え、土地、公共サービス、資金といった必要な投入要素を利用したり、租税の控除や免除を受けやすくしている。この枠組みの下で、産業省は18件の工業不動産を開発しており、また現在、工業区監督委員会の直接の監督下にある範囲にまで拡張して7件の新規不動産開発に着手している（Central Department of SME

Development Centre, 2013)。さらに、二者間ドナー及び企業との協働の下に、3大経済特別区（SEZ）――ダウェーSEZ、チャオピューSEZ、ティラワSEZ――の開発が進められている。これらSEZは、主に重工業分野、ハイテク分野の製造業企業による輸出志向型FDIの誘致を目的としている。

農業の商業化

　利益となる農業生産を大きく拡大させていくには、農家の生産性とその市場とのつながり、農業従事者の質の高い土地の利用及び土地の権利取得を改善し、農作物の選択をもっと自由にすることが求められる。ミャンマーの土地の産出高と労働生産性は低く、これが地方での所得を低く、貧困率を高い状態においている。耕作段階でのノウハウや投入要素、資本投資は限られ、収穫後の技術も制限される中、当該分野での公共投資及び民間投資は十分ではない。近年、農業の利用が大きく拡大する一方で、主に米作における利用が減っていることから、肥料の使用が著しく減少している。産出高拡大につながる投入要素を購入しようにも、価格が高く、農家に二の足を踏ませている状況では、いまだ使用量が必要量（概算値）に届かない状態にある（FAO and WFP, 2009）。

　農家が自分たちの投入要素の使用に責任を持つ一方で、政府部門は投入要素を入手可能とし、効果的に活用できるように支援してきた。大半の政府による農業への支出は、灌漑プロジェクトに向かい、技術の種の確保、研究、拡張プロジェクトに利用できる資源は限られている。このような投資によって、民間部門では十分に代替できない公共財が提供され、生産高の改善が支援されており、政府歳入の拡大につながると思われる（Dapice *et al.*, 2010）。

　固定資本投資は漸次的に改善してきている。トラクター及び耕運機の使用は近隣諸国と比較し進まない状態が続いてきたが、現在、拡大の方向にある。灌漑システムは1999～2000年から2009～10年の期間に26.5％成長し、その普及は全収穫地域の11.4％に当たる5,755エーカーに及んでいる（CSO and Department of Agricaltural Planning, 2011）。政府による敷設は全体の28.5％を占め、この拡張に寄与しているが、多くは信頼できる程には機能していない。また収穫後の損失を縮小し、作物の品質を確保する効果的な収穫後技術も同様にほとんど利用されていない。投資水準は低く、電気の利用もままならな

い中で、米の乾燥に機械が使えないことが多く、製粉にも適さない旧式の機械でなされる傾向にある（Dapice *et al.*, 2010）。食料の保管、加工技術への投資は、産出高及び品質面での改善につながり、適正な価格を与えるものとなる。

　機能する固定資本に貢献する農業クレジットの利用が難しいことも農家のこうした投資を妨げる最も重要な障壁の一つとなっている。ミャンマーでは多くの者が受け入れ可能な条件下での信用の利用に制約があり、地方での金融サービスの開発は特に遅れている。まだ土地の権利に関する定義が不十分で、農家が資金確保に財産を利用する能力を制限してきた。

　また、基礎の部分が非効率なことで農家が農産物の生産を拡大し販売する能力が制限され、農家の生産性改善分野への投資が抑制されてもいる。商業本位の農業には、市場との信頼できるつながりが必要である。ミャンマーの地方では、インフラ不足と流通システムの非効率性により、こうしたつながりが未開発な状況にある。ミャンマーは域内開発途上国平均との比較で、道路数、道路舗装割合、一人当たり乗用車数で低水準にある（World Bank, 2013a）。こうした障壁により、コストが嵩み収穫後の損失部分は大きくなるとともに、農家の農産物からの期待受け取り価額の低下を余儀なくされている。

　ミャンマー農業の公平な開発と近代化は、非効率かつ持続不可能な土地使用パターンによって、さらに制約される。特に、土地使用規制、所有権における曖昧性、不平等な土地利用、耕作地への転換が生産的な投資を妨げる状況にある。課題は残されるものの、これら多くの分野での改革が、こうした懸念の払拭に資するものと思われる。ミャンマーの全国土は究極的には政府の所有であるが、農家はリース契約によって使用レントを払うことで借りることができる。しかし、政府は長期的には米生産の自己充足を目標としており、このことが農家側に特定の農作物の育成や、育成農作物の変更時の許可申請を求める結果となっている。そして、この規制によって農家は土地に最適な農作物、収益を大きくできる農作物の選択自体が難しいものとなっている。

　国家による土地の所有と法規則が未開発なことで、また多くの場合、土地の権利が不明瞭とされてきた。これは農地改善のための投資に対するインセンティブを抑制し農家が土地を借用する妨げとなってきた。2012年に議会を通過した農地法では、農家側の土地に関する権利を明確にし、政府に土地使用認証

権を与えることで、これらの課題の解決を試みている。所有権については、法廷外の透明性と規則ベースの手続きに欠ける委員会でも解決が与えられており、なお提案が続いている。関連問題として地方世帯での土地の不在問題がある。今後、実際の効果性に関する検討が必要だが、2012年の遊休・休閑・未開墾地管理法によって、土地を保有していない世帯への未利用地の配分に関しても法枠組みが確立されている。しかし、こうした改革では、耕作地への転換といった持続不可能な農業慣行問題には解決とならない。

サービス産業の保護・育成

サービス産業は、潜在的に多くの雇用を創出する可能性を有し、また一般にはエネルギー集約度の低い産業である。しかし、現在、経済的立場は弱く、GDPへの寄与度は約16％である。

観光部門はミャンマーの重要産業部門の一つであり、国内外から相当な投資を惹きつけている。近年、当部門は急速な成長を経験している。2009年から2012年の期間に、ミャンマーへの観光者数は2倍以上に増加し、2012年には56万人を記録している。同期間、観光業部門の稼得額と旅行者一人当たりの支出額は、年間平均ベースでそれぞれ57.5％、20.4％増加している（表2.6）。2012年には、観光業部門の稼得額が5億米ドルを超えた一方で、旅行者一人当たり一日平均支出額は135米ドルとなっている。また3分の2近くが中国やタイ、日本、韓国といったアジア諸国からの旅行者であった。1990年代前半に開始された民営化努力によってミャンマーの観光業部門は民間企業主導で活動を展開してきた。過去20年間に、国有ホテル数は減少し、1991年に記録した39軒も2011年には9軒となった一方で、民間のホテルは1991年には（少なくとも公式的には）存在しなかったものが、2011年には705軒を数えるまでになっている（CSO, 2013）。ホテル業界では、近隣アジア諸国を主体に多額の海外直接投資を誘致してきたが（表2.7）、ミャンマー企業は、優遇的外国人投資法（1988、2012）の保護に対し、利益獲得に向け、観光事業及び輸送サービス支配を続けている。

現行の改革とこれに伴う国際制裁面での対応が進む中で、これに釣り合わせるように観光産業の成長が続いている。特に、西側諸国からの観光客の増大が

第2章　安定的かつ持続可能な開発の実現

表2.6　急速な拡大をみせる観光業

	2009年	2010年	2011年	2012年	2009～12年の平均成長率
観光客数	243 278	310 688	391 176	593 381	35%
収入（100万米ドル）	196	254	319	534	41%
観光客の1日平均支出額（米ドル）	95	102	120	135	13%
平均滞在日数	8.5	8	8	7	

出典：Ministry of Hotels and Tourism（2012）, *Myanmar Tourism Statistics 2012*, http://myanmartourism.org/tourismstatistics.htm.

表2.7　域内諸国が大半を占めるホテル業界に対する投資
ホテル及び複合商業施設に対する累積投資額、2012年

国	投資額（100万米ドル）
シンガポール	598
ベトナム	300
タイ	236
日本	183

出典：Ministry of Hotels and Tourism（2012）, *Myanmar Tourism Statistics 2012*, http://myanmartourism.org/tourismstatistics.htm.

表2.8　主要輸送モードである道路輸送
輸送貨物量（千トン）、2010年

	国内輸送	割合	国際輸送	割合
道路輸送	20 560	72%	1 076	5%
鉄道輸送	3 322	12%	n.a.	n.a.
航空輸送	1	0%	16	0%
水上輸送	4 786	17%	22 220	95%
総計	28 669		23 312	

出典：JIFFA（2012）, *ASEAN Logistics Survey Report, Volume 5: Myanmar*, March 2012, Japan International Freight Forwarders Association Inc., Tokyo, www.jiffa.or.jp/en/notice/entry-2141.html.

期待されているが、国内外からの更なる投資の喚起、促進の兆候がみられる。ビザ申請改革と併せ、宿泊施設や輸送といった観光インフラ・サービスの刷新、拡大は、ミャンマーの観光地としての魅力を高めるものとなる。

輸送分野は明るい期待を抱かせるもう一つのサービス産業分野である。道路輸送が国内貨物輸送の3分の2以上を占める一方で、水上輸送が国際貨物では支配的である。道路輸送は短距離輸送で利用されることが多いのに対し、鉄道輸送及び水上輸送は長距離輸送で利用されている（表2.8）。ミャンマーの道路

輸送分野は、規模の経済性に欠けており、技術水準は低く、政府の支援も得られない状態である。2010年時点で、ミャンマーにはトラック輸送会社546社、フォワーダー734社が存在し、そのいずれもが鉄道省の許可の下に営業するミャンマー企業である（JIFFA, 2012）。ほぼ全ての運送会社が、政府によって小企業に分類されている。それらは、ルートサービスに特化し、全国規模でサービスを展開しているところはない（UNESCAP, 2012b）。こうした小規模事業者の多くがいわゆる「ゲイツ（gates）」を構成している（GMS-BF, 2012）。これらゲイツは各主要都市に拠点を構え、特定ルートの貨物を整理、統合している。それは不安定な需要、小規模プレーヤー間の厳しい競争、低運賃・低マージン、投資の不十分性といった特徴を持つ。

運送会社では主に日本から輸入された中古の22／12車輪トラックが通常使用されている。特に2011年の輸入免許の緩和後には、中国からの新車トラックに人気が集まっている。また地方での配送、小規模ルート、通航制限道路では、大型の下級10／6車輪トラックも使われている（GMS-BF, 2012）。こうした車両は古い場合が多く、主要ルートでの競争力を失ったものが使われている。

費用面から言えば、ディーゼル燃料が最も輸送費の負担となっている。ミャンマーでは、ディーゼル燃料が平均して総費用の約80％を占める。これは旧式下級トラックによる大きなエネルギー消費量、トラックの費用低減意識の欠如、悪路が大きな理由である。ディーゼル燃料費以外では、タイヤ取り換えと運転手に掛かる費用が運送料の大きな押し上げ要因となっている。検問所での非公式な料金徴収も、原料及び財の輸送費用に（不法に）上乗せされている。

ミャンマーでの陸上輸送における課題として次の点を指摘できる。1）不安定な需要と能力的な限界、2）近代的な施設、設備の不足、3）サービスの信頼性の欠如。外国人投資家には、特にトラック輸送サービスの欠如が問題視されている。

投資促進に求められる事業環境改善のための法規制改革

ミャンマーでは外国人投資家、国内民間投資家、国有企業（軍事企業を含む）を通じた政府という、主に3主体によって事業への投資が行われている。幾つかの企業法、すなわちミャンマー会社法（1914）、国有経済企業法（1989）、二

第2章 安定的かつ持続可能な開発の実現

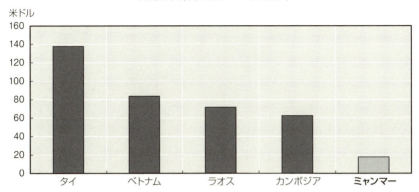

図2.13 低水準にある対ミャンマーFDIフロー
一人当たり対内FDIフロー、2011年

出典：UNCTAD (2013), *UNCTADSTAT* (database), United Nations Conference on Trade and Development, http://unctadstat.unctad.org/; UNESCAP (2013), *UNESCAP Data Centre* (database), United Nations Economic and Social Council for Asia and the Pacific, www.unescap.org/stat/data/.

StatLink：http://dx.doi.org/10.1787/888932857577

つの外国投資法（1988、2012）、ミャンマー国民投資法（1994）、経済特別区法（2011）、ダウェー経済特別区法（2011）によって、こうした投資活動は規制されている。

　ミャンマーは、近隣諸国を中心に、主として国内の天然資源及び電力部門に関心を持つ外国人による投資を呼び込んできた。しかし、ミャンマーの対内FDIは、一人当たりFDI額でみて近隣諸国よりもかなり少ない（図2.13）。ミャンマーの対内FDIの80％近くが、石油・ガス（採取）及び電力（発電）分野に向かっている（表2.9）。12部門がFDIから利益を得ている。電力部門がFDI総額の46％を占め、先導している。次いで石油・ガス部門が総投資額の33.9％を占め、これに続いて採鉱部門、製造業部門がそれぞれ6.8％、5％を占めて、3位及び4位となっている。またホテル・観光業部門、不動産部門もそれぞれ3.3％と2.5％を占めている。他の分野における対内FDIは、相対的に小さな割合にしかない。

　ミャンマーの対内FDIの大半が近隣アジア諸国及び一部EU諸国からのものである。ミャンマーへのFDI国は、その国の貿易関係が背景にある。香港を含めた中国が206億米ドルと他国を大きく引き離し最大投資国となっている

表2.9 大半を占める第1次産業部門への対内FDIフロー

産業部門別対ミャンマー対内FDIフロー：承認ベース（2013年1月31日現在）

産業部門	承認額（100万米ドル）	割合
電力	19 238	46.0
石油・ガス	14 182	33.9
採鉱業	2 830	6.8
製造業	2 089	5.0
ホテル・観光業	1 365	3.3
不動産開発	1 056	2.5
畜・水産業	330	0.8
輸送・通信業	314	0.8
工業団地	193	0.5
農業	183	0.4
建設業	38	0.1
その他サービス業	25	0.1
総計	41 842	100.0

出典：DICA（2013b），Directorate of Investment and Company Administration, Ministry of National Planning and Economic Development, Nay Pyi Taw, Myanmar, *www.dica.gov.mm*（2013年3月）．

表2.10 大半を占める近隣国からの対内FDIフロー

国別対ミャンマーFDIフロー：承認ベース（2013年1月31日現在）

国	承認額（100万米ドル）	割合
中国（香港含む）	20 559	49.1
タイ	9 568	22.9
韓国	2 979	7.1
英国	2 799	6.7
シンガポール	2 167	5.2
マレーシア	1 031	2.5
フランス	469	1.1
ベトナム	362	0.9
インド	274	0.7
その他	1 634	3.8

出典：DICA（2013b），Directorate of Investment and Company Administration, Ministry of National Planning and Economic Development, Nay Pyi Taw, Myanmar, *www.dica.gov.mm*（2013年3月）．

（表2.10）。そして、これに韓国の30億米ドルが続いている。中国及びタイからの投資は、主に電力、天然ガス、採鉱部門に向かっている。上位対内投資国は、4か国がASEAN諸国、2か国がEU諸国、3か国がASEAN以外のアジア諸国となっている。

FDIとは対照的に国内投資は主に建設業、製造業、サービス業部門で行われてきた（表2.11）。国有企業は、単独か現地企業及び外国企業との合弁事業、

第2章 安定的かつ持続可能な開発の実現

表2.11 大半を占める建設業・製造業での国内投資
産業部門別国内投資（2013年1月31日現在）

産業部門	承認額（100万チャット）	割合
建設業	646 033	27.0
製造業	575 860	24.1
輸送業	292 127	12.2
工業団地	249 213	10.4
電力	246 233	10.3
不動産業	67 582	2.8
ホテル・観光業	54 237	2.3
畜・水産業	21 603	0.9
採鉱業	11 008	0.5
農業	548	0.0
その他	229 274	9.6
総計	2 393 717	100.0

出典：DICA（2013b）, Directorate of Investment and Company Administration, Ministry of National Planning and Economic Development, Nay Pyi Taw, Myanmar, www.dica.gov.mm（2013年3月）．

表2.12 限られた産業部門に集中している国有企業（SOE）投資
国有企業別投資、2004～11年

産業部門	2004～11年（100万チャット）	割合
製造業	578 661	31.5
輸送業	514 552	28.0
エネルギー業	480 474	26.2
情報・通信業	187 456	10.2
農林畜産業	33 622	1.8
銀行・金融保険業	19 115	1.0
建設業	12 233	0.7
採鉱業	5 131	0.3
社会サービス業	3 904	0.2
貿易業	1 093	0.1
総計	1 836 241	100.0

出典：CSO（Central Statistical Organization）（2013）, *Myanmar Data: CD-ROM 2011-12*, Central Statistical Organization, Ministry of National Planning and Economic Development, Nay Pyi Taw, Myanmar.

パートナーシップ形態で投資を行ってきた。SOE投資パターンに関する詳細統計は十分に入手可能な状況にはないが、部門ごとの資本投資は、2004年から2011年にかけて入手可能である（表2.12）。多くのSOEが赤字にあり（表2.3及び付録・表A.2.3)、留保利潤による再投資もままならない中で、国内民間主体と比較し、国有企業の投資額は大規模となっている。しかし、（一つに

は、近代的な技術や近代的な生産施設及び管理システムに欠けることを理由に）その製品とサービスの質の低いことが一般に知られているが、これは国有企業による投資が圧倒的に不足していることを示唆している。これは、採鉱業、エネルギー・電力、金融業、通信業といったSOEが利潤を上げていると思われる分野を含めてのものである。

　ミャンマーは1980年代末に進められた初期改革時以降、国内外企業からの投資を促進してきた。経済特別区法（2011）、ダウェー経済特別区法（2011）に加え、国有経済企業法（1989）、外国投資法（1988、2012）、ミャンマー国民投資法（1994）の6つの投資関連企業法を含め、数多くの改革措置が実施されている。一層の改革に向けた優先課題を明確にし、ミャンマーを投資対象としてより魅力的な国家とすることを目標に掲げ、また政府はOECD及びASEANとの連携の下にASEAN-OECD投資枠組みプログラムの一環として、投資政策レビューを行っている（OECD, 2013b）。

　ミャンマー会社法（1914）に合わせた投資規制の修正も期待されている。一般にこれらの法律は、企業に対する投資優遇措置（例えば、租税優遇措置や土地賃借権の付与）を通して投資を促したり、また事業活動を規制する（例えば、出資比率規制や管理統制）ことで国内民間部門の開発を促進することを狙っている（付録・表A.2.4）。

　ミャンマー会社法（1914）は、国有企業を例外に、全ての会社形態を支える中核的な枠組みとなっている。公共サービス業務、採鉱業、森林保全活動、公共輸送、防衛関連活動等の分野にみられるような特殊的条件による禁止といったものがなければ、外資を含めた企業は、部門、分野を超え、いかなる産業活動においても同法に則した投資活動が可能である。同法下での投資では、他の法枠組み下のインセンティブ・スキームは利用できないが、他の法律と比べ、企業設立に少額の資本で済むことが利点と言える。

　国有経済企業法（1989）では、民間企業活動と公共企業活動との境界を示している。同法では、SOEの特定部門での制約なしでの活動を認めるのに対し、民間投資には禁止条件を提示している。そうした状況で、SOE活動はミャンマーの経済活動全般に拡大している。1990年代半ば以降、政府は法人化戦略、民営化戦略を進めてきたが、現在の政府下でもその加速化が検討されている。

第2章　安定的かつ持続可能な開発の実現

　ミャンマーは外国投資法（1988）の下で、特に第一次部門（エネルギー及び採鉱業）において近隣諸国からのFDIを呼び込んできたが、目標を実現するまでには至っていない。政府はより多くの資本を必要としたり、先進の技術及び経営管理スキルの要求される分野で、外国人投資家に対し、国有企業との合弁事業やパートナーシップを奨励するとともに、投資優遇措置（例えば、租税優遇措置及び土地賃借権）、及び外国人投資の望まれる分野の簡単なリストを提示している。新外国投資法（2012）では、1988年FDI法を拡張し、外国人投資家に対する譲歩を進めている（例えば、租税優遇措置及び土地賃借権における条件緩和）。新法では、旧法で定義されていない投資に対し、外国人証券投資も含めた広義の定義を与えている。安定した投資環境にないミャンマーで、新FDI法を通して世界に対し企業に開かれた国というイメージづくりを狙っている。

　ASEAN各国の外国投資法と比較して、ミャンマーの旧・新法は寛容過ぎることも制限的過ぎることもない（UNESCAP, 2012c）。FDI法における旧法と新法との大きな違いの一つに、新FDI法では多くの分野に亘り外国人投資家活動を制限、規制することを目的に、長く詳細なネガティブ・リストを提示している点を指摘できる。新FDI法は、貿易、卸売業、小売業、通信業、不動産業等の分野で、長期的に外国人投資家の事業機会獲得のための環境を整備するものであるが、その制限項目は総計237の事業活動に適用される。また新FDI法では多くの製造業活動で合弁事業しか認められておらず、国内製造業企業が外国人投資家の信頼できるパートナーとなるためにも、その能力構築が急がれていることが窺える。

　ミャンマー国民投資法（1994）には二つの目的がある。一つは国内投資家と外国人投資家を同じ土俵に立たせることである。旧外国投資法（1988）では、国内投資家には利用できない優遇措置をパッケージで提示していた。しかし、新外国投資法（2012）では、外国人投資家に対する投資上の優遇改善をさらに進めており、ミャンマー国民投資法（1994）の再考が強く推奨されている。そうした対応措置が取られない場合、内外資間の差別的優遇による溝がさらに拡大してしまうリスクを抱えている。他方、二つ目には、ミャンマー国民投資法には国内企業の国有企業との合弁事業やパートナーシップの確立、推進といっ

た目的がある。SOEには外資流入による市場機会拡大からの利益と併せ、市場志向型の企業管理スキルの獲得において、そうした連携の活用が期待されている。また、旧外国投資法（1988）との整合性を持たせる形で、国内投資の望まれる分野（すなわち、農業、畜・水産業、林業、採鉱業、製造業、サービス業）が簡単に列挙されている。この点についても、新外国投資法（2012）との調和が求められており、国民計画経済開発省において新ミャンマー国民投資法の起草が進められており、2013年の制定が期待されている。

最後に、経済特別区法（2012）及びダウェー経済特別区法（2011）では、ミャンマーで開発の進められている三大経済特別区（SEZ）に対する支援を目的としている。この三大経済特別区とは、ダウェーSEZ、チャオピューSEZ、ティラワSEZである。SEZ法は、企業、投資家に対し国籍に関係なく適用可能であり、全産業分野を対象としている。SEZ法では、港湾の管理、ハイテク産業、発電及び送電、ロジスティクス・輸送サービス、インフラ建設、石油・天然ガスの配給及びパイプラインの建設、農業ビジネス、畜・水産業、林産物、制限的貿易、ホテル・観光業、教育・保健医療、不動産業といったSEZにとって望ましい企業活動が挙げられている。またSEZ法は、SOEとの合弁事業やパートナーシップも投資家に奨励している。SEZでは既存のFDI法及び国民投資法と比べ、より寛大な優遇措置を提供している（例えば、大企業であれば、75年を上限に土地の賃借権が認められる）。

全般的に法環境の改善が進められてはいるが、慎重な検討によって企業法に残されている課題を幾つか見出すことができる。まず、個々の法律がそれぞれ個別の租税優遇構造を備えており、個々の間の調整と併せて、それが直接、国家の歳入額に影響することから主税（もしくは歳入）局との協議（及び、恐らくではあるが、当局からの承認）が必要となる。例えば、現行のFDI法及びSEZ法では、5年間までの租税免除期間（タックス・ホリデー）が投資家に認められているが、所得税法（1974）では、こうした3年間を超える租税優遇措置は禁じられている。この課題については、恐らくシンガポール企業法と似たものとなると考えられるが、投資関連課題も考慮に入れた一般的な企業法の開発に集約される方向で、投資関連企業法のインセンティブ構造を再考する必要があると思われる。

次に、個々の投資関連企業法は、望ましい企業活動、禁止される企業活動に対してポジティブ・リストあるいはネガティブ・リストで対応しているが、この状況は企業社会に不要な混乱を生む可能性がある。また、こうした状況は、政府の管理に対し、官僚制の弊害となることも考えられる。ほとんどの国で、特に採鉱、天然資源の採取、公共サービスでは、分野や部門での特定の企業活動を制約する特殊条項が数多く存在する[29]。他の部門ではFDIも併せ、禁止される活動が明示される（ネガティブ・リスト）と思われるが、他方、銀行業、通信業、小売業といった多様なサービス産業分野でもFDIに対して個別の（多くの場合、かなり制限的な）法的要件を備えている。しかし、ミャンマーにおける企業活動に対する多くの多様なポジティブ・リスト、ネガティブ・リストは、企業のみならず、政府部門でも取引コストを増大させていると考えられる。

残されている三つ目の課題として、投資関連法では、SME等、小規模プレーヤーを対象とした特殊条項を扱っていない点を指摘できる。2SEZ法（2011、2012）でも、大規模企業と同じ優遇措置や土地貸借権を小規模企業に与えていないものと思われる。SMEは一般に企業の99％以上を占め、どの国でも企業社会の活力源となっている。小企業、零細企業を中心として、投資拡大につなげるには、取引コスト削減に向けて政府が特殊的に配慮することが求められる（UNSCAP, 2012a）。ミャンマーの現行の投資法では、こうした事業の開発戦略は備えていない。

四つ目として、SEZ法（2011、2012）の二例は国内民間投資に対し、立地（特別区）に基づき多様な要件を適用し、多様な優遇措置を与える唯一の投資関連企業法である点を指摘したい。各立地の特徴及び条件の違いを考慮に入れて、各立地の企業活動の開発を進める過程でSEZ戦略は他国や地方にまで拡張されていくものと思われる。この戦略は、労働集約的輸出企業が国境沿いで輸出加工区を開発する場合に、特に有益であると考えられる。

最後に、ミャンマーの投資法は、企業の所有（すなわち内資か外資か）を基に二つに分かれる、希有なケースである。カンボジア、インドネシア、シンガポールといった大半の近隣諸国で投資法において外国人投資と内国民投資を差別しないのに対し、あまり制限的ではなくとも差別している国も存在する（例えば、タイ、ベトナム）[30]。

限られる企業の外部資金源

　ミャンマーの企業金融は単純であるが、企業は留保資金を使用する特徴を持つ。こうした資金は主に個人貯蓄や個人借入、留保所得、買掛金の形を取る（Kudo, 2002, 2005; Kyaw, 2008）。短期の銀行融資は利用できるが、事業目的での使用は限られている。事業での資金調達が非公式的性格を持つのは、小規模かつ未開発な銀行・金融制度、高水準かつ硬直的な利子率、高いサービス料（過去に調達資金額の20％に迫ったことがある）、不動産取引における厳しい担保要件、担保財産評価額に基づく融資制限（上限40％）、そして長期ローンの不在に拠っている（Kyaw, 2008）。取引コストが高い理由には、債権者の入手できる情報が少ない（まだ信用局は設置されていない）ことに加え、規制の厳格性と煩わしい融資手続き、そして一部には2003年のミャンマー銀行危機の影響もある。こうした状況は、ミャンマーの企業金融の開発に多大な障害となっている。

　こうした中、恐らく、電力不足が最大の問題であろうが、融資の利用はこれに続いて長年ミャンマーで民間企業の抱える最大の課題の一つとされてきた（Lynn, 2004; ADB, 2012b）。過去の企業調査からは、標本とされた民間企業の半数に満たない企業しか公式的に短期信用を利用していないことが分かる。一般に、民間企業は、自身の保有する個人金融の範囲内での事業拡大しか考えない（Kyaw, 2008）。このことが、企業が効率的な規模にまで成長する能力を大きく制約し経済の全体的生産性、延いては経済成長率を低下させる結果となっているのである。

　企業がその特殊的開発段階及び規模に応じて、多くの金融手段を使い分けることのできる環境を整備する必要がある（図2.14）。これは、成長を持続させるうえで、銀行・金融部門の洗練性及び開発段階が重要であることを意味している。現在、ミャンマーでは、未開発な銀行・金融部門と厳格な規制の下、民間企業には極めて基本的な金融手段である、限られた量の短期融資（1年未満）一つが与えられている。また政府信用保証スキームも信用局／信用情報提供機関もまだミャンマーには存在しない。しかし、こうしたスキームの創出に関する議論が、国際技術援助の下、一部の省庁で進められている。さらに、僅かながら、マイクロファイナンス・スキームはあるものの、ミャンマーで事業に着

第2章　安定的かつ持続可能な開発の実現

図2.14　ビジネスに対する様々な金融手段

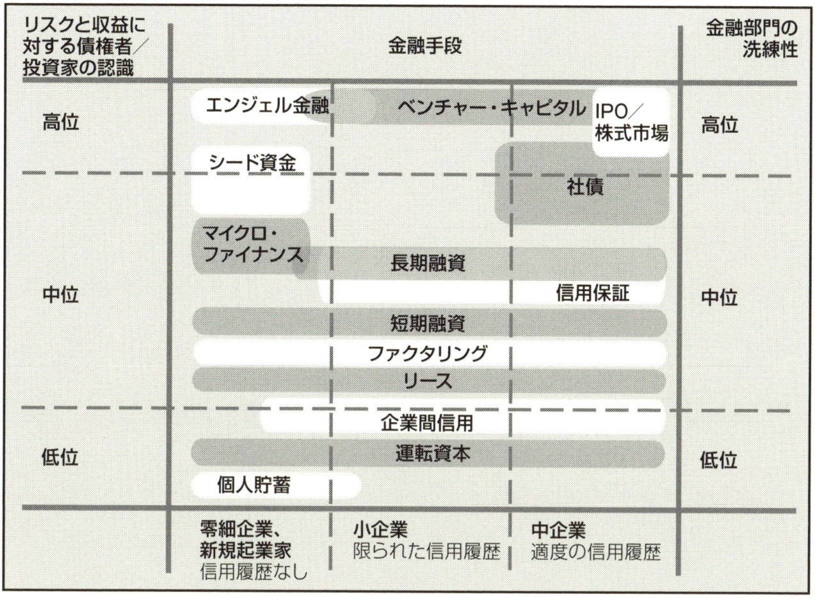

リスクと収益に対する債権者／投資家の認識	金融手段			金融部門の洗練性
高位	エンジェル金融	ベンチャー・キャピタル	IPO／株式市場	高位
	シード資金			
			社債	
中位	マイクロ・ファイナンス			中位
		長期融資		
			信用保証	
		短期融資		
		ファクタリング		
		リース		
低位		企業間信用		低位
		運転資本		
	個人貯蓄			
	零細企業、新規起業家 信用履歴なし	小企業 限られた信用履歴	中企業 適度の信用履歴	

出典：UNESCAP（2012a）, *Policy Guidebook for SME Development in Asia and the Pacific*, United Nations Economic and Social Council for Asia and the Pacific, Bangkok, *www.unescap.org/tid/publication/indpub2621.pdf*.

手しようとする新規起業家を支援する制度金融も存在しない。言うまでもなく、ミャンマーの企業部門の大半を占める非公式部門の企業には、制度的な融資を利用する資格もない。これは企業開発の観点から、重要な課題である。そしてこれにより、ミャンマーの企業部門の成長は大きく制限されているのである。

政府は高利貸（月2～3％）にもかかわらず、ミャンマーに広く存在する非公式的貸し手の代替を狙い、公式的マイクロファイナンス機関（MFI）による小規模企業に対する小口金融を推進している[31]（LIFT, 2012）。そうしたMFIには、1）ミャンマー経済銀行やミャンマー農業・農村開発銀行といった国有開発銀行、2）協同組合省の管轄下にある金融協同組合、3）国連開発計画（UNDP）のマイクロファイナンス・イニシアティブとして活動するPartner Agencies Collaborating Together（PACT）等の非政府組織（NGO）、4）農業灌漑省管轄下の特別農業開発企業、5）村落の回転資金やコミュニティを基盤

とする組織を挙げることができる。さらに、マイクロファイナンス法（2011）及び新規設立されたマイクロファイナンス監督企業でも国内外投資家に完全民間所有のMFIの設立を認めており、その数は急速に拡大することが予想される（Duflos et al., 2013）。

新規検討の進む一連の企業部門開発政策

　ミャンマー政府は、企業部門開発のための数多くの新しい政策を明らかにしている。「経済社会開発枠組み」と題する現行の国家開発三か年計画（Ministry of National Planning and Economic Development, 2012）では、ミャンマーの企業部門の開発促進に向けた重点政策を幾つか明らかにしている。

　現在の政府は、企業に対する法規制枠組みを改善し、企業の取引コストを低減させることを目的としている。政府は、ミャンマーにおける企業環境の評価を行ってきたが、全体的な企業環境の改善を企図した包括的な制度・規制改革計画の開発が期待されている。評価されることになる特殊的な課題は、世界銀行（World Bank, 2013b）に則っている[32]。国家計画経済開発省は、マンダレー、ネーピードー、ヤンゴンでの起業の支援を目的に、ワンストップ・センターの設立を進めている。また工業省もミャンマー商工会議所連合会（UMFCCI）の地域／国家部局との協働により国内全域にワンストップSMEサービス・センターの開設を計画している。

　ミャンマーでは、国際制裁と制度的融資の利用が制限されていることを主な理由に、国内の産業開発は遅れている。またこれに加え、信頼できる電力基盤といった基本的なインフラが未整備な状況にある。政府は現在、GDPに対して大きな割合を占める農業部門の割合を低減させ、サービス部門の割合を高めるとともに、当該産業部門の割合を今後3年間に26％から32％に高めることを狙っている。政府はこの方向に向けて、ミャンマーの産業基盤を構築し、輸出の多角化を進める三大経済特別区の開発と併せ、輸出優先貿易政策の廃止とFDI法の再考によって貿易投資の自由化を推進している。また現在、新産業法の起草も進められている。国内の技術制度と実業学校の刷新が計画されている。

　政府はこれまでの工業化政策を補完するとともに、工業化のエンジンであり、所得の創出、雇用の創出のエンジンである、国内SMEの保護、育成に対

し、特別な関心を抱いている。SMEの開発と活動促進に関係する省としては、工業省、協同組合省、商業省、農業・灌漑省、科学・技術省等が挙げられる。政府は、SMEに対する外国人投資家との競争激化による影響、そして2015年のASEAN経済共同体（AEC）実現の影響を特に懸念している。2012年4月には、工業省の傘下にSME中央振興局が創設された。ウ・テイン・セイン大統領が、中小企業振興中央委員会の議長を務め、政府職員と企業代表との歩み寄りを通して、当委員会の作業グループにより新SME法の起草作業が進められている。また政府は、国内の既存の工業区、不動産と研究・訓練制度とを結びつけることで、SMEクラスターの形成促進を企図している。旧ミャンマー投資商業銀行は、SME金融の利用を改善し、新規事業及び技術の支援を目的に、中小企業工業開発銀行（SMIDB）への改組が行われてきたが現段階ではまだ活動範囲が限られている（すなわち、ミャンマー全体で11支店のみである）。SMIDBは標準金利13％に対し、8.5％の3年ローンを計画している。これは、開発途上国でのSME向けローンにおける一般的な利子率よりもかなり低利での融資となるが（IFC, 2010）、その実現は疑問視されている[33]。

また、観光部門は、現在の改革過程及び新開発政策からの成果を即座に期待できる主要事業部門であると考えられている。現在のビザ要件及び手続きの緩和、簡素化が進むものと思われる。全国的に、ホテル、宿泊施設が増設され、国内外から投資を呼び込むことが予想される。最大限、利益を確保するために、政府は農業とサービスといった、観光部門と他の産業部門との組み合わせの開発を計画している。また、この目的に合わせて、政府は観光業部門全般での能力構築、観光サービス・マネジメントの改善、新しい観光地の開発、販売及び販売促進に対する支援も計画している。

民間企業の金融制度下での融資活用を拡大するために、政府は民間商業銀行間の健全な競争の促進と、企業の利用できる金融手段の多様化、商業信用の増大を目的に、銀行・金融部門の重要改革の基礎を成す、金融セクター・マスター・プランを現在、準備している。政府は、これまで商業銀行に対し、長期ローン（1年超）の扱いと動産等、担保手段の拡大を認めるか検討してきた。また政府は、政府信用保証スキームの実施及び信用局（恐らく政府機関となる）の設立も検討中である。女性及び若者を含めて、起業家に対するマイクロファ

イナンス・スキームの拡張がもう一つの政策として、必要資本の利用の改善と非公式な債権者への依存の低減を目的として、検討が進められている。また政府は、特に製造された財の輸出に対する、貿易金融スキームの扱いを計画している。

　最後に、政府は、過去数年間、その多くが多額の赤字を記録している国有企業の改革手続きを加速化している（CSO, 2013）。1990年代半ば以降、民間投資の促進と政府助成金及び国家開発銀行によるソフト・ローンの縮小を目的に、多くのSOEで法人化、民営化が進められている。しかし、このプロセスは、通常、個々の直系の省庁によって逐次進められてきたため明確な公式的手続きにもモニタリング及び評価メカニズムにも欠け、透明性が確保されてこなかった。政府は恐らく政府資産売却のために、資産価値の評価及び証券化システムと併せ開放的な公売・入札システムの確立を進め、漸次的だが透明な形で一層の改革を実施することが予想される。政府は工業及びサービス部門でこのような改革を推進する一方で、公共サービスや天然資源、そしてエネルギー、鉱物、通信といったインフラ部門でのSOEの民営化には慎重な姿勢をみせてきた。政府はまた、利潤獲得に向けたインセンティブと併せ、金融規律を強化すること、また恐らく経営管理の訓練を施すことを通して、SOEの制度能力の向上も企図している。

第5節　将来に向けた人的資本の蓄積

　ミャンマーにおける持続可能な経済発展には、人的資本の確保可能性と品質が条件として求められる。労働市場での適切な技能提供の前提となるのは、質の高い基礎的教育（すなわち、初等教育、及び非職業的中等教育）機会の確保である。ミャンマーでは、成人している国民の大半が、読み、書き、計算といった最も基本的な技能を学習しており、公式的教育機会の確保はこの20年間に改善しているが、他方で、初等教育レベルでの退学や中等教育レベルでの就学率の低さは、教育機会の確保の観点から引き続き解決すべき課題が残されていることを意味している。教育面での品質課題は、近年、教員養成プログラム

第2章　安定的かつ持続可能な開発の実現

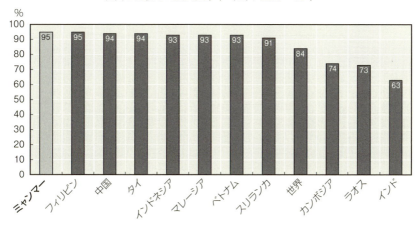

図2.15　成人識字率の高いミャンマー
他国と比較した成人識字率（％）、2005〜11年

注：ミャンマーのデータは2011年、他国はいずれも2005〜10年の入手できる最新のデータに基づく。UNESCOは、識字能力を日常生活の中で簡単な内容を理解できる読み書き能力と定義している。そこには読み書き能力の保持が必然であり、基礎的計算能力も必要とされる場合が多い（数量図形的思考力）。教育省の定義は総体的にUNESCOの定義に則ったものとなっている。

出典：Ministry of Education (2012), *Education Development in Myanmar*, The Republic of the Union of Myanmar; UNESCO (2013), *UNESCO Institute for Statistics Data Centre* (database), United Nations Educational, Scientific and Cultural Organization, *http://stats.uis.unesco.org/*.

StatLink：http://dx.doi.org/10.1787/888932857596

の改正とカリキュラム改訂により対応が取られてきたが、学生の教育到達度と教員の質を測定するより優れたツールの開発が求められている。

　多くの低・中所得国は適切かつ特殊的な専門技能に欠け、価値連鎖上の地位の改善が難しい状況にある（OECD, 2013c）。急速に成長する新興経済及び既に先進国化している経済をベンチマークとしてミャンマーを捉えると、今後将来、必要とされる技能の蓄積はまだ十分であるとは言えず、職業訓練、高等教育卒業生比率の向上、そして保健への取り組みを強力に推し進めることが重要である。概して、将来に向けた課題に取り組むためにも、全教育レベルで支出を拡大させることが必要である。

基礎的教育機会の均等実現間近にあるミャンマー

　ミャンマーにおける成人の大半が、基本的な読み、書き、計算能力を持っ

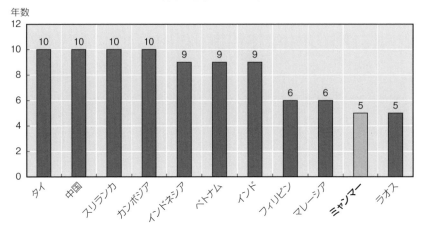

図2.16 義務教育年数の短いミャンマー
義務教育年数、2010年

出典：UNESCO (2013), *UNESCO Institute for Statistics Data Centre* (database), United Nations Educational, Scientific and Cultural Organization, http://stats.uis.unesco.org/.
StatLink：http://dx.doi.org/10.1787/888932857615

ている。公式統計によると、識字率は、1973年の71％、2000年の91％から上昇し、2011年には95％となっている。こうした数値が正確であるならば、ミャンマーにおける識字率は中国、フィリピン、タイ等の中所得国と同等である（図2.15）。インド、そして同地域の他の後発開発途上国（LDC）の報告では、識字率はかなり低い値となっている。

　ミャンマーで識字率の水準が高いのは、長期教育開発計画（2001～30年）における初回時のイニシアティブに加え、1973年導入の全国規模の成人識字プログラムに拠っている。こうしたプログラムは、初等教育での完全就学とポスト初等教育就学率の向上を主な狙いとしている。例えば、非公式初等教育プログラムでは、収穫期の農家の制約を緩和するために、若者が放課後（夕刻）に学習時間を確保できるようにしてある[34]。また、所得創出プログラムでは、親たちの学習と子供たちの就学改善を目的とした金銭的インセンティブを与えている。

　さらに、初等教育の提供において、僧院・私立学校の重要性が高まっており、小学校の生徒の約3％が、僧院学校で学んでいる。公立学校と比較して、そこ

第２章　安定的かつ持続可能な開発の実現

図2.17　初等教育到達度の改善
比較でみたミャンマーでの初等教育最終学年就学率：2010年

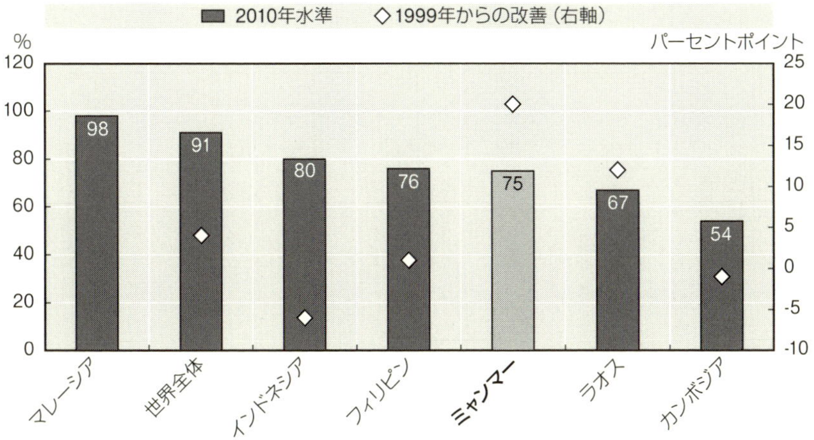

■ 2010年水準　◇ 1999年からの改善（右軸）

マレーシア 98、世界全体 91、インドネシア 80、フィリピン 76、ミャンマー 75、ラオス 67、カンボジア 54

出典：UNESCO（2013），*UNESCO Institute for Statistics Data Centre*（database），United Nations Educational, Scientific and Cultural Organization, http://stats.uis.unesco.org/.
StatLink：http://dx.doi.org/10.1787/888932857634

では授業料を求められず、給食も教育資材も無料で提供されるため、貧しい生徒の就学が改善しているように思われる。また、1990年代以降の私立学校への規制強化により、特に近年、基礎教育課程での就学状況の改善が加速度的に進んでいる。民間の機関は標準就学時間での補完的プログラムを提供する。例えば、多くの裕福な家庭の子弟は、留学のための英語力の向上と進学適正試験の準備のために、補完的に私立学校に通っている（Lall, 2008）。2011年私立学校規制法の承認については、政府の非国家機関による基礎的教育容認の意向が再確認されている。

　教育の普及は、若年時における法的に保証された義務教育課程での最も基礎的な読み書き能力までで、それ以上は進んでいない。義務教育は、小学校（5〜9歳）のみとなっている。この点では、ミャンマーはほとんどの域内他国に大きく水をあけられる状況にある。例えば、タイや中国、スリランカ、カンボジア等の低開発国では、義務教育課程に中等教育まで含め、10年間とミャンマーの2倍の期間を当てている（図2.16）。学校資材不足の埋め合わせを行うことに関するNGOの約束と併せ、例えば、国境地域に新規に小学校を設立する

図2.18 低水準からの改善のみられた非義務教育
比較でみたミャンマーの基礎教育における総就学率、2010年

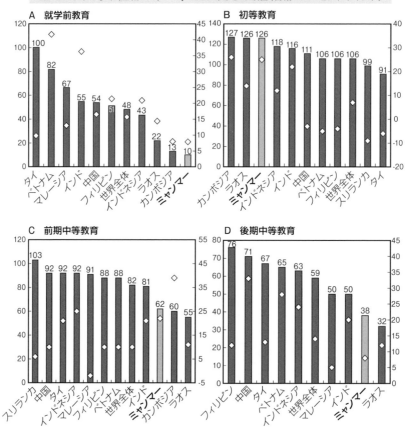

注：総就学率は、年齢に関係なく各教育水準に就学する生徒数として定義され、各教育水準の正規就学年齢人口に対する割合として表されている。義務教育は初等教育の5年間のみである。
出典：UNESCO (2013), *UNESCO Institute for Statistics Data Centre* (database), United Nations Educational, Scientific and Cultural Organization, http://stats.uis.unesco.org/.

StatLink : http://dx.doi.org/10.1787/888932857653

等の形で、無償の義務教育課程として初等教育を普及させるとする政府による約束によって、5歳児の公式の純初等教育就学率は、1988年の67％から2011年には98.5％にまで上昇している。しかし、初等教育は義務教育であるものの、

2010年の最終学年にまで進学できた生徒の割合は、約75％のみとなっており（図2.17）、卒業できた生徒となると69％でしかない。

　概して、基礎教育の普及拡大に向けた公式的、非公式的取り組みは、成功裡に進められてきた。初等教育の最終学年まで就学できる割合は、1999年以降、20％ポイント改善している（図2.17の◇で表示）。1999年時点において、ミャンマーと並んで55％と最終学年就学率の低かったカンボジアとラオスについては、同期間に僅かな改善しかみせていない。さらに、小学校就学年齢の児童に加え、若年期に初等教育に与る機会を得られなかった就学年齢を超える子供や大人の初等教育享受機会が拡大していることは、総就学率（GER）に反映されている[35]。ミャンマーは、1999年以降、25％ポイントの上昇をみせ、126％と域内ではGERの最も高いグループに入る（図2.18パネルB）。ミャンマーのGERが100％を超えているのは、就学生の中に一部、実際には公式の小学校就学年齢を超えた生徒が含まれていることを意味している。

　しかしなお、就学前教育及び中等教育は義務教育ではないため、就学率は相対的に低い水準にある。2010年の就学前教育でのGERは10％と、中国の54％、インドの55％、タイの100％と比べ極めて低い（図2.18パネルA）。しかし、政府が就学前教育の強化に乗り出したことで、就学前教育における在籍者数は極めて堅調な勢いで増加を続け、1999年との比較で4倍超の水準に達している。2011年には10年前に500校を下回る水準だったものが、2,500校以上が就学前教育に携わるまでになっている。

　また、ミャンマーの中等教育におけるGERも同様で、その2010年の前期中等教育と後期中等教育のGERは、それぞれ62％、32％と域内中所得国との比較で、明らかに低い水準となっている。中等学校のない村落での中等教育の普及に向けて、政府は2001年以降、小学校のポスト初等学校や系列校、分校への更改を認めている。（先に挙げた政策と併せ）この政策は成功裡に進んでいるように思われるが、前期中等教育のGERは、1990年以降、20％ポイント以上の改善（図2.18パネルC）、後期中等教育では8％ポイントの改善（図2.18パネルC）となっている[36]。

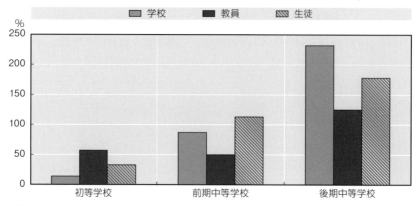

図2.19 生徒数に合わせ拡充の必要な教員数
各基礎教育水準における学校、教員、生徒数の増大、1988〜2012年

出典：Ministry of Education (2012), *Education Development in Myanmar*, The Republic of the Union of Myanmar.
StatLink：http://dx.doi.org/10.1787/888932857672

教員、資金等教育財の拡充にも重点をおいた政策

　過去20年、ミャンマー政府は全教育レベルでの基礎的教育の普及促進に向け、教員の拡充と学校の新規建設に精力的に取り組んできた（図2.19）[37]。小学校での教員一人当たり生徒数は改善をみせてきたが、中等学校での生徒数の増加は著しく、教員拡充が遅々として進まない中で、これを上回る状況が続いている[38]。前期中等教育では、1988年から2012年にかけて生徒数が2倍となったが、同期間の教員数の増加は50％止まりとなっている。また同様に、後期中等教育では、生徒数は3倍近くまで増加したのに対して、教員数は2.25倍となっただけである。またこの傾向は、学生・教員比率でも確認できる。初等教育において、この比率は1999年の31：1から2010年には28：1に改善しているが、中等教育では同期間に30：1から34：1へと悪化している。しかし、いずれにしても、この学生・教員比率については、ほとんどの近隣国と比べて高水準にあることは明らかである。例えば、中国の初等学校、中等学校の学生・教員比率はそれぞれ17：1、15：1となっている。

　既存のイニシアティブは成功したと言ってよいが、他方で、中央政府の保証を必要とする、非公式もしくは民間のイニシアティブに頼るべきでない万人に

とっての持続可能な基礎的教育の提供については、政府の熟考に基づく教育支出の拡大を通してのみ実現可能である（コラム2.10）[39]。教育支出の拡大の求められる分野を明確にするとともに、教育機会の制約される分野の特定も必要である。一方で、学校施設、教員訓練制度、通学手段、教育資材を含め、基礎的教育機会を享受できる環境の整備が教育の普及の条件となる。また、教育機会を享受できるかどうかは、教育に携わる主要な利害関係者へのインセンティブに掛かっており、中でも教員としての訓練を受け業務に就かせるためのインセンティブは、教員需要を満たせるものでなくてはならず、国民の約3分の2が地方に住むミャンマーのような国では、地方の教員を確保できるインセンティブが求められる。さらに、家庭は、子供を学校に行かせるだけの金融手段を持たなくてはならないが、そうした金融手段には、直接的な教育費だけでなく子供たちを通学させるのに伴う労働損失関連費用（例えば、農家であれば、子供たちの提供していた労務費用）も含まれる。また伝統的に、ミャンマーにおける教育は家庭とコミュニティが中心となって担っているが、親たちが教育を将来の成功のための投資とみなさなければ、子供たちの通学を拒否することも考えられる。

コラム 2.10　政府教育支出

　軍事・社会主義政権下のミャンマーでは、教育投資をかなり軽視していた。政府教育支出は、1972年に対GDP比で3％近くあったものが、2000年には約0.5％にまで縮小している。近年の改革では、2011年時点において対GDP比0.8％とその割合を僅かに上昇させている。このときの教育支出額は、政府支出額の約2～3％だけである。政府は一層の教育投資の必要性を認識し、次期財政年度では、約6％にまで教育予算を拡大するとともに、将来のさらなる拡大を計画している。アジアの中所得国をベンチマークとして、政府は教育への予算拡充計画を持つことが正当化される。タイはGDPの4％近くを、マレーシアとベトナムは5％超を教育に支出していることが報告されている（コラム内の図を参照）。これは、ミャンマー政府が総支出額の約20％を教育に支出する程の規模である。

　2011年、ミャンマーは初等教育に教育支出の半分を充て中等教育と高等教育

には、それぞれ24％と19％を充てている。他国と比較して、ミャンマーは初等教育に重点的に予算を配分しているが、これは初等教育のみが義務教育であることと密接な関係があると考えられる。例えば、インド及びマレーシアでは、初等教育への支出額は教育支出額の3分の1のみである。残りは中等教育と高等教育にそれぞれ3分の1ずつ配分されている。これら諸国をベンチマークとして、中期的にはミャンマーは中等教育（職業教育含む）及び高等教育に対する予算を拡充する必要があると考えられる。

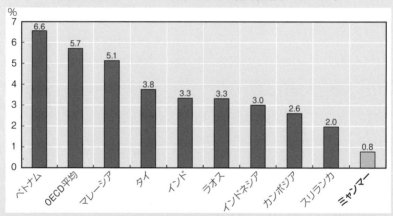

比較でみたミャンマーの対GDP政府教育支出、2010年

注：ミャンマーについては2011年のデータに基づく。OECD平均は2009年及び2010年データに基づく。
出典：World Bank (2013a), World Development Indicators (database), http://databank.worldbank.org.

StatLink : http://dx.doi.org/10.1787/888932857210

基礎的教育で進められる品質改善

1990年代末以降、教員の新任研修制度の再編及び刷新が進められてきた。今日、全ての既存の制度は教育研究所（Institutes of Education）の管理下におかれ、後期中等学校を優秀な成績で修了し、高等教育の入学試験に合格しているという要件に従っている[40]。教員養成大学での1年間のプログラムで優秀な成果を収めた暁には、学生は小学校教員（PAT）としての教員免許状を授与され、小学校での教鞭資格を得る。教員養成大学では、さらに1年間を優秀な成績で

終えることで、学生は前期中等学校での教員教育免許状を授与され、教鞭資格が与えられる。そして教育者となり小学校での1年間の教員経験を積むことで中学校教員（JAT）への昇格が可能となる。さらに、免許状取得により、学生はもう1年かけて教育学士の学位取得のための教育機関への就任申請を行う資格が与えられる。そして教育学士の保有により、後期中等学校での高校教員（SAT）に任命される。ヤンゴン及びマンダレーの教育機関では、さらにもう1年勉強することで、学生は教育修士の学位を得ることができるが、修士の学位は高等教育機関で大学教員として勤めるための最低要件とされている。

　教育訓練制度の再編及び刷新により、教員訓練体系の調整が進んだが、個々の教育レベルの訓練期間の拡大はみられず、就労前の実践的な訓練はなおカリキュラムには盛り込まれていない。ミャンマーでの教員訓練プログラムはより開発の進んだ国家と比べて明らかに短期間のプログラムであり、初等及び前期中等学校で教鞭を執るのに教員養成学士の学位（3年間のプログラム）を求める場合が多い。こうした状況はさらに、教員を専門とする高等教育学校卒業生の卒業生全体に占める割合が3％と、10％を超えるドイツ、ハンガリー、アメリカ等の国々と比較して低いことにも表れている（図2.20）。さらに、ほとんどのOECD加盟国でプログラムの重要な要素である、個々の教育レベルでの経験豊富な教員監督下での短期的訓練は、ミャンマーの教員訓練プログラムの中には統合されていない。

　ミャンマーでは、国家承認教員資格を持たない教員の割合を減らすために、過去20年、教員の現職研修プログラムが幾つか実施されてきた。これらプログラム期間は6か月間であるが、各コースは週末に設置され、子供の発達及び心理的側面、学習理論、授業の準備、教材の開発及び活用、評価技法に焦点が当てられる。試験に合格した教員には、それぞれ小学校及び前期中等学校での教育資格もしくは教員免許状が与えられる。

　教員の現職研修が極めて成功していることは明らかである。1999年には小学校教員の60％しか、個別教鞭資格を保有していなかったのに対し、2010年の公式統計からは全小学校教員が小学校での教鞭資格を持っていたことが示されている。中等学校についても同様の改善が報告されており、同期間に教鞭資格を保有する教員割合は69％から99％にまで上昇している。域内の他のLDC

でも小学校レベルの研修を受けている教員割合は高いが、中等学校ではこの割合は低く、例えば、2010年のラオスの中等学校レベルの研修を受けた教員割合は約85％でしかない。

　最後に、学習及び試験方法、そしてカリキュラムを含めた教育課程の質において、近年改善が進んでいる。1998年及び2001年に行われた小学校及び前期中等学校カリキュラムの再検討では、感情や緊張状態に対処し、自己評価と自己表現を促す、意思決定、コミュニケーション・スキル、対人関係、共感、クリティカル・クリエイティブ・シンキングを内容とする社会研究に加え、生活（もしくは保健関連）技能、自然科学、倫理・公民といった中核分野が導入されるとともに、家政学、工業デザイン及び純粋芸術、農業といった職業関連分野が、前期中等学校教育に導入されている。またこれらに加え、最終試験の負担を軽減するために、新評価プログラムでは包括的個人記録（CPR）と試験頻度の拡大を重視している。したがって、生徒の成長が継続的に評価され、多面的な能力が考慮されることになる。こうした再検討により、ミャンマーはその急速に転換を遂げる社会に歩調を合わせ適合を進めるとともに、学生を包括的に開発できる環境の整備を進めている。

　近年、（学校検査官の常駐等）品質モニタリングに向けた取り組みが進められているが、より適切な品質改善策評価ツールの導入が求められる。それには、1997年にOECDにより始められた国際的な調査研究PISAへの参加が一選択肢として考えられるが、これは読解力、数学的リテラシー、科学的リテラシーの主要分野で15歳児を対象とした能力調査により、世界中の教育制度を評価するものである。一般に、政策担当官は、他の参加国／経済との比較で、自国の学生が修得すべき知識と技能を特定するのにPISAを活用している。

持続的成長に重要な将来需要に適った技能供給

　ミャンマー経済は転換期にあるが、新しく最も有望な広範な技能が求められている。多くの中所得国が適切かつ特殊的な技能が欠如することで、付加価値連鎖の高度化に苦労している。人的資本面での投資は、労働市場からの要求からすれば、不十分であったり不適切であったりする。ミャンマー経済の成長に伴い、潜在的にどのような専門人材すなわち職業技能を有する高等学校卒業人材が求めら

第2章 安定的かつ持続可能な開発の実現

図2.20 文系、理系共に重視するミャンマーの学生
OECD諸国との比較でみたミャンマーの高等教育卒業生の専攻割合、2010～11年

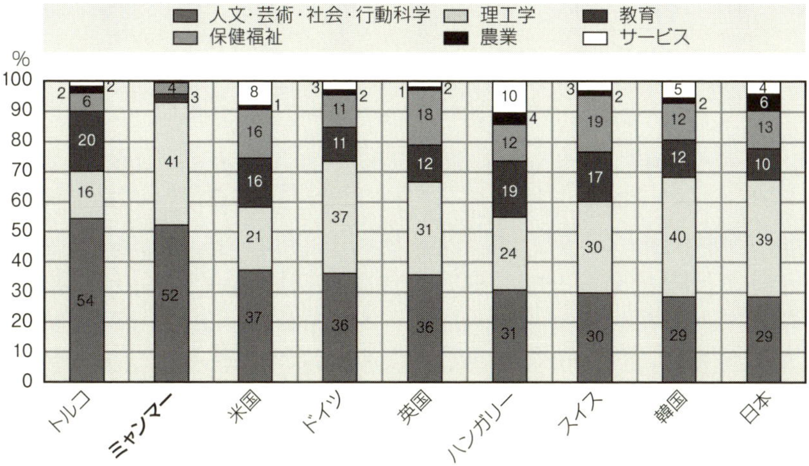

凡例：人文・芸術・社会・行動科学／理工学／教育／保健福祉／農業／サービス

国	人文・芸術・社会・行動科学	理工学	教育	保健福祉	農業	サービス
トルコ	54	16	20	6	2	2
ミャンマー	52	41			4	3
米国	37	21	16	16	1	8
ドイツ	36	37	11	11	2	3
英国	36	31	12	19	1	2
ハンガリー	31	24	19	12	4	10
スイス	30	30	17		2	19
韓国	29	40	12	12	2	5
日本	29	39	10	13	6	4

出典：Ministry of Education (2012), *Education Development in Myanmar*, The Republic of the Union of Myanmar; OECD (2013d), *OECD.Stat* (database), http://dotstat.oecd.org/.

StatLink：http://dx.doi.org/10.1787/888932857691

れるか明確化するうえで、様々な専門人材を有し、急速な成長を遂げる新興国や先進国をベンチマークとすることができる。

　民主化当初より、政府は教育の平等な発展を推進し、様々な地域への普及を進めるために、教育のさらなる高等化と高等教育機関の新規設立を希求してきた。教育機関の数は、1988年の32から2012年には164にまで増加している。また同時に、大学及び大学院レベルの新たな学究プログラムが広範な専門分野での機会拡大に向けて導入されている。教育省管轄下での高等教育プログラムの数は、1988年から2012年の期間に79から215にまで増大している[41]。同期間に高等教育就学者数は4倍となり、2012年には約50万人に達している[42]。2001年の高等教育における総就学率（GER）は、12.4％であった。近年の高等教育就学者の絶対数の急増を踏まえると、現在、この率はさらに上昇し、（2010年時点での）中国の26％やインドの18％といった域内ベンチマーク諸国のGERに接近してきていると考えられる。OECD加盟国の場合、高等教育でのGERは50％を超える国が多い。

高等教育の量の面での急速な拡大は、その質の面での犠牲を伴うものであると考えられる。一般に教育予算が限られる中で、一部省庁では、高等教育の品質と管理が疎かになっているとの認識を抱いてきた（コラム2.10参照）。保健省では品質の向上を企図し、例えば近年、経験を積んだ医師の確保に向けて、毎年新規に約2,500人受け入れてきた学生数を半数にまで縮小したと報告している。また、科学技術省でも同じ理由から、免許状を持った就学者数を30,000人から16,000人にまで縮小している。高等教育卒業生の専門分野では、理工学分野と併せ、人文学、芸術、社会科学分野にかなりの集中がみられるが、これは、教育、保健、経営学アントレプレナーシップ分野に犠牲を強いる可能性がある。ミャンマーでの前者分野からの卒業生は52％と、日本、韓国、米国等のOECD加盟国と比べ、10～20％ポイント高い割合となっているが、また同時に、教育、保健分野での人的資本蓄積が不十分となる可能性が明らかとなってくるものと思われる。ミャンマーでの教育、保健各分野での高等教育卒業生は、それぞれ3％と4％しかないが、他方、比較対象として挙げたOECD加盟国では10％を超えている（図2.20）。理工学分野の卒業生割合は、より開発の進んだ国家と同程度にあると思われる。2004年以降、毎年、約50,000人の学生が理工系の学校を卒業している。これは、1988年には全くなかった理工学分野の学位授与大学、短大が61校、近年になって初めて設置されたことを考えると感銘的である[43]。さらに、ミャンマーでの起業家及び経営者の増大に合わせて、経済学部の開設も漸次的に進められるものと思われる。経済学及び商学分野のプログラムは人文学部におかれているが、また現在のところ、公共ビジネスや経営学系の学部は存在していない。将来的には、そうした人材の蓄積に大きな重点をおくことが求められるものと思われる。

　工業化の進むミャンマーでは、高等教育人材の蓄積と併せ、強力な中級レベルの技巧を有する職業人材が求められることとなろう。技術及び職業訓練は、主に科学技術省技術及び職業教育局で調整される[44]。技術者の訓練は政府の技術機関で、専門人材、基礎的職人の訓練は工業高校で行われる。機関及び学校のいずれも既被雇用者を対象に、パートタイムでのコースも提供している。技術者30,000人近く、専門人材4,000人近くが、2010～11年にそうした機関で訓練を受け（試験に合格し）ている。こうした数値は、近年、職業訓練の強化に

積極的に乗り出していることを反映するものであるが、1990～91年時点で訓練を受けていた者は、技術者約1,500人と職人約1,000人だけであった。非政府系の職業学校に加え、農業機関及び協同組合短大からも2010～11年に8,300人の訓練を積んだ人材が送り出されている（1990～91年には、これは3,800人に過ぎなかった）[45]。

職業教育試験合格学生者数の増加が近年みられるが、2010～11年時点では、それは普通後期中等学校卒業者数の3分の1にも満たない。普通後期中等教育の普及自体に限界があるとすれば（2010年のGERは僅か38%である）、これはミャンマーの若者のかなりの割合が普通中等教育も職業訓練も終了していないことを意味する。中期的にミャンマーでもスイスのような洗練された公式のアプレンティスシップ・プログラムが検討されるものと思われる（コラム2.11）。

コラム 2.11 スイスにおけるアプレンティスシップ：ミャンマーに適合可能なモデル

スイスの教育制度では、10年間の義務教育終了後、学生は通常の訓練を継続するか、3年間ないしは4年間のアプレンティスシップを開始することができるが、義務教育課程を修了した若者の内、概ね3分の2がアプレンティスシップを選択している*。スイスのアプレンティスシップの顕著な特徴は、教室学習と企業での業務経験との交換にある。このいわゆる「デュアル・システム学習」では、学生は週の1～2日を職業訓練学校での学習に費やし、残りを企業での業務に費やす。訓練には約230に上る選択肢があり、ビジネス及び保健関連の分野が最もよく選択されている。

スイスのアプレンティスシップ制度の持つ強みは、一つには訓練スキームの浸透性にあり、これにより被訓練者はそれ以降（大学を含め）より高度の学習機会を享受する、あるいはキャリア形成過程で時間の無駄なく活動対象を変えることが可能となる。また、会社、専門職協会、国家、学校はもう一つの重要な要素であるとともに、被訓練者は、訓練を通して会社の生産活動に貢献し、大半の者が利潤の創出に寄与している場合が多い。アプレンティスシップは、経済的便益に加え、会社に適任の人材を創出し、若者に会社とのダイナミックな接点を与え、会

社のイメージ改善に寄与するものであると言える（Petitjean, 2012）。

　アプレンティスシップと似た制度にいわゆる職業訓練センター（CVT）があるが、これは10年程前にヤンゴンで民間協会主導で立ち上げられた（Jorio, 2012）。2010年から2012年の間に、実習生の数は450人と倍加している。現在、この制度には、500社のパートナー会社が参加し、販売員、大工、電気技師、技術者、ホテル助手に関する5つの異なるプログラムが提供されている。CVTはミャンマー政府の支援を受けてはいるが、資金面ではなお海外からの援助に頼っている。このパイロット・プロジェクトが政府の教育計画に組み込まれるならば、ミャンマーの職業訓練制度は域内では最前線に立つことになる。

* 　この数値は、（義務教育課程最終学年の）16歳時点での職業訓練課程での純就学率に対応しており、通常の訓練における総就学率（33％）を明らかに上回っている。

　まず最も重要な点として、ミャンマーで将来的に重要とされる人材をより的確に識別するうえで、各省庁間での教育制度の調整改善が求められる。今日、教育責任は1ダースを超える省庁間で分担されており、これが相当な非効率性を生むことで、教育資源の配置も不適切となる可能性がある。一つの省だけで全教育レベルの提供と教育品質に責任を持つことが望ましいと考えられる。専門分野特殊的教育（職業訓練並びに高等教育）の調整改善が特に求められている。さらに、失業者がどの分野に集中していて、給与は部門（公共部門、民間部門を含む）間、他国との間で、どのように比較できるのか検討するには、労働市場の完全な分析が求められる。また、雇用主の調査は、企業及び政府機関で現在及び将来に求められる人材を明確化することとなろう。こうした調査への雇用者側の回答を踏まえることで、政策をより効果的に労働市場要求に適合できるものとし、職業訓練及びより基本的な教育制度を通して、適切な技能の教授を確実なものとすることができるだろう。

第6節　物的資本の蓄積

　ミャンマーが成長を維持し、開発目標を実現するためには、物的資本（インフラ及び事業資産）の蓄積を急速に進める必要がある。特に、インフラ――輸送ネットワーク、エネルギー・インフラ、通信システム――については、火急の刷新と拡張が求められる。輸送、ICT、エネルギー、銀行業を考慮に入れた2005年のRISインフラ指標では、ミャンマーは104か国中95位にランクされている（Kumar and De, 2008）。こうした状況に対し、現在、過度に複雑な制度環境をより効果的なものとするための支援が必要であると考えられる。

　インフラは、開発において最も重要な要素である。資本ストックとして追加されるだけでなく、成長を間接的に後押しする。インフラ投資は、生産及び取引面でのコストの低下につながり、新規市場を開設し、新たな生産機会を生む可能性がある。また強力な輸送・通信インフラ・ネットワークを通じてより多くの者がつながり、社会の周辺に位置する、あるいは疎外されたコミュニティが中核的な経済活動に参画してサービスを享受できるようになる。インフラの構築自体、国内他部門に対し大きな需要を創出し成長を加速させるものであるが、またこれにより雇用が創出され、可処分所得、消費が拡大し、成長拡大がもたらされることが考えられる。

輸送システム改善に向け着手・計画される主要プロジェクト

　制度的複雑性は、輸送政策、計画、建設に対する責任が幾つかの省庁間で分割されていることを意味している。建設省は、国境省の管轄下にある国境地域及び地方の道路、橋梁以外の道路、橋梁の管轄に責任を持つ。運輸省は、航空及び海上輸送を管轄する。鉄道省は、国内鉄道輸送に責任を持つ。多くの機関間で責任が分割されている状況では、優先順位を見極め、これに即した予算配分を可能とする、全体的に一貫した輸送戦略の開発は非常に困難なものとなると考えられる。

　ミャンマーの道路密度は極めて低く（図2.21）、全ての郡が国家の道路ネッ

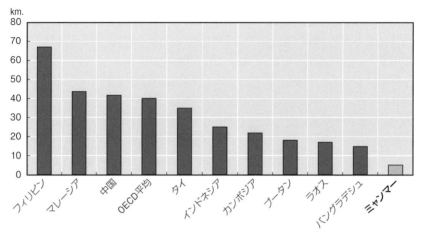

図2.21 極端に低い道路密度
道路密度（100km^{2}当たりの長さ）、2010年

注：フィリピン（2003年）、タイ（2006年）、インドネシア、カンボジア、ラオス（2009年）を除き、2010年のデータに基づく。
出典：World Bank（2013a）, *World Development Indicators*（database）, *http://databank.worldbank.org*.
StatLink : http://dx.doi.org/10.1787/888932857710

トワークにつながっている訳ではない。道路の質もまた問題である。国内の道路舗装率は、僅か21.7％である。政府は道路ネットワークの大部分で土の上に砂利を敷き詰めたりアスファルトで舗装することと併せ、道路を拡張する計画を持っている。ヤンゴン＝マンダレー道路等の高速道路の建設、改修が進められている。東南アジア域内では、連結性改善に向け多くの国際ハイウエイの建設が進められているが、これにはASEANハイウエイ（総計8路線）、アジア・ハイウエイ（4路線がミャンマー経由）、GMSハイウエイ（総計3路線）がある。さらに、国際協力及び国際金融支援の下に、3路線の改修、拡張が計画されている。

　過去数十年間、過少投資と不十分な維持管理状態にあったことで、現在の道路ネットワークはひどく退廃している。5,768kmに及ぶネットワークが東西への支線を伴い北から南へと延びるが、隣国とはつながっていない。鉄道ネットワークについては、ヨーロッパとアジアを結ぶ統合鉄道ネットワーク・プロジェクトとしてのアジア横断鉄道（Trans-Asia Railway）と統合する計画がある。

中国は、雲南省昆明市とミャンマー西沿岸部にあるチャオピュー深海港とを結ぶ幹線鉄道、そしてそこからヤンゴン、さらに南に下ってダウェー深海港まで伸びるもう一つの幹線鉄道の建設を計画している。また別に昆明市からシャン州を通ってタイまで延びるルートも計画されている。

エーヤワディ川とチンドウイン川が主要な水路となっているが、2012年の内陸水路輸送システムを使った輸送は運賃計算重量で約44.39％を占め、国内輸送ネットワークの中で重要な位置づけにある（Thein, 2008）。しかし、水位の低い夏季の間は、大型船舶による航行は禁止されている。ミャンマーにはベンガル湾に面する九つの港湾があるが、そのうち四つしか国際海上輸送を扱えない。2011年から2016年にかけて政府は水路の拡張と併せヤンゴン港湾地区の開発、ダラ・ドックヤードの改修、ティラワ港湾地区での国際河川港5港の新規建設、エーヤワディ川及びチンドウイン川沿いの内陸港6港の新規建設を計画している。

政府は、航空輸送能力の強化に向け、フライト・スケジュールに即した運航の行われている14の空港の改善、改修とハンタワディ国際空港の新規建設を計画している。また政府は、国内線及び国際線のフライト数増大に向け、航空システム、プロセス、訓練の近代化も計画している。

莫大なエネルギー資源に対し国家的要求水準にないインフラ

ミャンマーでは潜在的エネルギー創出能力に対し、現在の能力水準は低い。国内には、2,660メガワット（MW）を供給する水力発電プラントが19か所、715MWを供給する天然ガス・プラントが10か所、そして2005年に建設され、約120MWを供給する石炭火力発電所が1か所存在する。現在、備えている能力は、総計で3,500MW近くになるが、水力発電は年間を通してフル稼働させることはできない。乾燥する夏季の数か月は、発電能力は約1,500MWにまで落ち、頻繁な電力カットを余儀なくされる。政府はこの問題に対し、主力電力を水力から火力に切り替え、ピーク時に水力を併用することでこの時期の問題に対応している。

ミャンマーでは、発電及び送配電は重要な問題である。地方を中心とした一部地域には電気が全く通じていない。電化率は49％だが、都市・地方間格差

は顕著で、都市では89％の市民が配電に与っているのに対し、地方ではこれが28％に留まる。これは約2,600万人の国民が電気の供給を受けていないことを意味している（IEA, 2012）。電気の供給を受けている地域でも、電力不足は頻繁に起こり、人々の日々の生活、事業活動、社会サービスが阻害されている。能力の拡充は進んでいるが、なお需要が供給を上回る状況は続いており、乾季には需要の75％しか満たしていない。さらに、発電所（power station）と最終供給先である消費者との間の電力の消失は、総発電量の約3分の1に上る（Thein and Myint, 2008）。このように、消失率が高水準となる背景には、貧しい州での老朽化した送配電網の使用、電力の盗用、発電所から最終消費地までの送電距離の長距離化傾向が原因としてある。信頼できる電力供給に欠けることは、ミャンマーでの製造活動を検討している会社に、二の足を踏ませる結果となっている。

しかし、ミャンマーの潜在的エネルギー創出能力は巨大である。水力は過少利用状態にあるが、国家全体の河川体系の持つ水力エネルギーは、理論的潜在力は108,000MWを超え、年間で366,000ギガワット時（GWH）を超えるとともに、供給予備能力も39,720MWと算定されている（Thein and Myint, 2008）。石炭については、15か所の石炭鉱床にまたがり、概算7億1,100万トンの石炭を保有するとされている。またミャンマーには、沿岸部と沖合に、石油とガスがかなりの規模で埋蔵されている。最近の調査では、中央ビルマ・エーヤワディ地区（Central Burma Basin and Ayeyarwady）、インド洋上アンダマン諸島地区（Amdaman and Indo）、地質学的ビルマ地区（Burman Geologic Provinces）を合わせ、原油23億バレル、ガス79兆6,000億立方フィート、液化天然ガス21億バレルがこれまで未発見の、技術的に回収可能な資源として存在するとされている（USGS, 2012）。特に沖合での探査、採鉱を中心に技術に欠けることから、こうした埋蔵資源の開発には海外からの協力と技術移転が不可欠な場合が多いと言える。

2013年には、2大石油及びガス・プロジェクトとして、シュエ・プロジェクトとゾーティカ・プロジェクトが稼働しているが、これらは主に、国内ではなく海外のエネルギー需要を賄うことになると思われる。シュエ・プロジェクトの二つのパイプラインは、中東及びアフリカからの石油と、ベンガル湾にある

第2章　安定的かつ持続可能な開発の実現

ミャンマー沖合ガス田からの天然ガスを、中国の雲南省まで輸送することとなり、ゾーティカ・プロジェクトはミャンマー南東部からタイまで天然ガスを輸送するものとなるだろう。

　ミャンマーにおいて、開発目標への適合を考えるうえで、国内エネルギー需要の拡大への対応が優先される必要があると思われる。電力省は2013年から2016年にかけてさらに発電プラント17基（天然ガス10基、水力7基）を建設、拡張することが計画されているが、これにより、保有能力は2,192MW拡大することになる。また、2013年から2016年にかけて、風力及び太陽光発電所の建設も計画されており、さらに310MWが追加されることになる。

カバー範囲及び品質の限られる通信能力

　近代的な通信技術は、開発を支える大きな力となり得る。中でもインターネット及び移動体通信技術は、企業に対する取引コストの削減やモバイル・バンキングを使った金融の拡大といったものから、e-ヘルス・サービスを通じた保健医療の普及拡大、情報フローの容易化を通じた透明性の改善まで、経済全体に亘って大きな機会をもたらす。現在、ミャンマーの通信部門は未開発の状況にある（図2.22）。

　ミャンマーでの電話（固定及び携帯）及びインターネットの普及率はいずれも極めて低い。1990年代時点では、ミャンマーにおける100人当たりの電話加入件数は、カンボジア、ラオス、ベトナムよりも高かったが、2007年にはベトナムが400倍にまで増大させているのに対して、ミャンマーでは加入率の微増に留まっていた（図2.22パネルA）。さらに、電話サービス品質も極めて低く、つながらないとか、通信が途切れるといったことがよく起きている。

　携帯電話の普及率は全人口の10％でしかなく、域内他国よりもかなり低く、55,000以上の村落がまだ携帯サービスを受けていない中、政府は2016年までに75～80％の携帯普及率を達成するという、野心的な目標を掲げている。100人当たり0.8人しか携帯電話の加入契約を行っていない理由の一つは、地域的に整備が進んでいない点にあるが（図2.22パネルC）、またここでも近隣国よりもかなり遅れた状態にある。携帯サービス費も禁止的に高く、ミャンマーでの平均所得は月60～70米ドルであるのに対し、スマートフォンを取得し使

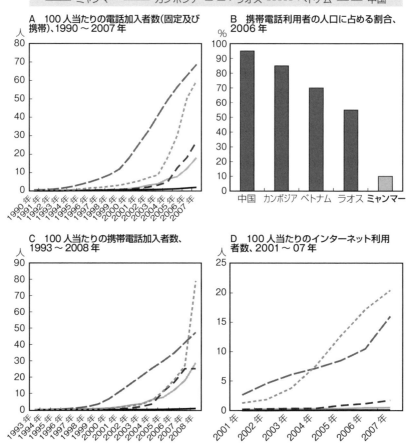

図2.22 未開発の通信部門

出典：ITU (2013), *International Telecommunication Union* (database), International Telecommunication Union, www.itu.int/en/ITU-D/Statistics/Pages/stat/default.aspx.
StatLink：http://dx.doi.org/10.1787/888932857729

用するのに掛かる費用は563.11米ドルとなっている（Open Technology Fund, 2013）。2013年1月現在、携帯電話向けSIMカードは約250米ドルと多くの国よりも高価となっている。

最近まで、政府が国内全ての通信を牛耳り、市場を独占する状況にあった。

SIMカードでは販売権の独占が価格を高水準に留めてきたが、2010年1月には剛腕実業家Tay Zaの経営するHtoo Tradingが800MHz帯に対応したCDMA携帯電話向けSIMカードの包括的販売権を獲得している。2011年8月には、いずれも政権とのつながりのある会社だが、4社がGSM携帯400万台の販売権と国内全土に通信基盤を確立する権利を獲得している。現在、ミャンマーには郵便電気通信省の全面的管理下におかれるものと、一部政府の出資によるものとの二つの事業会社が存在している。ミャンマーは15年間の権利を認められる全国規模の通信免許を2社に絞り込むことを目指し、通信グループ12社を特定しているが、2013年半ばまでには勝者を公表する意向である。これに対しては、市場競争をさらに促進し、価格低下につなげるべきである。また通信部門への外資の参入を進め、技術、ノウハウの移転を通じてサービスの改善につなげる必要もある。

　インターネットの利用については、100人当たりユーザー0.08人とミャンマーでは極めて利用が遅れている（図2.22パネルD）。またここでも、費用は禁止的要素となっている。さらに、インターネット基盤が制限されているため、インターネットの速度は苛立ちを感じる程遅く信頼できないだけでなく、信頼性の高い情報の安全な伝送の確保もままならない状況にある。ミャンマーでは、最低でも10Gbpsの通信が利用可能であるが、全ての地上線及びワイヤレス通信は、東南アジア／中東／西欧海底光ファイバーケーブル（SEA-ME-WE3）一本と連結して行われている。また全ての通信は、プロメー道もしくはピー道にある「国際ゲートウェイ」を通って行われているが、このように連結が限られることで、速度が制限される中、政府は海底光ファイバーケーブル（SEA-ME-WE4）を増設、拡張する計画を持っている。現在、ミャンマーでのインターネット・アクセスの大半がインターネットを使える携帯端末を通して行われている。政府はミャンマーの光ファイバー・ネットワークの高度化に向け、シンガポール企業と連携を進め、既存の携帯ワイヤレス・ネットワークの拡張を企図し、モバイル・インターネットに焦点が当てられている。ミャンマーでは、政府の完全所有下にあるMPT、Yatanarpon Teleport（政府51％、民間49％出資）、政府指導者の家族経営によるRed-Link Groupの3社がインターネット・サービス・プロバイダーとして活動している（Open Technology Fund, 2013）。

注

1. 実業界の巨頭 Tay Za、Zaw Zaw、Nay Aung、Chit Khaing の4氏に営業許可が与えられている。
2. さらに、抵当権執行手続きには時間を要し、数年間かかる場合が多い。抵当権執行資産は、裁判所により競売に掛けられる。
3. マイクロファイナンス事業法は2011年に議会を通過、制定されたが、全国に1,200の機関が存在している。許可は、マイクロファイナンス監督企業（財務省管轄）により発行される。デポジットを取るマイクロファイナンス機関の場合、最低資本金として3,000万チャット、デポジットを取らない機関であれば、1,500万チャットが必要となる。デポジットは会員からのみで、一般から取ることは認められていない。
4. ミャンマー経済銀行は、決められた融資・価値比率に従うモデル・ケースであると考えられる。本報告書執筆時点において、当銀行は建物に対して50％、土地に対して40％の比率を適用している。
5. 利潤の本国送金、海外での教育・保健費用、旅行に対して残されていた制限を撤廃し、経常勘定は既に慣行上、自由化されている。
6. 防衛費に対する予算支出に加え特別基金法では、最高司令官に対し、議会の同意なしでの軍事目的での追加資金配分権限を認めている。こうした軍支出の可能性により、予算の透明性、延いてはアカウンタビリティの低下を招くだけでなく、保健や教育等、他分野への支出額が減じられる結果となっている。
7. 沖合の新しいガス田二つが生産段階に入っている。一つはTotal社、もう一つはタイ向けの輸出を計画しているマレーシア企業によって進められている。他にも二つのガス田（DAEWOO）が採取段階にある。ロイヤルティは10％で、12.5％まで引き上げることになっているが、年間20億米ドルの収益である。利潤は政府（60％）と企業（40％）との間で折半する形で合弁事業も幾つか実施されている。
8. これは一般政府による公式的定義に従うものであり、未だ一部が国家の管理下におかれ、国家歳入の15％をも占める送配電サービス等の公共サービス手数料は除外されている。
9. 政府は国家勘定からSOEの事業費用と事業収入を切り離す作業に入っている。2012/13会計年度から、SOEは独自の勘定体系を持ち、利潤の25％を税金として納めている。その民営化には約3〜4年が見込まれている。
10. 近年の研究では、全東南アジア諸国を含め、開発途上国18か国のエネルギー・環境実績を評価している。ここでは12の特殊的指標が使われているが、ミャンマーは総合成果及び1990年から2010年までの期間における成果の改善において、最後か最後から二番目に位置づけられている（Sovacool, 2012）。この分析では、高

第2章　安定的かつ持続可能な開発の実現

所得国と比べ低所得国でかなり実績が劣る傾向がみられたが、ミャンマーはラオス、カンボジアよりも、またベトナムに対しても、実績面でかなり低い位置づけにある。
11. 環境モニタリングを行っているGermanwatchによると、1990年から2008年の期間、ミャンマーは世界でも環境への厳しい気象条件による影響が二番目にひどかったことが明らかにされている。
12. 例えば、域内全工場に対し汚染物質の排出を一律の規制基準以下に低減するよう求めることは、技術等優れた要素を持ち比較的低コストでこの基準を満たせる工場でも、高コストの工場以上に削減することを求められないことになり、非効率である。ここで最も低コストで汚染物質の排出を削減できる工場に削減活動を集約して、グローバルに同じ量の汚染物質の削減が可能である。しかし、これには、通常、基準設定当局に欠ける工場操業能力に関する詳細な知識が求められるため、指令措置の下では実現できない。
13. 社会的企業は非営利的特徴と商業的特徴とを効果的に併せ持った存在であり、こうした優れた特徴は持続的な成長において、政策により調整される必要がある。
14. 国家によるアジェンダ21戦略の遂行をマルチ・ステークホルダー主体が支援できる体制を確立できるように、1992年、リオ・サミットの成果に合わせて当会議は新しく設置されている。先に指摘したように、当会議は、諸政府機関間での環境政策の調整、統合において、重要な役割を果たす場合もある。
15. 2004年まで、環境保護に責任を持つ現地当局は、現地開催の委員会で各省庁の現地事務所との調整を行ってきたが、NCEAのように直接的関係は持っていない（Habito and Antonio, 2007）。
16. NECCはまた、環境課題に対する認知を高めるために、学校等を使った教育プログラムの推進に責任を有するとともに、ミャンマーの環境保護への取り組みに対する国際援助管理も任されている。
17. タイでは、チェンマイ、パタヤ、プーケットでの廃棄物の回収は一部もしくは完全に民営化されている（APO, 2007）。
18. ミャンマーには3,000万人を超える労働力が存在する（CSO, 2013）。2010年8月にJETROの行った調査によると、ミャンマーにおける工場の労働者の賃金はタイの16％しかなく、カンボジア、ベトナムの半分にも満たない（Makishima, 2012）。
19. 汚職認識指数では、企業社会が政府部門をどの程度、汚職に侵されていると認識しているかを基準にランク付けしている。
20. 2013年5月現在、政府は民間部門代表との協働により、ミャンマーにおいてSMEを正式に定義する新たなSME開発促進法の準備作業を進めている。
21. 2011年の人口（4,830万人）がこの計算には使われている（UNESCAP Data

Centre) (*www.unescap.org/stat/data/*)。
22. 第一次部門及びサービス部門の国有非製造業企業に関するデータは入手できない。
23. しかし、政府部門の輸出において、国有企業に加え、代替的輸出手段の利用は否定され得ない。
24. 企業法の中では、国有経済企業法（1989）だけが、任意の民間企業に対し、ネガティブ・リストを与えている。
25. SOEにおける民営化の大半が、販売ではなく、通常30年間を期間とするリース契約によりなされてきた。しかし、こうした取引は透明なものではなかった。
26. 国家計画経済開発省は、ネーピードー及びヤンゴンにワンストップ・ビジネス支援センターを設置しているが、2013年にはマンダレーにもう1か所開設することを計画している。また政府は、ミャンマー連邦商工会議所連合会（UMFCCI）との協議により、全国に数多くの管区域（provincial）及び州レベルのワンストップ・サービスSME支援センターを開設する計画も有している。
27. 輸出入業者は、ミャンマー企業、外資系企業、パートナーシップ、合弁事業の形態を取る。
28. この貿易免許スキームは、2012年に効率的な貿易手続きを導入することで、任意の企業あるいは個人の国際貿易への従事を可能とし、門戸を開放することにより綿密に検討されている（JETRO, 2012）。
29. ミャンマーではまた、そうした部門への外国人投資を制限してきた（詳細は、鉱業法鉱山法（1994）、真珠法（1995）、その他の開発法を参照）。
30. タイでは、こうした国籍による差別は、特に1997～98年のアジア通貨危機後に大きく縮小している。
31. IFCは、ミャンマーには280万のマイクロファイナンスのクライアントが存在すると概算している（Duflos *et al.*, 2013）。
32. この指標には、操業規制、建設許可対応、労働者の雇用、財産登記、信用の利用、投資家保護、納税、越境貿易、契約執行、企業閉鎖が含まれる。
33. この目的のための配分額が50億チャット、SME一社当たりの最大融資額が500万チャットとなると予想される。
34. 1998年にUNDP及びUNESCOとの協働の下、（教育省）教育計画訓練局（DEPT）、教育省（MOE）下のミャンマー教育研究所（MERB）、ヤンゴン国立教育研究センター（YIOE）により非正規初等教育（UFPE）プログラムが開発されている。その際、このNFPEシステムは二つの郡で検証されている。2001年には、UNDP／UNESCOプロジェクトの下で11の郡にパイロット・プロジェクトとしてNFPEは導入されている。2012～13年には、MOE、UNICEF等のドナーからの支援を受けて、73の郡がNFPEプログラムを提供する中、10,488人の学生に教育

第2章　安定的かつ持続可能な開発の実現

機会が与えられている。UNESCOは現在、非正規中等学校機会均等プログラム・カリキュラムの開発に向けて、MERBと共同作業を進めている。
35. GERは、正規の初等教育年齢人口に対する初等教育就学生数の比率（％）として定義される。
36. 2001～02年の学校教育改善前の初等学校（第5年次）から前期中等学校（第6年次）への進学率は、68.5％であった。2009～10年には、この進学率は80％を超える水準にまで上昇している。ここで留意しなくてはならないのは、後期中等学校終了時に大学入学資格試験を受験したと思われる者のうち、実際に合格したのは約35％のみであった点である。
37. 中でも、政府は地方の教員不足解消のために、地方で勤務する教員には金銭的インセンティブを与えている。地方前期中等教育教員比率に対する人口比率でみると、このイニシアティブは成功しているように思われる。1998年から2010年にかけて、この値は780から611にまで低下している。
38. 特に、この変動は専門人材となっていない訓練を受けた教員の動向に左右される。毎年、8,000人から9,000人の教員が訓練を受けるが、そのうち学校に勤務するのは約7,500人のみである。
39. ミャンマー連邦共和国憲法（2008）第28章パラグラフ（c）で「ミャンマー連邦共和国は義務教育として無償により初等教育を進めていく」と述べている。
40. 学生が特定の高等教育入学試験を受験する資格を与えられている場合、後期中等学校終了時の大学入学資格試験の点数が重要となる。
41. 高等教育プログラムでは、他の省庁下のプログラムと調整されるものも増えていると思われる。全体で13の省庁が教育システムに関わっている。
42. 470,912名の学生の約40％しか正規の授業に出席しておらず、残りの学生は遠隔教育を受けている。遠隔教育では、学生は遠隔地で授業を受けるが、試験前には短期間の講師による直接授業を受け教材を総復習することとなろう。
43. ミャンマーは、1988年以前から科学技術機関を有していた。軍事政権下では多くの高等教育機関が閉鎖されていたが民主化過程で漸次的に再開されている。
44. 科学技術省に加え、他の1ダースを超える省庁が総計459校に上る公共訓練学校での技術・職業訓練に関わっている。
45. 職業訓練を受けていると思われる者のうち、約80％が実際に最終試験に合格している点には留意が必要である。

付録A.2

ミャンマーの金融・企業部門

第2章　安定的かつ持続可能な開発の実現

表A.2.1　ミャンマーの金融制度

事業組織形態	主体数	概要	規制・監督局	法枠組み
国有開発銀行	4	ミャンマー外国貿易銀行 ミャンマー経済銀行 ミャンマー投資商業銀行（中小工業開発銀行に改名される） ミャンマー農業農村開発銀行	ミャンマー中央銀行及び個別管轄省庁	ミャンマー中央銀行法（1990）；ミャンマー金融機関法（1990）；貯蓄銀行法（1992）；ミャンマー会社法（1914）[1]；ミャンマー農業農村開発法（1990）
民間銀行	19	民間商業銀行	ミャンマー中央銀行	ミャンマー中央銀行法（1990）；ミャンマー金融機関法（1990）；貯蓄銀行法（1992）；ミャンマー会社法（1914）
金融機関	5	ミャンマーOrient Leasing Company Ltd. ミャンマー保険 ミャンマー証券取引センター株式会社 安全保障及び出版業 ミャンマー・マイクロファイナンス監督企業（旧ミャンマー小額融資企業）	財政歳入省及び国防省（安全保障及び出版に対して）	ミャンマー中央銀行法（1990）；ミャンマー金融機関法（1990）；ミャンマー保険法（1993）；マイクロファイナンス法（2011）；マイクロファイナンス通知・指令（2011）；ミャンマー会社法（1914）[1]
外資系銀行代表事務所	28	主に東南アジア、北東アジアの外資系銀行	ミャンマー中央銀行	ミャンマー中央銀行法（1990）；ミャンマー金融機関法（1990）；ミャンマー会社法（1914）[1]
マイクロファイナンス機関	1 755	マイクロファイナンス機関（MFI） 非正規及び準公認部門協同組合 NGO（例えばPACT） 特別農業開発会社 村落リボルビング基金 コミュニティ機関	財政歳入省、協同組合省、農業灌漑省	マイクロファイナンス法（2011）；マイクロファイナンス通知（2011）；ミャンマー農業開発関連法（1992）；組織形成関連法（1990）；協同社法（1992）；NGO法（1988）；ミャンマー会社法（1914）[1]

1. ミャンマー会社法（1914）では破産条項に関する細則があり、銀行・金融部門は、支払い不能による債務不履行に対しては、同法に基づき対応しなければならない。

出典：PWC (2012), *Myanmar Business Guide*, August 2012. PricewaterhouseCoopers LLP, Singapore, *www.pwc.com/sg/en/assets/document/myanmar_business_guide.pdf*; Aung, Y. and Khin C. O. (2011), "Small and Medium Enterprises in Myanmar", a presentation at the Asia-Pacific Financial Inclusion Forum, Tokyo, Japan, 6-8 September 2011, Ministry of Finance and Revenue, Government of Myanmar; Duflos, E. et al. (2013). *Microfinance in Myanmar: Sector Assessment*, January, International Financial Corporation, World Bank Group. Washington, D.C., *www.cgap.org/sites/default/files/Microfinance%20in%20Myanmar%20Sector%20Assessment.pdf*.

表 A.2.2 ミャンマー、タイ、ベトナムでの製造業企業の企業規模による分類

分類	ミャンマー				タイ	ベトナム
	投資額	年間生産額	設備容量	労働者数		
零細企業	n.a.	n.a.	0.25〜5馬力	10人未満	労働者50人以下もしくは資本金5,000万THB（タイバーツ）以下	労働者1〜9人
小企業	100万チャット	1,000万チャット	〜25馬力	10〜50人		労働者10〜300人；資本金100億VND（ベトナムドン）以下
中企業	500万チャット	1,000万チャット	〜50馬力	51〜100人	労働者51〜200人もしくは資本金5,000万THB超2億THB以下	
大企業	1,000万チャット	1,000万チャット超	50馬力超	100人超	労働者200人超もしくは資本金2億THB超	労働者300人超；資本金100億VND超

出典：Ministry of Cooperatives (2013), Types of Industries in Myanmar, in the Small Scale Industries Department of the Ministry of Cooperatives, Yangon, 16 January 2013; UNESCAP (2012a), Policy Guidebook for SME Development in Asia and the Pacific, United Nations Economic and Social Council for Asia and the Pacific, Bangkok, www.unescap.org/tid/publication/indpub2621.pdf.

第2章 安定的かつ持続可能な開発の実現

表A.2.3 [1/2] 事業分野別国有企業：利益及び損失

事業分野	1990 ～91年	1995 ～96年	2000 ～01年	2004 ～05年	2005 ～06年	2006 ～07年	2007 ～08年	2008 ～09年	2009 ～10年	2010 ～11年	累積利潤・損失額(2004～11年)
農業及び林業	-951	-3 238	-45 786	-42 782	-34 517	-72 367	-86 128	-110 932	-116 924	-116 669	-580 319
1.農業企業	-720	-2 443	-35 608	-14 795	-13 976	-24 777	-22 105	-27 206	-14 145	-29 433	-146 437
2.ミャンマー製材企業	-231	-794	-10 178	-27 988	-20 541	-47 589	-64 023	-83 726	-102 779	-87 236	-433 882
畜・水産業	27	-120	8	-5 096	-2 023	-3 326	-16 151	-8 347	-7 383	-18 464	-60 789
1.ミャンマー水産企業	49										0
2.畜産物、食品、乳製品企業	-22	-120	8	-5 096	-2 023	-3 326	-16 151	-8 347	-7 383	-18 464	-60 789
鉱業	-345	-236	1 152	-1 328	8 263	-1 275	12 067	18 832	3 648	30 912	71 118
1.鉱業企業	-290	-672	-1 021	-1 644	-1 751	-5 333	-3 432	-4 190	-2 886	3 314	-15 922
2.ミャンマー宝石企業	-66	452	2 340	337	10 104	3 571	15 425	23 998	7 665	28 108	89 207
3.ミャンマー塩・海洋化学企業	6	-7	-101	-208	-184	-95	-56	-356	-460	-477	-1 835
4.ミャンマー真珠企業	4	-10	-66	187	94	582	130	-620	-671	-33	-332
工業	633	-216	1 365	-2 042	8 829	10 372	-805	7 565	-9 685	-9 057	5 177
1.工業 (1)	431	-714	1 108	630	14 023	10 802	6 258	4 898	-18 837	-23 369	-5 595
2.工業 (2)	202	497	257	-2 671	-5 194	-430	-7 063	2 667	9 152	14 312	10 772
エネルギー業	29	2 265	-9 766	-26 026	-150 304	-121 264	-127 668	-76 773	-89 867	99 700	-492 203
1.ミャンマー原油・ガス企業	7	-14	-1 310	-992	-1 078	-17 248	10 262	-3 770	6 786	-10 001	-16 040
2.ミャンマー石油化学企業	-54	2 176	-3 221	-13 817	-114 098	-54 521	-63 727	-3 765	-51 206	-48 040	-349 173
3.ミャンマー石油製品企業	-62	-69	-990	-7 781	-32 207	-82 321	-100 456	-68 950	43 751	212 872	-35 094
4.ミャンマー電力企業	137	171	-4 245	-3 437	-2 921	32 826	26 253	-287	-89 198	-55 132	-91 896
公共事業	-155	39	-7 976	-757	10 155	4 023	5 979	2 440	9 352	7 784	38 976
輸送事業	213	356	224	-545	-1 812	-11 294	-8 515	-11 146	-8 242	-5 238	-46 792
1.ミャンマーファイブスターライン	51	16	-129	588	436	2 687	200	-604	-6	-469	2 831
2.内陸水路輸送	40	119	4	1 569	227	-2 785	-3 324	-4 690	-4 781	-4 651	-18 435
3.ミャンマー港湾当局	82	330	184	284	46	-1 838	-1 734	-2 411	-1 881	-2 765	-10 299
4.ミャンマー造船所	26	-21	-75	-212	-255	-543	-943	1 056	-491	-739	-2 128
5.ミャンマー航空	19	24	241	-924	-1 693	-2 845	-1 602	-3 449	-903	2 813	-8 603

207

表A.2.3 [2/2] 事業分野別国有企業：利益及び損失

事業分野	1990 ~91年	1995 ~96年	2000 ~01年	2004 ~05年	2005 ~06年	2006 ~07年	2007 ~08年	2008 ~09年	2009 ~10年	2010 ~11年	累積利潤/損失額(2004~11年)
鉄道輸送	212	197	-377	-4 633	2 585	-9 733	-18 262	-21 445	-20 376	-26 265	-98 129
1.ミャンマー鉄道	137	408	289	4 674	1 252	-12 530	-16 401	-24 503	-28 791	-33 218	-109 517
2.道路輸送	40	140	49	402	394	33	-207	44	-1 811	-1 464	-2 609
通信・郵便・電信	128	307	745	-33 080	39 022	17 287	65 923	23 500	32 167	57 196	202 016
1.ミャンマー郵便・通信	128	307	745	-33 080	39 022	17 287	65 923	23 500	32 167	57 196	202 016
財政・歳入	653	1 203	3 665	20 547	12 177	15 814	8 293	16 248	39 035	31 234	143 348
1.ミャンマー中央銀行	279	603	3 753	16 333	3 158	21 644	31 571	28 943	44 387	36 511	182 546
2.ミャンマー経済銀行	225	-169	-1 372	9	3 116	-9 988	-28 523	-23 154	-11 489	-14 184	-84 212
3.ミャンマー外国貿易銀行	87	73	39	136	196	225	377	79	112	71	1 196
4.ミャンマー農業農村開発銀行	25	130									0
5.ミャンマー投資商業銀行	6	97	101	90	164	27	59	504	1	-772	72
6.ミャンマー保険	153	507	843	3 498	4 160	3 465	4 131	9 971	6 832	11 523	43 580
7.安全保障及び出版関連業	-122	-64	265	-337	510	-561	139	255	-1 079	-1 636	-2 708
8.ミャンマー少額融資		27	37	819	874	1 003	538	-350	271	-280	2 874
貿易商社	-1 381	-4 925	-49 011	-5 173	896	-1 334	-1 007	-815	-1 594	-1 059	-10 084
社会サービス	47	-70	-52	268	2 787	1 468	2 516	1 161	509	500	9 208
1.情報	45	-55	1	164	2 357	739	1 953	1 719	263	-5	7 190
2.社会保障局	2	-15	-53	104	430	729	563	-558	246	504	2 018
総計	-276	-3 528	-153 914	-187 303	-223 460	-346 204	-333 854	-332 985	-363 356	73 907	-1 713 255

出所：CSO (Central Statistical Organization) (2013), *Myanmar Data: CD-ROM 2011-12*, Central Statistical Organization, Ministry of National Planning and Economic Development, Nay Pyi Taw, Myanmarに基づき著者編集。

第2章　安定的かつ持続可能な開発の実現

表A.2.4 [1/2]　ミャンマーにおける事業投資関連インセンティブ及び制限措置

	ミャンマー会社法 (1914)	国有経済企業法 (1989)	外国人投資法 (1988)	外国人投資法 (2012)	ミャンマー国民投資法 (1994)	経済特別区法 (2011) 及びダウェー経済特別区法 (2011)[1]
規制対象	国内・外国企業	国有企業	合弁事業、パートナーシップ、支店/子会社形態による外国企業	合弁事業、パートナーシップ、支店/子会社による外国企業	国内企業	外資系保険会社を含む全ての企業及び国籍
監督省庁	国家計画経済開発省	個々の監督省庁	国家計画経済開発省	国家計画経済開発省	国家計画経済開発省	経済特別区中央委員会
外国人所有	該当なし	認められない	100%	100%（一部の企業活動を除き、外国人投資家による出資比率制限なし）	外国人投資家による投資100%（経営権取得を含む、経営権制限なし）	100%
外国人による土地所有	なし	該当なし	なし（最大40年間の政府からの貸与のみ）	なし（最大60年間の政府及び国民からの貸与）	なし（最大75年間の政府及び国民からの貸与）：ダウェー経済特別区法(2011)ではリース契約の第三者への移転権が認められる
国際貿易	可能	可能	可能	可能	可能	可能
貿易関連パフォーマンス/ローカル・コンテント要求[2]	なし	なし	なし（但し、財の輸出・国内販売比率の申告が求められる）	なし（但し、数値は限られるが一部製造業活動にはローカル・コンテント要求が課せられる）	なし	なし（但し、輸出に対しては税制上の優遇措置がある）
労働者雇用[3]	外国人の取締役は不可	外国人の取締役は不可	不可	未熟練・熟練労働者における制限はないが、熟練労働者の雇用には承認が必要[4]	未熟練・熟練労働者、外国人未熟練・熟練労働者における国民要件[5]	なし（大企業向け最大75年間の政府及び国民からの貸与）；ダウェー経済特別区(2011)ではリース契約の第三者への移転権が認められる
国有/国営化	可能	該当なし	不可	不可	不可	不可
免税期間	なし	該当なし	最初の3年間、併せて様々な租税控除・減免措置	最初の3年間、併せて様々な租税控除・減免措置	最初の5年間、併せて様々な租税控除・減免措置[6]	最初の5年間、併せて様々な租税控除・減免措置：輸出加工区での免税措置
法人税[7] (2012年現在)	上限25%	上限25%	上限25%	上限25%	上限25%	上限25%

209

表 A.2.4 [2/2]　ミャンマーにおける事業投資関連インセンティブ及び制限措置

	ミャンマー会社法 (1914)	国есь経済企業法 (1989)	外国人投資法 (1988)	外国人投資法 (2012)	ミャンマー国民投資法 (1994)	経済特別区法 (2011) 及びダウエー経済特別区法 (2011)[1]
民間企業向けネガティブ・リスト	該当なし	該当なし	ネガティブ・リスト（チーク材産業・植林事業・運搬事業・畜産業・一部水産業・電力・製造業・ルビー・翡翠・宝石産業・魚の養殖・郵政・電信・通信業・航空及びサービス業・銀行・保険業・ラジオ及びテレビ・サービス業・金属鉱業・発電・安全保障・国防関連製造業）	ポジティブ・リスト（農・水 a) 21の活動を禁止、例えば、武器、弾薬、汚染を及ぼす活動、オゾン層破壊化学物質、有害物質、自然林の伐採；b) 合弁事業形態もしくは国営事業との合弁事業形態で国営企業のみに許可されない；サービス、航空宇宙、国有鉱業による42の活動を許可；合弁事業形態では、例えば、食料及び飲料、軽工業、不動産業、鉱業、建設業、乗用・貨物輸送業及びロジスティクス、観光業、保健医療、都市計画の27の活動；c) 条件付きで許可される115の活動；d) 環境影響評価の求められる32の活動	該当なし	ポジティブ・リスト：ポジティブ・リスト（農業、地区水産業、林業、鉱業、製造業、イテテク産業、管理業、サービス業、給及びパイプラインの建設、石油・天然ガスの供給及びパイプラインの建設、農業ビジネス、畜・水産業、林産業、一部教育ビジネス、国有観光業、不動産業、保健ル、観光業、教育ビジネス、国有不動産業、国有企業との合弁事業形態もしくはパートナーシップ形態
利潤の本国送金	該当なし	該当なし	可能	可能	可能	可能

1. 経済特別区法（2011）及びダウエー経済特別区法（2011）により同及びインセンティブ・スケジュールが設定されている。
2. インドネシア、マレーシア、タイ等、ミャンマーの一部の近隣国では、自由化の圧力及び一部多様な製造業等多様な分野を含む特定部門で、外国人投資に対するローカル・コンテント要求、輸出実績要求、国内販売要求を保持する国がある。WTOのTRIM協定では、一般に貿易関連投資措置を禁止している（ミャンマーはWTOの創立メンバー国である）。
3. 他のほとんどのASEAN諸国では、外国人労働者に対する制限を設けていない。しかし、ラオスでは外資系企業の総労働者の10％を上回る外国人労働者の雇用が認められる一方で、カンボジアでの外国人労働者総数は状況に合わせ政府によって決められている。
4. 新FDI法（2012）では、全ての未熟練労働者はミャンマー人でなくてはならないとしている。
5. 二つのSEZ法（2011）では、10年後に50％、15年後に75％とすることが義務付けられている。
6. 国家計画経済開発省によると、ミャンマーでもう新外国人投資法（1994）でも新外国人投資法（2012）と同じ優遇措置となることもある。また政府の特別措置（例えば、タイ20％、ベトナム25％）となっている。これらの率は最大適用年率である（例えば、天然資源、ハイテク産業）。
7. ミャンマーの法人税率（25％）は、近隣諸国より低い水準にある。各国の特別措置（例えば、タイ20％（2013年以降）、カンボジア20％、シンガポール17％、インドネシア25％、ラオス20％、ベトナム25％）となっている。これらの率は最大適用年率である（例えば、天然資源、ハイテク産業）。
8. 現在の政府により銀行部門は民間部門に開放されているが、2015年以降は外資系銀行にも開放される計画である。
9. 法律により民間部門の協同組合による発電の許可がされるものが今後ミャンマーの各法律に基づき着編される。
出典：表中1行目に列記されている各法律に基づき著者編集。

第2章　安定的かつ持続可能な開発の実現

参考文献・資料

Araki, Y. (2012), Kakyou wo teisuru Myanmar no Sangyou/Syouhi joukyou, a presentation at Seminar: Myanmar and India no BOP Volume Zone Shijou Kaihatsu, 19 April, JETRO.

ADB (2012a), *Key Indicators for Asia and the Pacific 2012*, Asian Development Bank, *www.adb.org/publications/key-indicators-asia-and-pacific-2012*.

ADB (2012b), *Myanmar in Transition: Opportunities and Challenges*, Asian Development Bank, August.

ADB (2008), *Myanmar Environmental Performance Assessment Report*, Asian Development Bank.

APO (2007), "Solid-waste management: Issues and challenges in Asia", *Report of the APO Survey on Solid Waste Management, 2000-2005*, Asia Productivity Organization, *www.apo-tokyo.org/publications/files/ind-22-swm.pdf*.

Aung, Y. and C. O. Khin (2011), *Small and Medium Enterprises in Myanmar*, a presentation at the Asia-Pacific Financial Inclusion Forum, Tokyo, Japan, 6-8 September 2011, Ministry of Finance and Revenue, Government of Myanmar.

BEWG (Burma Environmental Working Group) (2012), *Update: the Environmental Conservation Law*, Burma Environmental Working Group, March, *http://bewg.org/en/pubs/finish/12/63*.

BEWG (2011), *Burma's Environment: Peoples, Problems, Policies*, Burma Environmental Working Group, June, *www.bewg.org/en/reports/beppp*.

CEIC (2013), *CEIC* (database).

Central Department of SMEs Development Centre (2013), a presentation made by the Ministry of Industry on 16 January 2013.

CSO (Central Statistical Organization) (2013), *Myanmar Data: CD-ROM 2011-12*, Central Statistical Organization, Ministry of National Planning and Economic Development, Nay Pyi Taw, Myanmar.

CSO (2012a), *Selected Monthly Economic Indicators*, November 2012, Central Statistical Organization, Ministry of National Planning and Economic Development, Nay Pyi Taw, Myanmar.

CSO (2012b), *Myanmar Forestry Statistics (2001-02 to 2010-11)*, Central Statistical Organization, Ministry of National Planning and Economic Development in collaboration with Ministry of Environment Conservation and Forestry, Nay Pyi Taw, Myanmar.

CSO and Department of Agricultural Planning (2011), *Myanmar Agricultural*

Statistics (1997-98 to 2009-2010), Nay Pyi Taw, Myanmar.

Centre for Research on the Epidemiology of Disasters (2013), *International Disaster Database*, www.emdat.be/disaster-list (accessed 13 March 2013).

Dalal-Clayton B. and S. Bass (2009), *The Challenges of Environmental Mainstreaming: Experience of Integrating Environment into Development Institutions and Decisions*, Environmental Governance No. 3, International Institute for Environment and Development, London, http://pubs.iied.org/pdfs/17504IIED.pdf.

Dapice, D. et al. (2010), "Revitalizing agriculture in Myanmar: Breaking down barriers, building a growth framework", Ash Center for Democratic Governance and Innovation, Harvard Kennedy School, www.ash.harvard.edu/extension/ash/docs/burma.pdf.

Datastream (2013), *Datastream* (database).

DICA (Directorate of Investment and Company Administration) (2013a), *Data on Foreign Investment, Local Investment and Company Registration*, Directorate of Investment and Company Administration, Ministry of National Planning and Economic Development, Nay Pyi Taw, Myanmar, www.mnped.gov.mm.

DICA (2013b), Directorate of Investment and Company Administration, Ministry of National Planning and Economic Development, Nay Pyi Taw, Myanmar, www.dica.gov.mm (accessed March 2013).

Duflos, E. et al. (2013), *Microfinance in Myanmar: Sector Assessment*, January, International Financial Corporation, World Bank Group. Washington, D.C, www.cgap.org/sites/default/files/Microfinance%20in%20Myanmar%20Sector%20Assessment.pdf.

Dusik J. and J. Xie (2009), "Strategic environmental assessment in East and Southeast Asia: A progress review and comparison of country systems and cases", *Sustainable Development - East Asia and the Pacific Region Discussion Paper*, World Bank, June, http://siteresources.worldbank.org/INTEAPREGTOPENVIRONMENT/Resources/SEAprogressreviewinEAPFINAL.pdf.

EIU (2013), *Country Report: Myanmar* (various years monthly from 2008 to 2013), Economist Intelligence Unit.

Eurostat (2013), *Eurostat Small and Medium-sized Enterprises (SMEs)* (database), European Commission, http://epp.eurostat.ec.europa.eu/portal/page/portal/european_business/special_sbs_topics/small_medium_sized_enterprises_SMEs

第2章　安定的かつ持続可能な開発の実現

(accessed 13 May 2013).

FAO and WFP (2009), *Special Report: FAO/WFP Crop and Food Security Assessment Mission to Myanmar*, Food and Agriculture Organization of the United Nations and World Food Programme, *ftp://ftp.fao.org/docrep/fao/011/ai478e/ai478e00.pdf*.

GMS-BF (2012), *Private Sector Views on Road Transport along the Yangon – Mandalay – Muse/Ruili – Kunming Corridor*, Greater Mekong Subregion Freight Transport Association (GMS FRETA), Vientiane: Greater Mekong Subregion Business Forum.

Habito, C.F. and E.S. Antonio (2007), "Sustainable development strategies in the greater Mekong subregion: Status, needs and directions", *Final Report ADB TA 6198-REG: Capacity Building on Promoting Sustainable Development in the GMS*.

He, B., B. Galligan and T. Inoguchi (2007), *Federalism in Asia*, Edward Elgar Publishing.

IEA (2012), *World Energy Outlook*. International Energy Agency, *www.worldenergyoutlook.org/*.

IFAD (2009), *Climate Change Impacts- SE Asia*, International Fund for Agricultural Development, *http://ifad.org/events/apr09/impact/se_asia.pdf*.

IFC (2010), *The SME Banking Knowledge Guide*, International Financial Corporation, World Bank Group, Washington, D.C, *www.ifc.org/wps/wcm/connect/b4f9be0049585ff9a192b519583b6d16/SMEE.pdf?MOD=AJPERES*.

Interconsulting (2013), *Myanmar Business Opportunities*, *www.interconsulting.com.sg/myanmar-businessopportunities.htm*.

International Bar Association (2012), "The rule of law in Myanmar: Challenges and prospects", *www.ibanet.org/Document/Default.aspx?DocumentUid=DE0EE11D-9878-4685-A20F-9A0AAF6C3F3E*.

IMF (2013), *The Annual Report on Exchange Arrangements and Exchange Restrictions (AREAER)* (database), International Monetary Fund, *http://imfareaer.org/*.

IMF (2012a), *World Economic Outlook* (database), International Monetary Fund.

IMF (2012b), *Myanmar 2011 Article IV Consultation*, International Monetary Fund, *www.imf.org/external/pubs/ft/scr/2012/cr12104.pdf*.

ITU (2013), *International Telecommunication Union* (database), International Telecommunication Union, *www.itu.int/en/ITU-D/Statistics/Pages/stat/default*.

aspx.

JIFFA (2012), *ASEAN Logistics Survey Report, Volume 5: Myanmar*, March 2012, Japan International Freight Forwarders Association Inc., Tokyo, *www.jiffa. or.jp/en/notice/entry-2141.html.*

JETRO (2012), *Survey on Business Needs and Strategies in Mekong Sub-region 2012*, 30 August 2012, Japan External Trade Organization, *www.jetro.go.jp/jetro/ topics/pdf/1208_topics2_survey_en.pdf.*

JETRO (2009), *Survey on the Business Needs and Strategies in Mekong region*, 30 September 2009, Japan External Trade Organization.

Jorio, L. (2012), "Swiss school system brightens futures in Myanmar", *www. swissinfo.ch/eng/politics/Swiss_school_system_brightens_futures_in_Myanmar. html?cid=32894910.*

Kudo, T. (2005), "Stunted and distorted industrialization in Myanmar", *IDE Discussion Paper*, No. 38, October 2005, IDE-JETRO, *http://ir.ide.go.jp/dspace/ bitstream/2344/169/3/ARRIDE_Discussion_No.38_kudo.pdf.*

Kudo, T. (2002), "Industrial development in Yangon: The case of Hlaing Tharyar & South Dagon Industrial Zones," *Industrial Development in Myanmar (2) : Prospects and Challenges*, Toshihiro Kudo (ed.).

Kumar, N. and P. De (2008), "East Asian infrastructure development in a comparative global perspective: An analysis of RIS Infrastructure Index", in Kumar, N. (ed.), *International Infrastructure Development in East Asia – Towards Balanced Regional Development and Integration*, ERIA Research Project Report 2007-8, Chiba: IDE-JETRO, pp. 7-29, *www.eria.org/publications/ research_project_reports/images/pdf/PDF%20No.2/No.2-part1-1.East%20 Asian%20Infrastructure.pdf.*

Kyaw, A. (2008), *Financing Small and Medium Enterprises in Myanmar, IDE Discussion Paper*, No. 148, April 2008, Institute of Developing Economies (IDE), JETRO, Tokyo, *www.ide.go.jp/English/Publish/Download/Dp/pdf/148.pdf.*

Lall, M. (2008), "Evolving education in Myanmar: The interplay of state, business and the community," in Skidmore, M. and T. Wilson (eds.), "Dictatorship, disorder and decline in Myanmar", The Australian National University Press, Canberra, Australia, *http://epress.anu.edu.au/myanmar02/pdf/ch08.pdf.*

LIFT (2012), *Baseline Survey Results*, Livelihoods and Food Security Trust Fund, July, Yangon, *http://lift-fund.org/lift-in-action/content/liftbaseline-survey-results-2012.*

Lynn, H. (2004), *Linkage between Small Scale Enterprises and Other Business Segments in Myanmar*, December.

Makishima, M. (2012), "New division of labor between Japan and CLMV countries: A view from Japan's growth strategy" in *Industrial Readjustment in the Mekong River Basin Countries: Toward the AEC*, edited by Yasushi Ueki and Teerana Bhongmakapat, BRC Research Report No. 7, Bangkok: Bangkok Research Center, IDEJETRO, Bangkok, Thailand, *www.ide.go.jp/English/Publish/Download/Brc/pdf/07_chapter8.pdf*.

Ministry of Cooperatives (2013), *Types of Industries in Myanmar*, in the Small Scale Industries Department of the Ministry of Cooperatives, Yangon, 16 January 2013.

Ministry of Education (2012), *Education Development in Myanmar*, The Republic of the Union of Myanmar.

Ministry of Hotels and Tourism (2012), *Myanmar Tourism Statistics 2012*, http://myanmartourism.org/tourismstatistics.htm.

Ministry of National Planning and Economic Development (2012), "Framework for Economic and Social Reforms: Policy Priorities for 2012-15 towards the Long-Term Goals of the National Comprehensive Development Plan", 14 December, Nay Pyi Taw, Myanmar.

Ministry of Planning and Investment (2011), *White Paper on Small and Medium Sized Enterprises in Viet Nam 2011*, Ministry of Planning and Investment, Viet Nam, *www.economica.vn/Publications/tabid/113/topic/T18H16161015108716/Default*.

Nay Pyi Taw News (2013), "U Thein Sein delivers an address at Small and Medium Enterprises Development Central Committee meeting at Presidential Palaces", 14 January 2013.

OECD (2013a), *OECD Public Sector, Taxation and Market Regulation* (database), *http://stats.oecd.org/*.

OECD (2013b), *Investment Policy Review: Myanmar*, OECD Publishing, Paris, forthcoming.

OECD (2013c), *Perspectives on Global Development 2013: Industrial Policies in a Changing World*, OECD Publishing, Paris, *http://dx.doi.org/10.1787/persp_glob_dev-2013-en*.

OECD (2013d), *OECD.Stat* (database), *http://dotstat.oecd.org/*.

OECD (2012a), *Green Growth and Developing Countries: Consultation Draft*, June.

OECD (2012b), *Competitive Neutrality: Maintaining a Level Playing Field between Public and Private Business*, OECD Publishing, Paris, *http://dx.doi.org/10.1787/9789264178953-en*.

OECD (2011), *Southeast Asian Economic Outlook 2011/12*, OECD Publishing, Paris, *http://dx.doi.org/10.1787/9789264166882-en*.

Office of Small and Medium Enterprises Promotion (2012), *Report on SMEs situation* (in Thai), Office of Small and Medium Enterprises Promotion, Thailand, *www.sme.go.th/Pages/whitePaper/art_17.aspx*.

Oo, Z. (2013), *SME Development Policy & Legal Framework: Key Priorities and Perspectives of Myanmar*, Development Resource Institute - Centre for Economic and Social Development, Yangon, Myanmar.

Open Technology Fund (2013), *Internet Access and Openness: Myanmar 2012*, *https://www.opentechfund.org/files/reports/otf_myanmar_access_openness_public.pdf*.

Pandey, K. D. et al. (2006), "Ambient particulate matter concentrations in residential and pollution hotspot areas of world cities: New estimates based on the Global Model of Ambient Particulates (GMAPS)", *The World Bank Development Economics Research Group and the Environment Department Working Paper*.

Petitjean, S. (2012), "Swiss apprenticeships: A model for the Union", EUROPOLITICS, Development policy, The European affairs daily, *www.europolitics.info/dossiers/switzerland-eu/swiss-apprenticeships-a-modelfor-the-union-art332053-73.html*.

PWC (2012), *Myanmar Business Guide*, August 2012, PricewaterhouseCoopers LLP, Singapore, *www.pwc.com/sg/en/assets/document/myanmar_business_guide.pdf*.

Schindler, M. (2009), "Measuring financial integration: A new dataset", *IMF Staff Paper*, Vol. 56, No.1, International Monetary Fund (IMF), *www.palgrave-journals.com/imfsp/journal/v56/n1/full/imfsp200828a.html*.

Small Scale Industries Department (2012), *Business Opportunities in Myanmar*, a presentation of the Ministry of Cooperatives, 17 December 2012.

Sovacool, B. (2012), "Environmental problems and possible solutions in Myanmar", *Contemporary South East Asia: A Journal of International and Strategies Affairs*, Vol. 34:2.

Than, T. M. M. (2007), *State Dominance in Myanmar: The Political Economy of Industrialization*, Institute of Southeast Asian Studies, Singapore.

Thein, C. C. (2008), "Regional cooperation in transport: Myanmar perspective on

第2章　安定的かつ持続可能な開発の実現

BIMSTEC", *CSIRD Discussion Paper #42*, September 2008, Centre for studies in International Relations and Development, Kolkata, *http://csird.org.in/wp-content/uploads/discussion/DP42.pdf*.
Thein, H. M. (2012), "Myanmar Environment Conservation," and "Status of Guidelines and Rules Preparation".
Thein, M. and M. Myint (2008), "BIMSTEC-Japan cooperation in energy sector: Myanmar perspective", *CSIRD Discussion Paper #39*, May 2008, Centre for Studies in International Relations and Development, Kolkata, *http://csird.org.in/wp-content/uploads/discussion/DP39.pdf*.
Tint, K., O. Springate-Baginski and M. Ko Ko Gyi (2011), *Community Forestry in Myanmar: Progress and Potentials*, August, *www.burmalibrary.org/docs13/Community+Forestry+in+Myanmar-op75-red.pdf*.
Transparency International (2012), *Corruption Perceptions Index 2012*, *www.transparency.org/research/cpi/overview* (accessed 10 March 2013).
Turnell, S. (2003), "Myanmar's banking crisis", *ASEAN Economic Bulletin 20:3*, pp. 272-282, Institute of Southeast Asian Studies (ISEAS), *www.jstor.org/stable/25773787* (accessed 4 March 2013).
UNCTAD (2013), *UNCTADSTAT* (database), United Nations Conference on Trade and Development, *http://unctadstat.unctad.org/*.
UNESCAP (2013), *UNESCAP Data Centre* (database), United Nations Economic and Social Council for Asia and the Pacific, *www.unescap.org/stat/data/*.
UNESCAP (2012a), *Policy Guidebook for SME Development in Asia and the Pacific*, United Nations Economic and Social Council for Asia and the Pacific, Bangkok, *www.unescap.org/tid/publication/indpub2621.pdf*.
UNESCAP (2012b), *Report of Prefeasibility Study on Establishment of a Dry Port in Mandalay Region, the Republic of Union of Myanmar*, United Nations Economic and Social Council for Asia and the Pacific, Bangkok.
UNESCAP (2012c), *Myanmar's New Foreign Investment Law and Its Implications for FDI Attractions for Development in the Country*, a note to Executive Secretary, Trade and Investment Division, United Nations Economic and Social Council for Asia and the Pacific.
UNESCAP (2003), *Virtual Conference on Integrating Environmental Concerns into Economic Policy Making Processes*, last update in 2003, United Nations Economic and Social Council for Asia and the Pacific, *www.unescap.org/drpad/vc/orientation/modules.htm*.

UNESCAP (1996), "Myanmar: Trade and investment potential in Asia", *Studies in Trade and Investment No.19*, United Nations Economic and Social Council for Asia and the Pacific, Bangkok.

UNESCO (2013), *UNESCO Institute for Statistics Data Centre* (database), United Nations Educational, Scientific and Cultural Organization, *http://stats.uis.unesco.org/*.

USGS (2012), "Assessment of undiscovered oil and gas resources of the Central Burma Basin and the Irrawaddy–Andaman and Indo-Burman Geologic Provinces, Myanmar", *Fact Sheet 2012–3107*, August 2012, U.S. Geological Survey, *http://pubs.usgs.gov/fs/2012/3107/FS12-3107.pdf*.

WHO (2013), *Database on Outdoor Air Pollution*, World Health Organization, *www.who.int/gho/phe/outdoor_air_pollution/exposure/en/index.html* (accessed 19 March 2013).

World Bank (2013a), *World Development Indicators* (database), *http://databank.worldbank.org*.

World Bank (2013b), *Doing Business: Measuring Business Regulations*, *www.doingbusiness.org/*.

World Bank (2012), *Logistics Performance Index: Connecting to Compete 2012*, *http://lpisurvey.worldbank.org/domestic/performance* (accessed 27 April 2013).

Zhuang, J., S. Suphachalasai and J. Nuella Samson (2010), "The economics of climate change in Southeast Asia", Asia Security Initiative Policy Series, Working Paper No. 9, RSIS Centre for Non-traditional security studies, December 2010, *www.rsis.edu.sg/NTS/resources/research_papers/MacArthur%20Working%20Paper_ADB.pdf*.

第3章
包摂的成長と機会均等

　本章では、ミャンマーがこれまでにないより一層の包摂性と機会平等を備えた成長を実現するうえで解決を求められる政策課題を検討していく。第1節では、どの社会集団が恩恵をもたらし、どの社会集団が排除されてきたのか明確化するために、貧困及び格差水準、そして成長の源泉を検討し、ミャンマーにおける最近の成長実績を検証している。そこでは、国民の公共財・サービスの享受状況に議論が向かうことになるが、貧困世帯と非貧困世帯、地方と都市部、多様な州及び管区域、そしてジェンダー間の相違が検討される。また多民族国家の建設の文脈で、民族集団間にある共通性についても議論する。本章の最後の部分では、主に政府機関の信頼性について検討し、ミャンマーの諸政府機関における国家的信頼性を評価するとともに、この社会関係資本要素の構築における方途に対して示唆を与えている。

はじめに

　ミャンマーが持続可能な開発を進めていくうえで、成長を通して確実に包摂的で平等な機会がもたらされることが条件となる。開発政策が受け容れられ滞りなく進められるには、国民の理解に頼らなくてはならない困難なトレードオフが求められる場合が多いが、包摂性や十分な機会平等の伴わない成長では、効果的な開発政策追求の基本となる社会的合意及び政府と国民との間の意思疎通が阻害されてしまうことになる。包摂的な成長に基づくOECDにおける作業では、成果の配分が重視され、個人及び世帯の積極的参加が鍵を握る、幸福に対する多角的な理解の重要性が強調される。

　包摂性とは、個人、民族集団、企業、市民社会といったあらゆる社会的行為主体が、政府による政策の選択も含めて、自分たちの生活や活動を左右する意思決定に参加できることを意味する。平等な開発は、全ての国民が健やかに育ち教育を受けられるとともに、国民生活への参加条件を整備することで促進することができる。全ての社会階層が公共サービスを十分に享受できる状況は、国民が充実した人生を送り幸福を享受するための条件であり、機会平等を実現するための前提である。安定した持続可能な開発において、包摂的で平等な開発を実現するには、特に制度資本と社会関係資本を中心に、また人的資本と物的資本も併せて、十分な蓄積を進めることが求められる。

　本章では、ミャンマーがこれまでにない包摂性と機会平等を備えた成長を実現する際に直面する政策課題を検証する。まず第1節で焦点を当てるのは、一層の機会平等には成長を広くより一般的な基盤とすることが重要とする点である。どの社会集団が恩恵を享受しどの社会集団が阻害されてきたのか見極めるために、ミャンマーの近年の成長実績を検証する。第2節では、貧困世帯と非貧困世帯、地方と都市部、各州、各管区域、ジェンダー間での公共財・サービス普及における格差をみることで、ミャンマーにおける国民への公共財・サービス普及状況を検証する。ここでは特に、保健医療及び教育、電気、安全な水及び公衆衛生設備、道路等の基本的なインフラの普及に焦点を当てて分析する。

第3章 包摂的成長と機会均等

そして第3節では、ミャンマーの多民族国民国家の建設において包摂性を実現するうえで最も困難な要件について考える。最終節では、主に政府機関の信頼性を検討することで、ミャンマーの諸機関の国家的信頼性を評価する。社会関係資本の重要な側面である信頼性は、政府に対する信頼性の度合が国民との協働的活動、改革政策の受け容れを左右するため、包摂的発展過程の基盤となる。また透明性とアカウンタビリティは、信頼性構築において基礎的な要素である。

第1節　機会平等促進に向けた成長の普及拡大

貧困率の低減には、構造改革を通じた成長の普及拡大と新たな雇用機会の創出が不可欠である。ミャンマーの経済成長は近年、緩慢な状態が続き、多くの者を疎外状態におく結果となってきたが、これは他のアジア諸国と比べても貧困削減効果の薄いものであった。ミャンマーの貧困率は極めて高く、成長によって機会平等はより改善されると思われる。最低食料支出額及び合理的非食料支出額に基づく絶対的貧困指標を適用した場合、人口の約4分の1が未だ貧困

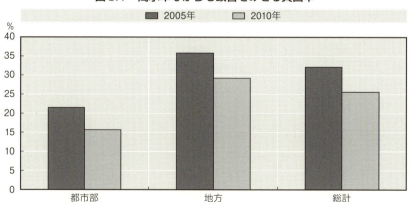

図3.1　高水準ながらも改善をみせる貧困率

注：貧困世帯とは、次の二つの基準に基づき貧困ラインを下回る世帯と定義される。一つはカロリー要求を満たす最低食料支出額であり、もう一つは基礎的要求を満たす非食料支出額である。
出典：UNDP（2011a）, *Integrated Household Living Conditions Survey in Myanmar*（2009-2010）: Poverty Dynamics, United Nations Development Programme.

StatLink : http://dx.doi.org/10.1787/888932857748

生活にある（図3.1）[1]。

　漸次的改善がみられるとは言え、ミャンマーの格差水準も高い。ミャンマーでは世帯所得データに欠けるために、格差及び貧困の測定を、現金による財の購買で定義される世帯消費に基づかなくてはならない。2005年から2010年にかけて、五分位最貧困層階級（20％）の消費総額に占める割合は、11％から12％に増加している。五分位所得階級における最富裕層と最貧困層との消費格差も地方よりも都市部での改善が大きかったが（それぞれ7％と12％の低下）、この期間に8％の低下があった（UNDP, 2011a）。2009～10年の世帯消費に対するジニ係数は0.38であった。

　貧困削減の求められる国家では、低所得世帯に利する経済成長が求められる。他方で、貧困と格差によって持続的な成長は妨げられ、貧困者が将来、国家貯蓄、人的資本蓄積に寄与する可能性を制限するとともに、政府の政策を支える社会的コンセンサスを低減させ、潜在的に政治的不安定性を高める結果となる。安定した持続可能な発展が国内の諸地域、諸部門に行き渡るためにも、発展は広く基礎におかれる必要があり、その利益は可能な限り多くの国民の間で共有される必要がある。広く成長を一般基盤化するには、貧困者の集中する部門を中心に全部門に亘って生産性を改善し、（自営業を含め）雇用拡大を進める必要がある。貧困者及び社会的弱者も資金や訓練といった資源を活用し、そうした機会から利益を享受できるようになる必要がある。

　法の支配の確立、事業規制の改善、ガバナンスの改善、為替相場制度改革といったミャンマーにおける最近の改革は、国際的制裁緩和と併せ、将来広く成長を共有するための条件に資するものである。

製造業及びサービス業部門の発展に左右される機会の平等

　ミャンマーでの生産額、輸出額はなお第一次産業部門が大半を占める。この部門の各分野は政府系企業によって支配されており、雇用の創出、延いては労働者に対する所得の創出はほとんど期待できない。農業がミャンマー経済で極めて大きな割合を占める状況に変化はなく、その生産性が高水準な貧困の主な要因である。当該部門は全体の70％を雇用しているが、生産額では約50％しかない。地方での所得上昇を図り、超過労働者の他部門への移動を自由化する

図3.2　多様性の求められる輸出等
部門、国／地域ごと輸出等、2010～11年

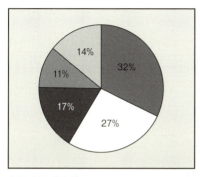
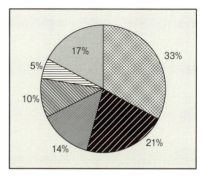

出典：CSO（2012），*Myanmar Statistical Yearbook 2011*, Central Statistical Organization, Ministry of National Planning and Economic Development, Nay Pyi Taw, Myanmar.
StatLink：http://dx.doi.org/10.1787/888932857767

ためにも、農業部門の生産性改善が求められる。

　しかし、近年、製造業部門における財生産のGDP寄与度の方が大きな状況にある。製造業部門の各分野は雇用と生産性の改善を伴って成長する方向にあり、これによって全般的な成長が支えられている。農業からより生産性の高い製造業へと雇用シフトが続くことで、全般的に生産性は改善し、貧困削減につながるものと思われる。こうした変化を支える農業及び製造業での生産性の改善では、投資の促進と併せ、投入財の調達面での改善、効果的なインフラ、国内取引及び国際貿易の規制障壁の削減が求められる。また民間公式部門の順調な発展を前提として、定義によって農家の大半が非公式労働者として計上されている中で、この過程を通して大規模な雇用の公式化がもたらされる。現在、公式部門の被雇用者として分類され得るのは、主に、政府／公共部門の被雇用者である。

　サービス部門は、GDPの約16％と小規模に留まり、その大半が運輸分野のものであるが、経済成長を上回る速度で成長している。外国人投資に対する開放と近年採択された過剰な程の改革政策を通して、サービス部門での規模及び

多様性を改善し、農業に対してより高所得の雇用機会を創出する必要がある。

　ミャンマーでは、国内経済の非効率性と国際貿易及び投資における制裁措置によって、輸出面での財、パートナーの範囲が狭められている。タイ及び中国とのエネルギー貿易が輸出額において大きな割合を占める（図3.2）。アメリカは、貿易制裁を課すまでは、主に宝石貿易を通してミャンマーにとって最大の財輸入国であった。その後、当部門の重要性は低下し、ミャンマーの総輸出額に占める割合は2000～01年の30％から2010～11年には4％にまで低下している。ミャンマーの豊富な労働力に基づきより基礎的輸出部門を中心に比較優位を開発し、より高生産性雇用分野への労働力シフトを進め、より安定した成長を促進することで雇用及び所得変動を抑えることが可能となる。

インフラ及び資源利用の不均等に起因する地域間、地方・都市間格差

　ミャンマーでは、地域間及び地方－都市間に所得水準、貧困状況の大きな格差が存在する。国内での貧困率にはカヤー州の11.4％からチン州の73.3％まで大きな開きがある。一般に、地方では貧困率が高く、雇用機会は少ない（UNDP, 2011a）。ミャンマーの大半の地方住民にとって農業が主要な雇用源となっているが、その生産性の低い状況は、労働者に低所得を容認させる傾向にあることを意味している。

　人的、物的、制度的資本における格差が地域間の大きな所得格差、貧困格差の背景にある。例えば、地方における土地の無保有問題で、特に極めて深刻な課題が与えられている。2010年の調査では、農業、狩猟、林業部門従事者を有する地方世帯の26％が、所有する土地に対する使用権を持たないと報告している。この状況は、国内の州及び管区域間で様々である（図3.3）。2012年の遊休・休閑・未開墾地管理法では、実際にどの程度効果があるかは今後の検討結果が待たれるが、土地無保有者間での未利用地の法的配分枠組みを明確にしている。短期的には対象世帯の所得増大につながる一方で、長期的には地方の土地無保有世帯数は農業生産性の上昇と地方・都市間移住の拡大に伴い、低下することが予想される。小規模コミュニティで機会をほとんど見出せない者に対しては、都市での機会探究を奨励する必要がある。

　近隣諸国と比べてミャンマーのインフラ開発は遅れており、整備の進まない

図3.3 深刻な土地の無保有問題
土地を保有していないと回答した農業従事世帯の割合

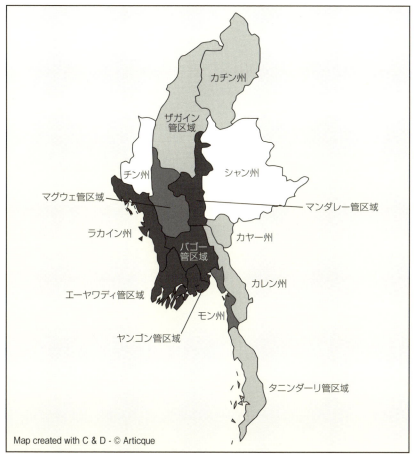

出典：UNDP（2010）, *Integrated Household Living Condition Survey in Myanmar*, United Nations Development Programme. に基づく著者による計算値。
StatLink：http://dx.doi.org/10.1787/888932857786

　地方を中心に輸送費用及び取引費用は高水準にある。道路及び鉄道網は未整備で、人口の13％しか——都市部では過半数——電気を利用できない。通信ネ

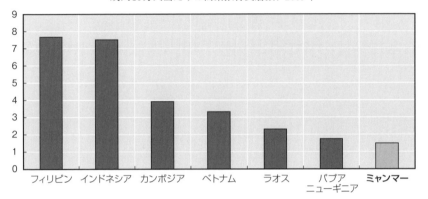

図3.4 銀行業サービス普及の遅れ
成人10万人当たりの商業銀行支店数、2009年

出典：World Bank（2013）, *World Development Indicators*（database）, http://databank.worldbank.org.
StatLink: http://dx.doi.org/10.1787/888932857805

ットワークでも同様の制限に直面している。改善は進められているものの、ミャンマーはなお、携帯電話加入者数では東南アジア諸国で最下位、電話線数・インターネット利用者割合でも東ティモールを最下位として下から二番目となっている（World Bank, 2013）。またここでも、都市部と比べた地方のインフラ整備遅れは際立っており、地域間でその整備状況は多様である。

興味深いのは、周辺地域が相対的に豊かなことであるが、こうした地域で一人当たり世帯支出額の最も高いのは、タイ、中国、バングラデシュに隣接する地域である。こうした地域にある企業は近隣国への輸送費が安価であることに加え、高賃金を求めた一時的越境者を活用できるといった利点を持つ（Kudo, 2007）。政府の経済特別区（SEZ）設置計画は、雇用を生み労働者を国内に繋ぎ止めておくことに寄与するが、開発を広く共有するものではなく、孤立した成長地域を生み出し続けることになるだろう。

特に地方がそうだが、信用を十分に受けられない状況は、過小投資を招き、貧困を永続化させる。ミャンマーでは、公式的銀行部門は大半の国民には利用が叶わず公式及び非公式での貸し出し水準は低い（図3.4）。利用可能な信用の多くが、民間企業ではなく国有企業に向かっている。未開発な伝統的金融部門に対し、部分的には政府系銀行、金融協働組合、NGOによるマイクロファイ

ナンス機関によって対処され、これらの数も拡大の方向にあるが、合計で概算280万の借り手を確保しているとされる（Duflos et al., 2013）。2011年に議会を通過したマイクロファイナンス法及び新たな規制制度により、この部門のさらなる発展に向けた支援に厚みが出ることが期待される。

　現在の政府においても過去の政府においても、政策目標として度々、地域間のより均等な発展が掲げられ、各州及び各管区域間の均等な発展の推進に注力してきた。例えば、工業高等専門学校と協力し、これを備えた工業区を各州及び各管区域に設置することで、現地工業の発展と雇用創出に弾みをつける取り組みを行っている。地域の開発は国内全体での貧困削減において重要な手段となると考えられる。またこれに留まらず、ミャンマーのように地域間格差が独立志向者の対立リスクを左右する国家の場合、地域間均等化は特に重要な政策目標となる。格差の大きな連邦制度では、開発の進んだ地域も進んでいない地域も平均的な地域と比べ、独立志向的であり対立的となる傾向にある（Deiwicks, Cederman and Gleditsch, 2012）。ミャンマーの民族紛争の歴史及び現在の和平プロセスを踏まえて言えば、不均一な地域開発が続けられた場合、長期的な和平努力が台無しにされる可能性がある。

　地形や気候を含めたミャンマーの自然環境下での農業を考えたとき、土地の適性を活かししっかりと生産性を上げられるようにすることが重要であると考えられる。これは特に、人口の過半が生活を農業に頼る状況にあるミャンマーにおける地域間格差を考えたときに重要である。デルタ地帯の肥沃な大地は別にして、乾燥地や高地を中心に一部地域での農業をするうえでの課題は多い。

　ミャンマーの中央乾燥地（マグウェ、マンダレー、下ザガインにまたがる地域）は年間を通してほとんど雨は降らず、土地は枯れ、痩せてしまっていて農業生産性は低い。また僅かに降る雨も、通常はモンスーン期の叩き付けるような雨となって土壌の浸食を進め、土地をさらに痩せさせてしまっている。干ばつは日常的に起こる。2013年は、水量が少なく、例年と異なる降雨パターンであったため、これまでにない水不足が懸念された。マグウェ管区域、イェナンジョンでは、冬季穀物栽培を試みた農家の20％が雨不足により失敗している（WFP, 2013）。自然条件からの課題は、制度的支援と政府サービスの欠如により解決の緒のつかめない状態にある。

チン州等、ミャンマー北部の山岳地帯も、農業条件面での課題に直面している。チン州における耕作地は、国内平均18％に対し3％しかない（CSO and Department of Agricultural Planning, 2011）。チン州の貧困状況は、貧困閾値以下の者の割合でみて国内平均25％に対し73％と特に深刻な状況にある。チン州で広く慣行化している焼畑式耕作が土地を浸食し、点在する残された土地には耕作の余地などほとんどない。チン州もまた、自然現象（鼠の群生）の影響を受けやすく、食料生産、延いては食の安全に深刻な被害が及ぶ可能性があるが、これに対する適切な対策は見出されていない（コラム3.1）。

コラム3.1　チン州での野鼠の群生問題

　野鼠の群生は、mautamと呼ばれる竹の開花によって、大体50年周期で起きている（チン州は、5分の1の地域が竹で覆われている）。竹の開花が野鼠に食糧を与えその大量発生を引き起こすのである。また、野鼠は村落の穀物及び備蓄食料を餌とし、食料供給を破壊してしまう。野鼠の群生の後にも被害は長引く可能性がある。竹が開花すると、植物は枯れ、土を固定していた根の腐敗が始まり、焼畑式耕作と併せて、土壌の浸食をもたらすこととなる。チン州は、2008年のmautam以降、未だ回復に至っていない。

　天然資源の賦存状況も州／管区域間で多様であり、格差要因となっている。カチン州等の高地は水力発電に適し、現在の国家の保有能力に対して潜在力を備えている。ミャンマーのもう一つの重要な富の源泉である鉱物は、中央部／北部の州に集中的に賦存している。例えば、半貴石はカチン州のHpakant、MoeNyin、Namya、ザガイン管区のKhamti、マンダレー管区のMogok、シャン州のMongshuの国内6か所で採掘されており、銅はザガイン管区のMonywa、石炭はKalewaとザガイン、ニッケルはマンダレー管区のThabeikyingでそれぞれ採掘されている（Fong Sam, 2011）。

機会平等推進の鍵を握る社会政策
　インフラ投資の推進規制による非効率性の低減と併せ、教育及び保健支出の

第3章 包摂的成長と機会均等

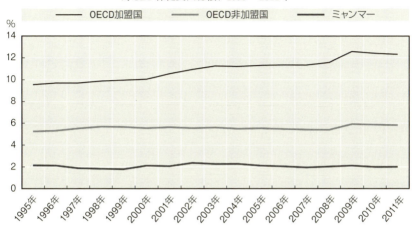

図3.5 保健支出額の低水準なミャンマー
対GDP保健支出総額、1995～2011年

注：保健支出総額には政府及び民間の保健関連支出額が含まれる。
出典：World Bank (2013), *World Development Indicators* (database), http://databank.worldbank.org に基づく著者による計算値。

StatLink : http://dx.doi.org/10.1787/888932857824

拡大が、より機会の平等を伴った成長の普及支援に資すると考えられる。産業の成長に伴った生産性向上を支える個々の職務での専門人材の育成には、人的資本面での改善が必要である。第2章で論じたように、ミャンマーにおける教育面での公共支出及び教育到達度は、域内開発途上諸国と比べて低い。また人的資本では、生産性を左右する労働者の健康状態も重要な要素である。ミャンマーでは、貧困、低水準にある政府支出水準を原因として平均余命は短く、他の保健実績における成果も乏しい。ほとんどの指標で改善はみられるものの、他の域内開発途上諸国と比べ低水準にある。出生時の平均余命は、2011年には64年と域内では最も低い国の一つとなっている（ミャンマーよりも低いのはカンボジアだけで、2011年の平均余命は63年であった）。ミャンマーの妊産婦死亡率は出生数100,000人に対し200人の割合にあり、インド（200人）やインドネシア（220人）と同等、近隣のタイ（48人）、ベトナム（59人）、フィリピン（99人）と比べ高い水準にある。保健分野での政府及び民間投資総額はなお、他の域内開発途上諸国平均の半分にも満たない（図3.5）。

政府による基本的な社会的保護の提供は、脆弱な集団の予期せぬ衝撃からの保護を促し、人的資本投資を保護するものとなる。現在、ミャンマー政府は社会的保護の提供を推進しているが、それは制限された不均一なものでしかない（Nishino and Koehler, 2011）。未開発な金融部門の下では所得変動安定化機会はほとんど与えられず、慢性的な貧困世帯の3倍に及ぶと推計される移行的貧困層（貧困からの脱出と再貧困化を経験している層）の割合の高いミャンマーでは社会的セーフティ・ネットが特に重要となる（UNDP, 2011a）。現段階では、60万人程（人口の1％で主に公務員と政府職員）しか、社会的安全保障の対象にはない。新たな社会的安全保障法が2012年に議会を通過し2013年に発効するが、そこには公式、非公式労働者を含め、約1,000万人にまで対象範囲を拡大することが狙いとしてある。

公共サービス・財の普及確保

　生活水準の改善において決定的に重要な教育、保健、基幹インフラ等の公共サービス・財の普及において、貧困が主たる障壁となり格差の源泉となっている。公共サービス・インフラの普及においても、一般に都市部居住者よりも地方居住者の方が劣り、州／管区域間で格差がみられる。また数年間の保健医療面での低支出水準からもたらされる悪影響は、男性よりも女性において大きくなる傾向にあるが、ジェンダー間での普及格差は、それ程、強調されていないようである。政府は、道路、電気、保健、教育面での地方支出と併せ、公共サービス投資の拡大を計画している[2]。こうした追加的資源配分は、既存の公共サービス・財普及格差拡大ではなく、縮小化に貢献できるように対象の賢明な選定が求められる。

教育等の普及の妨げとなる貧困

　ミャンマーでは、費用面から貧困層への公共サービスは普及し得ない状況にあると思われる。初等教育等、一部公共サービスは無償であるが、他の公共サービスについては、その支出額及び機会費用によって貧困層に届かないことが考えられる。これが国民に対する教育普及面での実態である。就学率[3]は貧困世帯と非貧困世帯との間でかなりの多様性があるが、初等学校では非貧困世

帯に対し貧困世帯の就学率は9％ポイント低く[4]、中等学校では（2005年から2010年の期間に、貧困世帯で著しい改善がみられたものの）24％ポイント低い状況にある[5]。この背景には、貧困世帯の子供たちは農作業の労働力等の形で直接的に、あるいは家事や兄弟の世話を通して間接的に、家庭の仕事での貢献役として頼られることが多いことがある。結果として、貧困世帯の子供たちは、非貧困世帯の子供たちと比べて就学よりも仕事に従事する傾向にあり、10〜14歳の子供たちで仕事に従事する割合は、貧困世帯で18％、非貧困世帯で10％となっている。

ミャンマーでは、学校への物理的な距離よりもむしろ教育費が貧困世帯での初等教育の主な妨げとなっていると思われる（図3.6）。中等教育については、貧困世帯での教育費負担と併せ、貧困世帯、非貧困世帯いずれにおいても学校への物理的普及が壁となっている。ミャンマーでは、経済的困窮を理由に学校等の教育施設に通えない子供たちは100万人から200万人に上ると推計されている[6]。不適切な公共教育投資は、両親に学校教育への金銭的負担を強いることを意味してきた。両親は、授業料だけでなく、教科書代や学習設備費等の費用、登録料、試験料の支払いも求められる場合が多い。

基礎的教育の必要な貧困学生には僧院学校が公立学校を代替しているが、従来は普及格差解消だけを目的に許されてきた。2010年時点で、僧院学校教育を最終学歴とする学生は、貧困世帯の子供たちで13.3％、非貧困世帯の子供たちで8.4％であったと報告されている。様々な背景を持った学生が僧院学校に通うことができるが、それは教育費の請求はなく、追加費用も掛からないことが特に魅力となっている。一般に僧院学校教育の質も良いと考えられている。しかし、その補填率は限られ、2010〜11年の僧院学校の生徒数は初等学校で全体の3.4％のみ、また中等学校で1.6％、高等学校では0.4％であった。

識字率及び最終学校教育水準の両面で、非貧困世帯と比較し貧困世帯の教育到達度が低いところにも、教育の普及格差は反映されている（図3.7）。

貧困と保健医療の物理的普及との間には、それ程重要な関連はないように思われるが[7]、ここ数年、物理的な意味での普及率は上昇傾向を強めつつあり、2005年から2010年にかけて、57％から77％にまで上昇している。しかし、非貧困世帯の保健医療支出額は、貧困世帯の3倍となっており、基本的保健医療

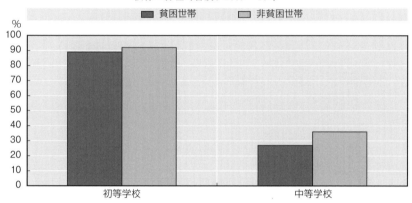

図3.6 全世帯で物理的普及の進まない中等教育
教育の物理的普及、2009～10年

注：物理的普及とは、対象学校から1時間徒歩圏（1.23マイル）内に暮らすことを言う。
出典：UNDP（2011b）, *Integrated Household Living Conditions Survey in Myanmar (2009-2010): Poverty Profile*, United Nations Development Programme.
StatLink：http://dx.doi.org/10.1787/888932857843

サービスが国民の間で共有されず、一部、保健医療サービス及び治療サービスが金銭的要因によって貧困者にまで行き渡っていない状況が示唆される。また恐らく、サービス費用が禁止的に高額なため、助産師立ち合いの下での出産、出産前サービス、予防接種といったサービスの貧困世帯での普及率は低い。普遍的保健医療サービスが欠如し、社会的安全保障対象割合が低い中にあって[8]、特に貧困層に対しては、保健医療サービスの大半が民間部門により提供されている。この民間部門は大半が非公式で、社員の訓練さえなされておらず、低品質のサービスと特に貧困世帯での金銭問題に対する懸念が深まっている（Ministry of National Planning and Economic Development and UNICEF, 2012）。

2005年から2010年にかけて、安全な飲み水[9]、改善の進んだ衛生施設[10]、給配電といった基本インフラの貧困層への普及は進んだが、なお大きな格差が残されている（図3.8）。電気の普及面での格差は、特に厳しい状況にある。

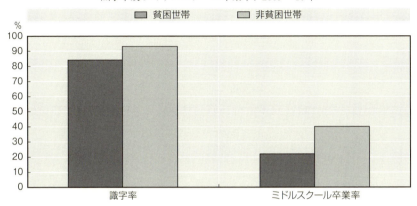

図3.7　貧困世帯ほど低水準な教育到達度
識字率及びミドルスクール卒業率、2009～10年

注：ミドルスクールは前期中等学校を表している。
出典：UNDP（2011b）, *Integrated Household Living Conditions Survey in Myanmar (2009-2010): Poverty Profile*, United Nations Development Programme.

StatLink：http://dx.doi.org/10.1787/888932857862

著しい成果不均衡状態を生んでいるミャンマーの都市・地方間公共サービス普及格差

　地方の貧困率は都市の2倍の水準にあり、前節のパターンも地方・都市間格差を反映したものとなる。しかし、地方と都市部とのサービス普及格差を貧困だけで説明するのは無理である。

　地方に住むか都市部に住むかは、保健医療サービスを享受できるかどうかに関わる重要な要素である。2010年には、都市部世帯の96％が保健医療を享受していたのに対し、地方世帯ではこれが75％であった。地方居住者はまた、麻疹の予防接種（都市部92％に対し、地方80％）等の公共保健プログラム及び専門の保健師の利用が限られると予想される。例えば、出産時の助産師の立ち合い率は、都市部で93％であるのに対し、地方では73％のみとなっている。

　地方・都市間の保健成果面での顕著な格差では、恐らく地方の低水準保健医療体制の責任が大きい。国家レベルでは、都市部に対し地方の妊産婦死亡率は1.4倍である。州／管区域レベルの地方・都市間格差となると、これはもっと強調されることとなる。タニンダーリ管区域、カヤー州、ヤンゴン管区域の3

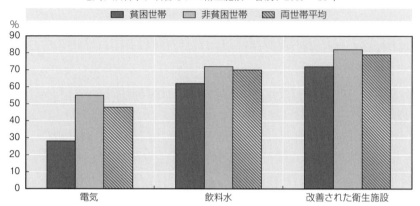

図3.8　重要インフラの普及の進まない貧困世帯
電気、飲料水、改善された衛生施設の普及、2009〜10年

出典：UNDP（2011b）, *Integrated Household Living Conditions Survey in Myanmar (2009-2010) : Poverty Profile*, United Nations Development Programme.
StatLink：http://dx.doi.org/10.1787/888932857881

　州／管区域では、地方の妊産婦死亡率は都市部の2倍以上となっている。州／管区域の中には、また地方と都市部で乳児及び5歳児未満の幼児の死亡率に大きな格差が存在するところもある。都市部の居住者は、地方居住者よりも平均で2歳近く寿命の長いことが予想される。

　地方の食の貧困水準は高く、都市部を一貫して上回る状況にあるが、これも高度の栄養失調状態と地方が乏しい保健成果にあることを表していると言える。国家の食の貧困の約85％は地方に見出されるが、地方の食の貧困率は都市部のそれの2倍を超えている。2003年の調査では、5歳未満の児童で体重不足にある、もしくは深刻な体重不足状態にあるとされる児童の割合は、都市部で30.2％であったのに対して、地方では41.6％、また5歳未満の児童で発育不良状態にある、もしくは深刻な発育不良状態にあるとされる児童の割合は、都市部で30.3％であったのに対して、地方では50.5％であった（Department of Health Planning and National Nutrition Centre, 2003）。

　教育の普及面での地方・都市間格差も明白である。初等学校での地方と都市部の就学面での差は僅かであるが、中等学校教育で就学格差は最も大きく、都市部の就学率が75％であるのに対して地方は僅か47％であった。貧困世帯に

関して、学校までの物理的距離がこの格差を説明する重要な要素であると考えられるが、物理的距離で定義される中等学校教育の普及は、都市部で61％であるのに対し、地方は僅か24％である。この普及に関する数値からは、地方と都市部の教育普及格差を縮小するうえで、地方での学校及び教室の増設に優先的に取り組む必要があることが分かる。教育省は、最終的には生徒が半径1.4マイル圏内の学校に通学できる状況を確保することで、基礎的教育の普及改善を図るとの声明を発表している。教育省のこうした目標実現計画には、個別教室15,000室の新設も含まれる。

また、地方の児童の教育は、彼らの学外活動によっても妨げられると考えられる。特に、収穫期には家庭の手伝いを期待されるため、この時期は学校に通うことができないだろう。結果として、授業時間数が減ることになるが、これはミャンマーの丸暗記的教育スタイルによってさらに助長され、学外活動によって受講時間数の限られる世帯の学生をさらに不遇な状態におくことになる（Myo, 2010）。

電気、安全な水、道路普及の点からみても、地方のインフラ整備状況は都市部水準をはるかに下回る。ミャンマーでは、都市部の電気普及率が89％であるのに対し、地方は28％にしかない（IEA, 2012）。他方、アジアの開発途上国平均をみると、都市部の96％に対し地方は74％である。飲料及び調理用の安全な水の普及では、都市部81％に対し地方は65％でしかない。しかし、改善された水源からの飲料用水の普及速度を都市化率が上回ると考えられるため、1990年から2004年にかけて都市の飲料用水普及割合は6％下落している（WHO and UNICEF, 2006）。

ミャンマー政府は地方と都市部との間で一般に明確にみられる、公共サービス普及格差を認識してきた。格差解消の必要性に対する政府の認識は、経済社会改革枠組み（FESR）に示される優先課題の中に反映されている。FESRでは、関心及び行動の求められる分野として、地方での電気及び持続可能なコミュニティ・エネルギー開発、地方での道路の整備及び、地方／都市の連結性、地方での総合保健医療（primary healthcare）を挙げている。

州及び管区域間での普及格差と国境地域

　ミャンマーでは、州／管区域間にも公共サービスに大きな普及格差がみられる。また地方同様、ミャンマーの州及び管区域間での貧困率格差が、相似的に公共サービス普及格差をもたらしている。しかしまた、ここでも地方同様、貧困だけで州／管区域間の格差全てを説明できる訳ではない。例えば、シャン州は、貧困率が相対的に高い水準にあるが、一部の貧困率の低い州／管区域と比べて、公共サービスの普及面で高い実績を上げている。ザガイン管区域は国内で二番目に貧困率が低い地域であるが、貧しい州／管区域との比較で、保健医療や中等教育といった分野ではかなり低い普及実績にある。

　最近の調査データによると、カチン州、カヤー州等、一部の州の一連の公共サービス普及率は一貫して高い。しかし、ここでの結果には、これらの州で一部分野が調査不能であったことで、標本上のバイアスが反映されていると考えられる。したがって、これら州における公共サービスの普及は、調査データが示唆する程には進んでいない可能性が高い。

　民族紛争や集団間での暴動を抱える州の国内避難民（IDP）も特に懸念されるが、これら集団への公共サービスの普及は極めて限られる。国連難民高等弁務官事務所（UNHCR）の推計によると、2013年1月時点で、ミャンマーには429,200人のIDPがいるとされる。また、別の推計によると、ラカイン州にはIDPが125,000人以上、カチン州及びシャン州北部には75,000人以上、ミャンマー南東部（シャン州南部、カヤー州、カレン州、モン州；バゴー管区域、タニンダーリ管区域）には約250,000人が存在するとされる（International Displacement Monitoring Centre, 2013）。UNHCR等の機関は、清潔な水、避難所、教育、保健医療等、基本的なサービスのこうした集団への普及支援を目的に活動している。

　州／管区域間にはインフラの普及格差も存在する。電気の普及においては、ラカイン州の26.4％からヤンゴン管区域の84.6％まで開きがある（図3.9）。安全な飲料水の普及では、国内平均普及率69.4％に対し、エーヤワディ管区域では44.6％しかなく、州／管区域の中で最も低水準となっている。最も普及の進むチン州では安全な飲料水は完全普及に近い状態にある。2008年の政府データによると、都市の上水供給を受ける都市居住者の割合は、タニンダーリ

管区域で7.2％でしかないのに対し、カヤー州では79.3％となっている（CSO, 2010）。改善の進む衛生施設の普及では、ここでも州・管区域の中で極めて低実績にあるラカイン州を除けば、多様な州／管区域間での格差は比較的小さい。

ラカイン州等、一部の国境周辺の州／管区域では、インフラ、教育、保健医療に関する多くの普及関連指標で一貫して低実績にある。しかし、国境周辺州での普及の遅れと中心地域での普及の進展といった単純な分化は起きていない。エーヤワディ管区域の中心地域は他のほとんどの州と比較し安全な水、電気、保健医療の普及が進んでいないだけでなく、妊娠中の世話、出産時の助産師の立ち合いで特に遅れが目立つ。他の州／管区域では、公共サービスの普及が非常に進んでいる分野もあれば、非常に遅れている分野もある。例えば、チン州では、保健分野（保健医療、妊娠時の世話、出産時の助産師の立ち合い、予防接種）の普及は相対的に遅れているが、当州は安全な水、公衆衛生の普及では最も進んだ州に数えられる。近年の調査データによると、カチン州、カヤー州、モン州、ヤンゴン管区域では、教育、保健医療、インフラに関わる一連の公共サービスの普及率は一貫して高い。しかし、先に指摘したように、一部の分野は調査不能状態にあったと考えられ、カチン州、カヤー州については、標本上のバイアスが存在すると思われる。

より教育に特化してみると、ミャンマーでは、都市・地方間、ジェンダー間、あるいは貧困状況の相違よりも、多様な州／管区域間において、識字率の開きが最も大きい。識字率の最も高い州／管区域は、ヤンゴン管区域（95.9％）であり、最も低いのはラカイン州（75.1％）、シャン州（75.2％）となっている。ラカイン州はここでも初等学校及び中等学校の就学率で最下位となっている（図3.10）。ラカイン州は、初等学校での学生・教員比率でも最も高い州／管区域の一つであり、他の州との比較でみた教員の質においても低水準にしかない。ラカイン州での中等学校の就学率は32％でしかなく、これは国内平均52.5％と比較し20％ポイント以上低く、州／管区域の中で最も高いヤンゴン管区域の73.8％に対しては30％ポイント以上下回っている。ラカイン州では最も近い学校から1時間以内の徒歩圏に暮らす世帯は23％のみで、中等学校への物理的普及が重大な普及上の妨げとなっている。

ここで教育を左右する関連課題の一つに、正式国語であるミャンマー語を授

図3.9 地域で異なる電気普及率
電気の普及率（％）

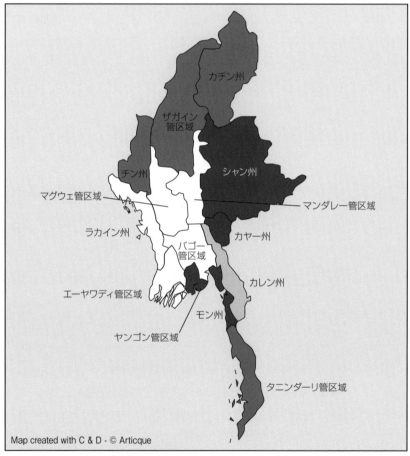

出典：UNDP（2011b）, *Integrated Household Living Conditions Survey in Myanmar（2009-2010）: Poverty Profile*, United Nations Development Programme.
StatLink：http://dx.doi.org/10.1787/888932857900

業での使用言語とする言語政策がある。これは、特に教育課程の初期段階で、ミャンマー語に慣れていない民族集団の児童の学習に重大な障害となると考え

られる（Myo, 2010）。

　州／管区域間で保健医療の普及状況には、かなりのばらつきがある。カヤー州の場合、全住民が病院や保健センターから1時間の徒歩圏に暮らすが、ザガイン管区域ではこれが62.2％に留まり、国内平均では80.9％である。カチン州、マンダレー管区域、ヤンゴン管区域、シャン州の3州／1管区域にのみ専門病院がある。ヤンゴン管区域及びマンダレー管区域は、それぞれ第1位、第3位の人口を擁し専門病院が置かれていると予想されるが、第2位の州／管区域、エーヤワディ管区域にはこうした専門病院はない。エーヤワディ管区域の病床1床当たりの人口は3,000人近くに上るが、これは国内平均の2倍近い値である。

　各州、各管区域の歴史が特に紛争で特徴づけられる場合には、その住民への公共サービス・財の普及と教育や保健等主要分野での成果に対して影響がみられると考えられる。また、各州、各管区域の管理体系構造やその発展度合にも違いがみられることが考えられる。国境省は、国境地域及び地方の開発を管理する国家レベルの執行機関であるが、中でも輸送、教育、保健、通信、送配電の各分野で活動を行っており、遠隔地での高等教育の普及拡大に向けて、2短大、1大学の運営に責任を有している。また保健医療サービス等の基本的公共サービスの供給では、市民社会組織（CSO）も重要な役割を果たしてきた。CSOは国内の少数民族地域、紛争の被害を受けた地域で活動することが多いが、ミャンマー中心部では政府からの活動許可を得ることが難しく（Kramer, 2011）、政府に代わって、こうした地域での活動が促されているのである。

女性に不利な公共サービス普及の遅れ

　ジェンダー間には公共サービス普及格差はほとんどないように思われるが、保健医療、特に基本的保健サービスと妊娠中の介護に対し、公的支出水準の低い状況の続いたことが、女性に不利に働く傾向にあった。教育部門では、初等学校及び中等学校就学率にジェンダー間格差はみられない。2008～09年において、女子学生の割合は、初等学校で49.4％、中等学校で49.8％、高等学校で51.9％となっている（CSO, 2010）。通常、中等学校教育修了時の大学入学許可試験を受験し合格した女子学生の割合は、男子学生よりも4～5％高く、教育

図3.10　州及び管区域により広く異なる初等学校就学率
初等学校就学率（%）、2009～10年

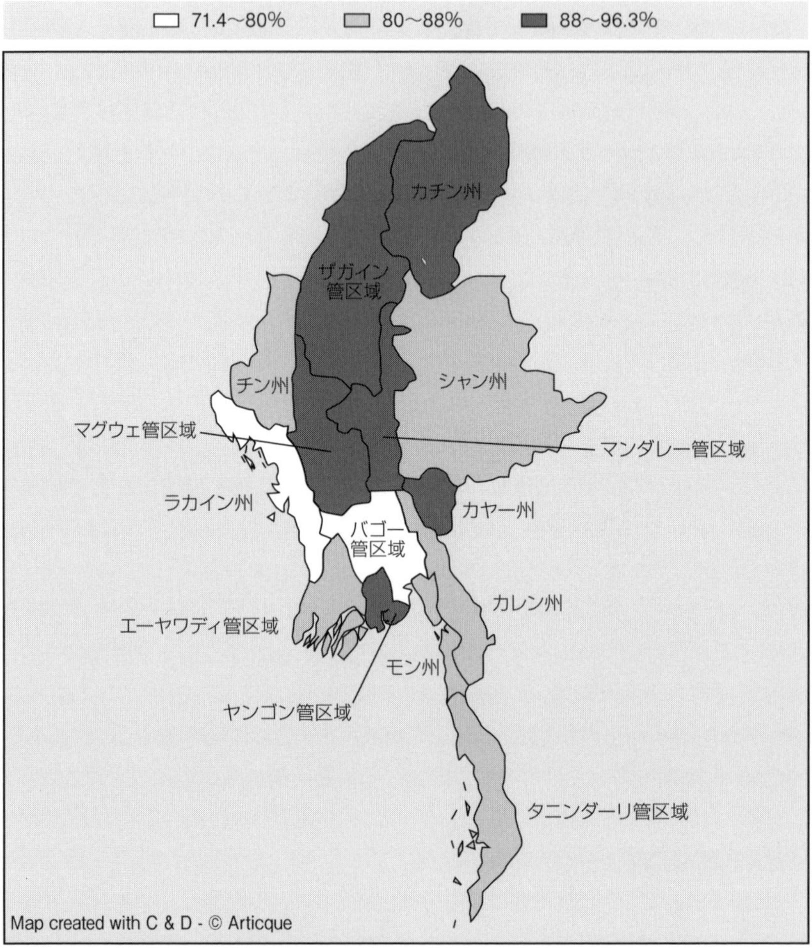

□ 71.4～80%　　□ 80～88%　　■ 88～96.3%

カチン州
ザガイン管区域
チン州
シャン州
マグウェ管区域
マンダレー管区域
ラカイン州
カヤー州
バゴー管区域
エーヤワディ管区域
カレン州
モン州
ヤンゴン管区域
タニンダーリ管区域

Map created with C & D - © Articque

出典：UNDP（2011b）, *Integrated Household Living Conditions Survey in Myanmar (2009-2010): Poverty Profile*, United Nations Development Programme.
StatLink：http://dx.doi.org/10.1787/888932857919

到達度において女子学生に対する差別を示す根拠はない。

　たとえ、女性がそれ以外の公共サービス障壁に直面していなくとも、ミャン

第3章　包摂的成長と機会均等

マーでの保健医療分野での過少投資は、女性の保健成果がやや劣ることの説明要因となると考えられる。女性の識字率は89％と、男性の96％には及ばない。極度の栄養障害については、女性10％、男性8.3％と僅かだが、ここにも男性よりも女性が障害に苛まれる傾向が窺える。

さらに複雑な多民族州での公共サービス普及

　ミャンマーの民族集団には、国民でないことを理由に、機械的に公共サービス対象から外される集団もある。憲法において一般的な「人」権として認められる権利がある一方で、国民に対象を限定して認められる権利もある。特に、憲法では、教育及び保健医療に対する権利を保証しているが、義務教育として国家が付与する基礎教育は国民に限定される[11]。しかし、ミャンマーに居住する特定の民族集団は国民とはみなされていない。

　ロヒンギャはこうした民族集団の一例である。この民族集団は、ビルマ国籍法が発効した1982年に、国民としての立場をはく奪されている。同法では、完全な国民として認められるには、認知された民族集団に属していること、あるいは、1823年の第一次英緬戦争以前よりミャンマーに永住している者の子孫であることの証明が必要であるとしている。こうした理由から、ロヒンギャに対し公共サービスの普及を進められない状況にある。ロヒンギャはラカイン州に暮らしているが、この影響もあって、当州は公共サービスの普及と保健及び教育成果指標においてミャンマーで最も実績の低い州・管区域の一つに数えられている。2010年の選挙では、ミャンマー国籍を有していない者にも投票を認める期限付き書類が配布されたが、これ以降、より正式な形での永住権や国籍を認める動きはみられていない。

第2節　多民族国民国家の構築

　ミャンマー程、民族的に多様な国家はほとんど存在しないが、たとえ少数民族国家であったとしても国民国家の構築は複雑な作業となる。現代の国民国家には、時に文化と伝統を共有した単一の人民で構成される国家もある。しかし、

ミャンマーのように、同じ国に暮らす人民が多様で、様々な民族集団に属している場合の方が多い。ミャンマーの立場を複雑化しているものは、事実上の多数派集団が国家的責任を引き受けた歴史がなく、他の民族集団が少数派としての扱いを拒んだり、少数派と呼ばれることさえ嫌がるところにある。1947年のパンロン会議では、チン民族、カチン民族、シャン民族等の非ビルマ国籍人民は、政治連邦の形成に対し、多数派であるビルマ民族に自発的に参加し、新しく建設される国家への忠誠を誓うこととの引き替えに、個々の自立した国民国家での行政権、司法権、立法権の行使、及び独自の言語、文化、宗教の保存及び保護に対する権利が約束されている。したがって、ミャンマーでの国民国家の建設は、同国に居住する複数の民族集団を混合したミャンマー国のイメージを創出することを意味している。そして、これには、民族的多様性に寛容であるとともに民族間での平等を備えた一国文化の醸成が不可欠となるだろう。

　国家的文化が少数派の文化と調和し得ない場合、国民国家の文化と少数派の文化とのトレードオフ関係により少数派文化が劣位に立たされたり、文化的多様性の保存が優先されることで、国家建設が不完全なものとなる。ミャンマーにおいて国家的統一性を維持しつつ多民族国民国家への歩みを継続させるには、国家の建設と文化的多様性の保存との繊細なバランスが必要となろう。

民族的多様性

　現在の7州、7管区域、5自治区、1自治管区、1連邦領の管理体制では、ミャンマーの様々な民族的下位集団の存在が、過度に単純化されてしまっている。最大民族集団8集団が人口の80～90％を構成していると考えられるが、ミャンマーには公式に認められた135の少数民族集団が居住している。国勢調査は1983年以来行われておらず、各民族集団の正確な人口データは存在しない。2014年の国勢調査では、総人口と併せ、各民族集団の最新の人口割合を知ることができるだろう。7管区域ではビルマ民族が多数派である一方で、他の民族における最大民族集団はそれぞれが多数派となる独自の州を保有している（シャン州、カレン州、カレンニー州、モン州、チン州、ラカイン州、カチン州）。こうした管理区分下では、一部は自治区及び自治管区の形である程度の自治が認められても、残された民族集団には自治が認められていない。そして、

こうした自治からの排除は、近年ワ民族にみられた、管理体制の民主化の文脈で独立構成州としての立場を求める民族集団を増大させるリスクをもたらすこととなる[12]。

　諸民族地域の管理状況は、和解の定着の歴史とより近年になってみられるようになった開発との両者を反映して変化してきた。単一国家としてのミャンマーは、1948年に旧英国領上・下ビルマ、カレンニー州、連邦シャン州、ワ州、新カチン州、チン領の連合により生まれた国家である。管理構造としては、ミャンマーはイギリス帝国からの独立に際し4州（シャン州、カレン州、カレンニー州、カチン州）とチン特別管区（special division for Chins）のみの構成でスタートしている。これらは、1947年の第一憲法に定義されている。少なくとも一時的にでも、連邦のパートナーとなる州に対し（10年以内の離脱の可能性あり）、ある程度の自治を認めた1947年のパンロン協定では、シャン民族とカチン民族が署名している。カレン民族とカレンニー民族は連邦制に反対し独立を求めたが、結局は連邦制に取り込まれ、独自の州を与えられている。他方、チン民族は署名はしたものの、当初、独立州は認められず、特別管区が認められただけであった。1974年憲法では、モン州とアラカン（ラカイン）州が認められている。以来、州の数に変化はないが、2008年憲法では、ナーガ、ダヌ、パオゥ、パラウン、コーカンの5民族集団には自治地域（コーカンは、1989年より北部シャン州第一特別地域となっている）、ワ民族集団には自治地区の形で、ある程度の自治が認められている。

　主要民族集団それぞれが、個々の言語を用いる点が特徴的であるが、中には複数の方言を持つ集団もある。そうした言語には、ビルマ文字の基礎を成すモン語のように、古来から用いられている言語もあれば、ワ語のように文字を持たずに他の言語を借用している言語もある。ワ語は書き言葉には中国語を用いている。民族的多様性は母語及び文化に加え宗教も異なる点からも明らかである。過半を占めるビルマ民族とモン民族、シャン民族、ラカイン民族では大半が仏教徒であるが、チン民族及びカチン民族では主にキリスト教徒、またカレン民族及びカレンニー民族の間でもキリスト教徒がかなりの割合を占める。イスラム教はラカイン州のロヒンギャ等で信仰される三番目に大きな宗教である。過去50年の間、非自発的な退去と大規模な対外移住がみられたが、他方で前

政権下での同化主義によって、民族的にも宗教的にもアイデンティティが強化されることとなった。

　歴史的にみても、ミャンマーは民族的多様性を有している。例えば、モン民族の歴史が最も長く、その文明は5000年遡ることができるが、今日のミャンマーの領土で明らかにされているものの中では最古のものである。他方、1990年代の対外開放の結果として、近年、移住してきた者も存在する。こうした新規移住者の多くが、経済的機会を求めて入ってきた漢民族である。これら両極の間には、時に取り囲むように存在する独立州もしくは準独立州との闘いに明け暮れながら、過去数世紀、今日のミャンマーの中心部分を管轄してきたビルマ民族を筆頭とする他の民族集団が存在する。イギリスによる植民地統治も多様性に寄与したが、多くのインド人及びネパール人が主に英領インド帝国の高等文官としてビルマに配置された歴史を持つ。

民族紛争とその原動力

　多民族連邦国家では、一つ以上の少数民族に対し、主導的あるいは支配的多数派民族が存在することが多く、多数派民族集団の文化が国家的文化を規定する。こうした状況は、少数民族には文化的経路を改めさせ、国家制度における自民族の認知と尊重を求めるアイデンティティ問題を生じさせる。またアイデンティティ問題を超えて、文化格差、経済的、政治的格差に対し、多数派民族と少数民族との競争が組み合わされて、民族紛争が生じていると考えられる。支配的民族集団の経済力、政治力が強く、文化的優越感が示される場合には、文化的格差が感情的、民族的対立をエスカレートさせてしまいかねない。ミャンマーでは、一部の最貧困地域が多数派民族の居住地域となっているが、他の民族は過去数十年、政府もしくは軍事政権の主要なポストから外され、キャリア機会及び社会的上層移動における不利を強いられている。

　したがって、各州の民族性は、相対的に成功を収めた多数民族集団による「圧制」下での不利によって規定されることになる。この解決には、社会階層における民族格差を緩和させる政策の導入が不可欠となる。また、政府の管理機構では、民族的、文化的背景にかかわらず、最適人材の確保を狙ったキャリア・パスを確立することで、こうした格差の解消が進み、機会平等の実現した

多民族国家のイメージを醸成することができるだろう。文化的、経済的に少数民族の立場を改善する政策手段として、アファーマティブ・アクションがよく使われる。しかし、アファーマティブ・アクション政策が一部の少数民族に偏ったものであれば、多数民族及び他の少数民族に対し、新たな不公正がもたらされることとなり、民族的対立を尖鋭化させ、少数民族問題の解決を遠のかせる結果となりかねない。

　民族間紛争は何十年にも亘り遡ることができる。中でも多数派、ビルマ民族と、カレン民族及びカチン民族との紛争は、後者側民族集団がイギリス側につき、一連邦に反対していたことと関係がある。驚くことではないが、この二つの民族集団だけが1943年に日本軍を歓迎していない。独立前の歴史的悲痛と併せ、抑圧的言語教育政策等、数多くの政策措置による強制的同化と政府管理機構における不平等なキャリア機会、そして、経済機会格差は、独立以降、連邦政府を統制してきた多数派、ビルマ民族に対する少数民族集団の憤りを募らせる結果となった。また同じ理由で、同じ州内でも、多数派民族集団と少数派民族集団との間で民族紛争は起きており、シャン州軍とワ民族による対抗軍との紛争等、武装紛争にまで発展するケースもあった。長い間、少数民族言語の使用は、教育の場だけでなく公共のメディア及びフォーラムでも制限されてきた。1962年に軍事政権が樹立した際には、民族言語による出版は禁じられている。したがって、2012年末に2013年4月を起点として民族言語による新聞の発行を許可するとする声明が出されたことは、大きな第一歩であった。ワ民族、カチン民族、モン民族のように、停戦合意に至った民族集団も、自費負担の形を取るが、学校の授業での使用言語の選択が許されることとなった。

　平和及び政府による国土全体への統制の確保と、少数民族集団の権利の尊重とは、共に政府に対し制度化を要求し合う関係にある。少数民族集団は重要な選挙基盤であり、連邦全体の平和と安全の鍵を握っている。さらに、彼らの立地は地理的にも戦略的な立地にあり、近隣諸国との政治・経済的関係を改善するうえで不可欠な存在でもある。拡大するアヘンを根絶しドラッグを生産停止に追いやるとともに、鉱物や農産品、林産物と併せドラッグの密輸も停止し、国境地域での違法な事業を終結させるには、こうした活動に関わらざるを得ない状況にある民族集団と共同する以外に解決の途はない。

第3節　包摂性に向けた信頼性の構築

　信頼は、ミャンマーの開発を持続的なものとするうえで不可欠な社会関係資本の重要な要素である。政府等公式機関の信頼性水準は、相対的に低い。例えば、前章で論じたように、公式的銀行システムと効率的な金融システムの開発を禁じてきた通貨制度に対する不信感は根強い。政府に対する信頼度が国民の協働意欲と政策の改変受け容れを左右することを考えると、こうした不信感が包括的開発過程を浸食してしまう可能性がある。透明性及びアカウンタビリティは、信頼性構築の重要な要素であるが、自由刊行物、活気ある市民社会、公開討論等、政府による説明責任の確保に資する重要な制度は、長い間、ミャンマーにはほとんど不在の状態にあった。

　国民の政府機関に対する信頼感は乏しいのが一般的であるが、ミャンマーが完全に信頼に欠ける社会であるかと言うと、そうとは言えない。hundiシステムという非公式な送金システムが存在するが、これが機能するには全当事者間に高い信頼関係があることが前提であり、信頼性は存在すると言える。また2012年の選挙では、国民の96％が宗教機関を信頼しているとしているが、これは東南アジアでは世界最高水準のラオスに次いで二番目の水準であり、ミャンマーで国民の宗教機関に対する信頼感が極めて高い状況にあることは興味深い（Gallup Organization, 2013）が、国民の98％が宗教を日常生活の重要な要素であるとしていることを考えると、驚くことではないであろう。しかし、宗教機関は、これまで国民の精神的要求を満たしてきただけでなく、政府サービスの行き渡らない社会、市場が十分に機能せず国民の要求が満たされない社会に対し、教育等社会的サービスの提供をも代替してきた。

政府及び政策立案に対する低い信頼性

　歴史的にみて、広く国民の利益に努め国民に資する政策を策定するという点において一般に政府は信頼性に欠ける状態にあった。公共サービスの品質に欠けたり、全くその供給のなされていない地域が存在していることの背景には、

第3章　包摂的成長と機会均等

教育、保健医療、社会サービス、基幹インフラに対する政府支出が十分でないことがあり、教育分野での政府支出は2003/04年度から2008/09年度の期間に全体の約4％、保健医療分野ではほんの1％という状況にあった。

慣習的に汚職がなされてきたことも、政府の信頼を損なわせている要因である。ミャンマーでみられる高水準の汚職は、行政上のポストを巡る贔屓や縁者贔屓の形を取るため、国民の日々の生活にそれ程の影響はない。企業や個人は、例えば、免許や許可と引き換えに――「茶代」と言われる――賄賂を要求され、政府職員を通して定期的に汚職に直面している。ミャンマーの汚職水準は、国際水準、域内各国の水準と比較して高水準にある。トランスペアレンシー・インターナショナルにより政府部門での汚職や政府職員、公務員、政治家の関与する汚職を対象に公表された2012年世界腐敗認識指数（図3.11）では、ミャンマーは176か国中172位にランクされている[13]。

例えば、関税評価等では標準化された手続きや手数料が定められておらず、かなりの腐敗の温床となっている。また別の制度的特徴も汚職・腐敗の誘因となる。例えば、最近2013年1月にも、通関職員は被雇用者に関税法違反による罰金総額の10％を得る資格を認めていた。さらに、ミャンマーには政府職員を対象とした行動規範はあるが（UN, 2002）、同国の法の支配は弱く、免許や許可等を承認する立場の政府職員であれば誰でも、ほとんど制裁の恐れなく、個人的な利益に権力を濫用する機会が与えられている。

ミャンマーには、高度かつ相当の汚職・腐敗問題があることを政府は認識しており、大統領により「優れた統治とクリーンな政府」の実現を掲げる第三次改革の一環として、この問題と闘っていくことが公言されている。新たに腐敗禁止法の発効が計画されているが、これにより権限当局には、政府及び民間部門の汚職・腐敗関与者を調査し、起訴する権限が与えられることになる。また、大統領側も政府機関での汚職及び賄賂撲滅を目的とした行動委員会を近年設置している[14]。汚職・腐敗については、既に幾つか調査に基づいた対応が取られている。2013年2月には、2011年4月から2012年12月までの間に警察官約700人を含め、17,000人近くの公務員が罰せられたと報じられている。2013年1月には、政府は通信省に対し申し立てのあった高度汚職・腐敗に関し調査内容を開示している。

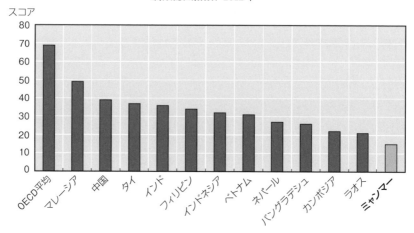

図3.11 国際基準に照らし高水準なミャンマーでの汚職・腐敗水準
腐敗認識指数、2012年

注：腐敗認識指数のスコアが低い国程、腐敗水準は高いことを表す。
出典：Transparency International (2012), *Corruption Perceptions Index 2012*, www.transparency.org/research/cpi/overview（2013年3月10日）.

StatLink : http://dx.doi.org/10.1787/888932857938

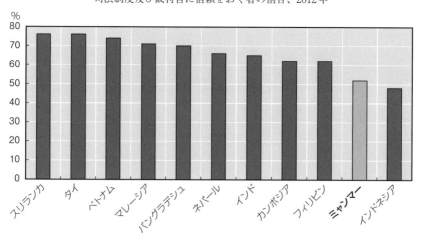

図3.12 司法制度及び裁判官への信頼に欠けるミャンマー
司法制度及び裁判官に信頼をおく者の割合、2012年

出典：Gallup Organization (2013), *Gallup World Monitor*.

StatLink : http://dx.doi.org/10.1787/888932857957

信頼性の欠如は、国内の他の政府関連機関にまで拡大している。2012年の選挙では、ミャンマーの司法制度及び裁判官に対し信頼をおいていると回答したのは、国民の52％だけであった（図3.12）。

司法制度は、行政権及び軍からの強い影響を受けるが、一般に腐敗に関する裁判手続きは長く非効率的なものであると考えられる。司法権の優位、独立、公平は、特に地方で確立されておらず国家全体に通用するものではないが、また主要都市でも同様の傾向はみられる（International Bar Association, 2012）。新憲法下では、こうした権限は正式に分立されているが、行政権は今なお司法権に対し多大な影響力を持つ状況にある。最高裁判所長官の任命、延いてはこれによる裁判長の任命、そして憲法廷の議長及び諸議員の任命は、2011年2月の議会で審議を経ずに承認されている（BTI, 2012）。

分野により信頼性改善のみられる政治改革

政治犯の釈放、最大反政府組織、国民民主連盟（NLD）の公認、国内多数派武装民族集団との停戦合意交渉といった、近年ミャンマーで目立ってみられた移行期の政治改革により、危うさはあるが信頼性に改善がみられる。フリーダム・ハウスによると、ミャンマーはなお「非自由国」に分類されるものの、反政府組織が選挙で大勝を収めたことで、2011年から2012年にかけ国内での政治的権限関係は改善されたとされている。選挙過程及び社会的多元性、市民の自由、政府機能、政治参加、政治文化を測るエコノミスト・インテリジェンス・ユニットの民主主義指数（図3.13）では、ミャンマーは近年の改革を通して僅かながら改善したことが示唆されている。

国内の全ての州、管区域の代表者の集まりである市民中心の議会が設置されたのは2011年であった。これは公式的政治過程における様々な州・管区域、民族集団、野党からの声を大きなものとすることで、これまでのところ真の討議の場として機能しているようである。議員がオープンに自らの考えを述べる自由は法によって保護されており、これまで政府の政策を批判したことで議員がやり玉に挙げられたことは全くない。政治過程の信頼性増大につながった重大な出来事は、不公正とされてきた従来の選挙に対し、2012年に議会補欠選挙が開催され、政府がその結果を承認したことである。

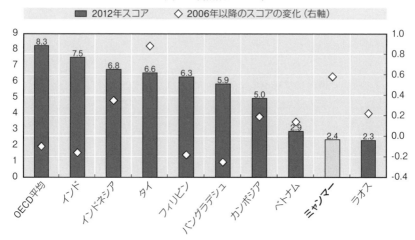

図3.13 改善は進むがなお低水準なミャンマーの民主化
EIU民主主義指数、2012年

出典：EIU (2012), *Democracy Index 2012: Democracy is at a Standstill*, Economist Intelligence Unit, www.eiu.com/public/topical_report.aspx?campaignid=DemocracyIndex12.

StatLink : http://dx.doi.org/10.1787/888932857976

　これまでも政治改革の進展が期待されてきたが、未だ政治に軍の強力な存在感が示される状況にあって、真の政治的参加及び代表に向けた取り組みが求められる。憲法では、議会での議席の25％を国軍関係者に保証しており、事実上、国軍関係者はいかなる憲法の修正に対しても拒否権を発動できるようになっている。特に民族集団においては、なおも事実上、国軍（Tatmadaw）の管理下にある民族集団の日常によって、新政治体制に対する信頼は浸食されつつある（Transnational Institute/Burma Centrum Netherlands, 2012）。しかし、武装民族集団は、公式的に国家及び地域レベルの議会（legislature）に関与することが求められてもいる。さらに、ミャンマーの地域議会では、首席大臣（Chief Minister）が行政府により任命されるため、首席大臣がどのように州／管区域を代表するかといった問題がある。

　ミャンマーの政治制度への女性の参加はなお限られたままとなっている。アウン・サン・スー・チーによる民主化運動指導者としての目立った政治的役割はあっても、議会での女性代表は過少に留まり、664議席のうちのほんの30議

第3章 包摂的成長と機会均等

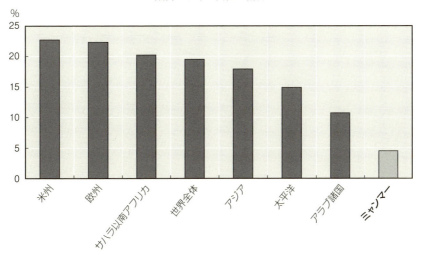

図3.14 制限される政治制度への女性の参加
議会における女性の割合

注：各地域及び世界全体のデータは2011年、ミャンマーのデータは2012年のものである。
出典：IPU (2013), *Inter-Parliamentary Union* (database), Inter-Parliamentary Union, www.ipu.org/wmn-e/classif.htm; UN Women (2013), *United Nations Entity for Gender Equality and the Empowerment of Women*, http://unwomen.org/; International Bar Association (2012), "The rule of law in Myanmar: Challenges and prospects", www.ibanet.org/Document/Default.aspx?DocumentUid=DE0EE11D-9878-4685-A20F-9A0AAF6C3F3E.

StatLink：http://dx.doi.org/10.1787/888932857995

席しかない（図3.14）。閣僚ポストが36であるのに対し、女性閣僚はたった1人である。

信頼性構築の鍵を握る透明性及びアカウンタビリティの強化

　国民と政府との間の信頼性構築の鍵となる透明性及びアカウンタビリティ確保のためのメカニズムは、ミャンマーでは長年の間、制限されてきた。報道の自由、集団の自由、そして報復を恐れずに社会的に批判的討論を行える一般的雰囲気は、近年の改革で改善されたとは言え、大きく欠ける状態にある。フリーダム・ハウスによると、メディア、民間討論、公会、市民社会、民間企業等の活動で長く課されてきた規制が漸次的に緩和されてきたことで、ミャンマー国民の自由等級は、6等級から5等級に改善したとされている。

　ミャンマーでは、社会プログラムを実施する文化協会や宗教団体を含め、公

式に認可される非国家組織が何十年も存在してきたが、その多くが軍事政権下での苦難を経験している（Kramer, 2011）。

　ミャンマーの市民社会は今なお障害に直面する状況にあるが、現行改革の下で改善の方向にある。現在、市民社会組織の登記手続きは長く複雑であるが、これは国家レベル及び地方レベルで別々に登記しなくてはならないことに起因している（Kramer, 2011）。2013年1月には、大統領により、政府は組合の登記要件を緩和し政治団体及び市民社会組織が自由に活動できるように組合活動に対する規制緩和も行う、との声明が出された。これは、重要な一歩となると考えられる。市民社会集団は、重要な社会及び共同体開発サービスを提供することで開発支援に寄与することになるが、さらに強力な市民社会集団の場合、過去に疎外されてきた民族集団に対する自治を支援することも考えられる。

　メディアは政府が説明、報告し、透明性を高めるための強力なメカニズムである。ミャンマー憲法は、表現の自由及び報道の自由を認めているが、今なお多くの法律によりメディアの自由が妨げられているのが実情である。フリーダム・ハウスの報道の自由指標では、ミャンマーは「自由でない」との評価となっている。同指数では、対象とされる3類型[15]のうち最も低い実績を示すのが政治環境[16]であるとしているが、ミャンマーは法環境（メディア・コンテンツに影響のある法律及び規制）についても低い実績にあるとされている。さらに、近年の改革期間を通して（2009年と2011年との比較で）政治環境が最も改善したと判断される一方で、法環境については僅かな改善しかみられないとされている。

　改革過程を通して、メディアを取り巻く環境は漸次的に改善はみせるものの、メディアの自由に対する障害は残されている。ミャンマーでメディアに対する法律枠組みが構築される中、多くの報道関係機関が参加を目的として設立されている（Reporters without Borders, 2012）。2011年6月以降、出版物の検閲廃止が積極化、2012年8月にはメディア検閲の完全廃止に至り、2013年4月には民間の新聞社による新聞の発行が解禁されることとなった。しかし、報道関係機関が政府による説明責任の法的保障を必要としないことを意味する表現の自由を規制する他の法律はなお有効なままとなっている。例えば、ごく最近でも2012年に、鉱山省は地元新聞社による汚職事件の報道に対し、新聞社を相手

第3章　包摂的成長と機会均等

図3.15　国民の政府機関への意見表明経験の限られるミャンマー
政府機関へ意見表明経験を持つ国民の割合

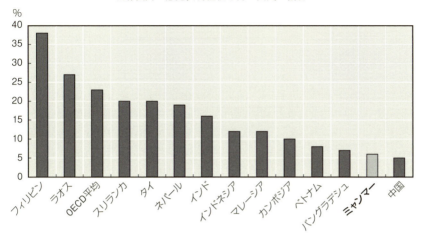

注：OECD平均はOECD加盟34か国の平均値である。2010年データに基づくOECD加盟国、チリ、ドイツ、日本、メキシコ、韓国、英国を除けば、いずれも2012年のデータに基づく。
出典：Gallup Organization（2013）, Gallup World Monitor.
StatLink : http://dx.doi.org/10.1787/888932858014

取り刑事訴訟手続きに入った。また国境地域での紛争に関する報道が限られる中、政府による報道規制により報道関係機関は国境地域に接近する際の問題に直面している。さらに2013年3月に議会に提出された出版・印刷に関する新法案には、メディアの自由を制限する可能性のある条項が含まれている。

　最近まで、ミャンマー国民の公共討論及び政治対話への参加機会は限られていた。2011年12月に導入された平和集会デモ法では、国民による平和を求めた抗議活動を認めている。これは、5人を超えるいかなる行進、デモ、集会も禁じ、平和活動家の逮捕、告発、投獄を可能としたこれまでの法律に対して、重要な一歩となった。しかし、この新法においてもなお、平和公会を制限する一連の措置はおかれている（Human Rights Watch, 2012）。抗議活動は、ミャンマー国民が自分たちの意見表明を可能とする唯一の不可欠な手段となっている。例えば、主要な投資／インフラ・プロジェクトを巡る現地コミュニティとの一般協議は頻繁には開かれる訳ではなく、権限当局と現地コミュニティとの対話文化は未開発の状態にある（SiuSue, 2012）。最近の選挙投票では、ミャン

マー国民の6％しかその前月に役所に対し意見表明していないと回答しており、これは域内では最も低いグループに入る（図3.15）。

注

1. 貧困世帯は、二つの観点から貧困ラインを下回る世帯と定義される。基準の一つは、カロリー要件を満たした最低食料支出額であり、もう一つは基本的要件を満たした合理的非食料支出額である。2005年の貧困ラインは、162,136チャット（158.18米ドル、消費額の中央値の29％）、2010年は376,151チャット（468.43米ドル、消費額中央値の30％）となっている（UNDP, 2011c）。
2. 国家計画経済開発省「経済社会開発枠組み」（2012）で示された優先順位。
3. ここでの就学率は純就学率を示す、初等／中等学校に就学している正規の初等／中等学校年齢にある児童の割合を示している。
4. 貧困ラインを下回る世帯を貧困世帯、上回る世帯を非貧困世帯としていると考えられる。
5. 特に明記しない限り、本節の数値はUNDP（2011b）*Integrated Household Living Conditions Survey in Myanmar 2009-2010: Poverty Profile* に報告されている、*Integrated Household Living Conditions Survey in Myanmar 2009-2010* の数値に基づく。
6. Relief Webサイト（*http://reliefweb.int/report/myanmar/monasticeducation-only-option-burma%E2%80%99s-poor*）に報告されている、Dr. Myo Tintによる推計値。
7. 保健医療の物理的普及は、「病院（群病院、公立特殊病院、医療ステーション）や保健センター、準地方保健センター、母子保健センターから、徒歩1時間圏内（1.23マイル）での生活」と定義される。
8. 現在、保健医療の普及している社会的安全の対象とされている者は、約60万人（国民の1％）のみである。新社会的安全保障法が2012年に議会を通過し2013年に発効しているが、これにより約1,000万人まで対象を拡大することが企図されている。
9. 安全な飲料水には「民間の水道水、公共の水道水／配水塔、管井戸水／掘削井戸水、防護付手掘り井戸水、及び防護付源泉水／池水／雨水がある。またそこからは、市販用ボトル詰水、全ての市販水、防護の無い手掘り井戸水、及び防護の無い源泉水／池水／雨水、河川水／細流水、湖水／ダム水は除外されている。安全な飲料水の普及には、その供給地が30分徒歩圏内、……もしくは約1キロメートルの範囲内にあることが要件とされている」（UNDP, 2011b）。

10. 衛生面での改善としては、下水システムもしくは浄化槽と連結した水洗トイレ、水封じのしてある簡易水洗トイレ、ペダル式蓋付堀込便所、非ペダル式直接／間接蓋付堀込便所がある。この場合、蓋無堀込便所、バケツ／便器式堀込便所、簡易堀込／垂流し便所、便所の非設置は除外対象とされている。
11. ミャンマー共和国2008年憲法第8章第366条及び第367条参照。
12. ワ州は、2008年憲法で自治権が認められたが、1948年に行政上シャン州の一部となってからこの時点まで、連邦シャン州と合併してビルマ連邦を構成していた。独立以前には、ワ州では一州（Mang Lern）しか（1922年に形成された）連邦シャン州に組み込まれていなかった。
13. トランスペアレンシー・インターナショナルが当指数に使用したデータ源には、政府による権限濫用に関わる質問が含まれるが、政府職員による汚職、公的手続きにおける口利き料、公金横領に焦点を当てるとともに、政府部門での汚職撲滅に向けた取り組みの本気度と効果性に関わる質問にも焦点を当てている。
14. この汚職に関する9名の委員による委員会は2013年1月に立ち上げられたが、副大統領Dr. Sai Mauk Khamが議長を務める。
15. この3類型とは、法環境、政治環境、経済環境である。
16. これは、報道関係者／機関に対するハラスメントや暴力、検閲、自己検閲等々を含む、メディア・コンテンツに対する政治圧力や統制と定義される。

参考文献・資料

BTI (2012), *Myanmar Country Report*, Bertelsmann Stiftung's Transformation Index, *http://bti-project.org/countryreports/aso/mmr/* (accessed 10 April 2013).

CSO (2012), *Myanmar Statistical Yearbook 2011*, Central Statistical Organization, Ministry of National Planning and Economic Development, Nay Pyi Taw, Myanmar.

CSO (2010), *Statistical Profile of Children and Women in Myanmar 2009*, Central Statistical Organization, Ministry of National Planning and Economic Development, Nay Pyi Taw, Myanmar.

CSO and Department of Agricultural Planning (2011), *Myanmar Agricultural Statistics (1997-98 to 2009-2010)*, Nay Pyi Taw, Myanmar.

Deiwicks, C., L.-E. Cederman, and K. S. Gleditsch (2012) "Inequality and conflict in federations", *Journal of Peace Research 49:289*, *http://jpr.sagepub.com/content/49/2/289.full.pdf* (accessed 15 April 2013).

Department of Health Planning and National Nutrition Centre (2003), Multi-Indicator Cluster Survey.

Duflos, E. *et al.* (2013), *Microfinance in Myanmar: Sector Assessment*, January, International Financial Corporation, World Bank Group. Washington, D.C, *www.cgap.org/sites/default/files/Microfinance%20in%20Myanmar%20Sector%20Assessment.pdf*.

EIU (2012), *Democracy Index 2012: Democracy is at a Standstill*, Economist Intelligence Unit, *www.eiu.com/public/topical_report.aspx?campaignid=DemocracyIndex12*.

Fong Sam, Y. (2011), "The mineral industry of Burma in 2009", *U.S. Geological Survey Minerals Yearbook 2009*, September 2011, *http://minerals.usgs.gov/minerals/pubs/country/2009/myb3-2009-bm.pdf*.

Gallup Organization (2013), *Gallup World Monitor*.

Human Rights Watch (2012), Press Release: "Burma: New law on demonstrations falls short", 15 March 2012, *www.hrw.org/news/2012/03/15/burma-new-law-demonstrations-falls-short* (accessed 4 March 2013).

IEA (2012), *World Energy Outlook*, International Energy Agency, *www.worldenergyoutlook.org/*.

International Bar Association (2012), "The rule of law in Myanmar: Challenges and prospects", *www.ibanet.org/Document/Default.aspx?DocumentUid=DE0EE11D-9878-4685-A20F-9A0AAF6C3F3E*

International Displacement Monitoring Centre (2013), *www.internal-displacement. org/idmc/website/countries.nsf/* (*httpEnvelopes*) */7E38BA7B2364451AC125 78C4005318B8?OpenDocument* (accessed 25 March 2013).
IPU (2013), *Inter-Parliamentary Union* (database), Inter-Parliamentary Union, *www.ipu.org/wmn-e/classif.htm*.
Kudo, T. (2007), "Border industry in Myanmar: Turning the periphery into the center of growth", *IDE Discussion Paper*, No. 122, October 2007, IDE-JETRO, *http://ir.ide.go.jp/dspace/bitstream/2344/631/3/ARRIDE_Discussion_ No.122_kudo.pdf*.
Kramer (2011), "Civil society gaining ground: Opportunities for change and development in Burma", Transnational Institute (TNI) and Burma Centre Netherlands (BCN), *www.tni.org/sites/www.tni.org/files/download/tni-2011- civilsocietygainingground-web2.pdf*.
Ministry of National Planning and Economic Development (2012), "Framework for economic and social reforms: Policy priorities for 2012-15 towards the long-term goals of the National Comprehensive Development Plan", 14 December, Nay Pyi Taw, Myanmar.
Ministry of National Planning and Economic Development and UNICEF (2012), *Situation Analysis of Children in Myanmar*, July 2012, Nay Pyi Taw, *www. unicef.org/eapro/Myanmar_Situation_Analysis.pdf*.
Myo, T. (2010), *Education in Myanmar 2000-2010*, *www.academia.edu/1887366/ Myanmar_education2000-2010*.
Nishino, Y. and G. Koehler (2011), "Social protection in Myanmar: Making the case for holistic policy reform", *IDS Working Paper*, No. 386, December 2011, Institute of Development Studies, *www.ids.ac.uk/files/dmfile/Wp386.pdf*.
Reporters without Borders (2012), *Burmese Media Spring*, December 2012, *http:// en.rsf.org/IMG/pdf/rsf_rapport_birmanie-gb-bd_2_.pdf*.
SiuSue, M. (2012), "How civil society can engage with policy making in Myanmar's transitional context", *Colombia Journal of International Affairs*, *http://jia.sipa.columbia.edu/how-civil-society-can-engagepolicy-making- myanmar%E2%80%99s-transitional-context* (accessed 6 March 2013).
Transnational Institute/Burma Centrum Netherlands (2012), "Prospects for ethnic peace and political participation in Burma/Myanmar", *Conference Report*, 8-9 July 2012, Bangkok, *www.tni.org/sites/www.tni.org/files/download/conference_ report_july_2012.pdf*.

Transparency International (2012), *Corruption Perceptions Index 2012*, *www.transparency.org/research/cpi/overview* (accessed 10 March 2013).

UN (2002), *Report of the Secretary General on Implementation of the International Code of Conduct for Public Officials*, United Nations, *http://unpan1.un.org/intradoc/groups/public/documents/un/unpan039934.pdf*.

UNDP (2011a), *Integrated Household Living Conditions Survey in Myanmar (2009-2010) : Poverty Dynamics*, United Nations Development Programme.

UNDP (2011b), *Integrated Household Living Conditions Survey in Myanmar (2009-2010) : Poverty Profile*, United Nations Development Programme.

UNDP (2011c), *Integrated Household Living Conditions Survey in Myanmar (2009-2010) : Technical Report*, United Nations Development Programme.

UNDP (2010), *Integrated Household Living Condition Survey in Myanmar*, United Nations Development Programme.

UN Women (2013), United Nations Entity for Gender Equality and the Empowerment of Women, *http://unwomen.org/*.

WFP (2013), *Myanmar Food Security Update*, January 2013, World Food Programme, *http://documents.wfp.org/stellent/groups/public/documents/ena/wfp256746.pdf*.

WHO and UNICEF (2006), *Meeting the MDG Drinking Water and Sanitation Target: The Urban and Rural Challenge of the Decade*, *www.who.int/water_sanitation_health/monitoring/jmpfinal.pdf*.

World Bank (2013), *World Development Indicators* (database), *http://databank.worldbank.org*.

終 章
ミャンマーの将来展望

「持続可能かつ公平な開発」レンズを通してみたミャンマー

　ミャンマーは、経済成長を駆動させ、より高度かつ持続可能な公平な開発軌道に入る重要な時期に直面している。現状と政策の下では、2013〜17年の期間、政府の目標とする年率7.7％成長を下回る6.3％の成長しか期待できない。当目標の実現には、特に労働生産性を改善し、所得増加と貧困削減につなげるために、成長を加速させるための改革が求められる。20〜30年の内に、ミャンマーにおいて国民の老いが始まることを考えると、域内の開発の波に乗るための推進力の獲得により重点が置かれることになる。老いの始まる前に、人口動態からの配当を確保し、投資拡大を含めた生産性改善に向けた改革により、潜在的経済力を引き上げておく必要がある。

　経済が一旦、離陸し、その潜在成長力を開花させると、鍵となるのは開発の持続可能性とこれを通した公平な機会創出確保となる。持続可能性には重い債務負担、財政赤字に対するマネタイゼーション、インフレ、為替変動といった潜在的不安定要因への対応が求められる。さらに、農地を含め天然資源の開発にみられる現在の慣行を止め、都市化に伴う工業及びサービス経済への転換過程を整えるには、全部門における競争力の改善が求められる。

　開発は、それが公平で、全ての者に利益となる場合にのみ、持続可能となると考えられる。成長の軌道は様々であるが、その選択もまた公平に資するかどうかに拠っている。ミャンマーは経済社会での参加率や女性の役割等、多くの公平要素で比較的高い実績にあるが、開発には地方と都市部、中心と周辺との間に不均一性が観察される（しかし、他国とは異なり、周辺に優位性が存在する）。ミャンマーでの開発の不均一性の主な要因は、特権と冷遇にあるが、持続可能な開発にはこの格差への対応が求められる。公共財・サービスの普及における平等は、国民の十分かつ健全な生活能力改善のための方途となる。公共サービス・財の追加的配分計画では、地方と都市、諸地域、所得水準間にある既存の格差を拡大させるのではなく、低減させることを狙い、賢明な対象設定が求められる。

終 章 ミャンマーの将来展望

開発に最大の制約となる制度資本面での束縛

　現在、ミャンマーの主要資本形態——人的資本、物的資本、制度資本、社会関係資本——のいずれもが制限されており、これが緩和されるまでは、国家開発にとって拘束的な制約となることが考えられる。もちろん、制度資本は他の資本形態の形成を促進する基本要素であることから、最も重要である。制度資本の欠如は国家の歴史に求めることができる。しかし、民主政治システムの確立を求める新政権の誕生は、再び新制度形成に着手する機会を与えてくれている。

　強化、再形成、確立の求められる制度形態には、政策立案のための枠組みと併せ、州、国家機能の創造に資する制度が含まれる。しかし、国民が信頼をおかない制度構造は、たとえそれが熟考されたものでも、成功とは呼べないだろう。ミャンマーの特殊的歴史の下で、何人も法を超えることはできない、アカウンタビリティ、透明性、市民の声を維持した、法の優位の確立を伴った法の支配の確保が重要な第一歩となる。法の優位に対する信頼性改善のために先駆的な措置が採られてきたが、議会も適切に機能し、これまでタブー視されてきた課題にまでメディアと報道の対象が拡大されている。

- しかし、法案、規制案に関する議論、非合法な未対象の事案に関する議論には、一般社会を関与させる余地が未だかなり存在している。

　アカウンタビリティは強化され、政府と市民の個々の権利と責任を意味する社会契約は機能し始めてはいるが、なおも多くの要求のあることが考えられる。

- 特権者と貧困者との間のアカウンタビリティは社会的正当性に対する認識を向上させるが、さらに、政府の正当性向上を目的としたその強化が求められる。これには、政府が関与したものだけでなく、民間主体が受益者となったものについても、過去に非合法な対応、不公正な対応のあったものについてはこれを再考する必要もあると思われる。
- 発言及びアカウンタビリティは、効果的な権限の委譲によってさらに強化することも可能である。複雑な民族集団の存在と現在の準中心部の能力の脆弱性からは、

他国のモデルはいずれも採択困難であり、ミャンマーに効果的な連邦形態の開発は実験を通して模索される必要がある。

安定かつ持続可能な成長の実現には、通貨・為替政策、財政政策、金融政策といった効果的なマクロ経済政策枠組みの創設が重要となる。近年の為替レートの統一と中央銀行の独立に対する基盤の確立は、こうした枠組み創設に向けた極めて重要なステップである。こうした枠組みの完成には、喫緊の課題から着手し、漸次的に分野を拡大していくことが求められるだろう。

- 通貨政策を通して経済を効果的に安定させたいのであれば、ドル圏の拡大と大規模非公式金融部門をもたらしてきた歪みは取り除かれる必要があるだろう。金融の公式化が、効率的で思慮深い安定的な金融システム確立の前提条件となる。
- 金融制度及び市場に対する慎重な規範の確立と執行を通して金融システム安定化を実現するためにも、金融規制・監督能力の開発が必要となると考えられる。
- 経済に対するマクロ経済安定化政策の効果を改善するためにも、インターバンク市場から着手し、金融市場の開発を加速化する必要がある。また、金融市場の開発でも、財政赤字が通貨政策統制を不安定化させインフレにつながってしまうリスクを制限するとともに、資本流入の急増が為替レートの安定性と国内金融システムにもたらすリスクを抑制する必要がある。
- 政府による開発のための公共財・サービス支出拡大要求を満たし、GDPに対して持続可能な政府債務水準を維持するためにも、できる限り早急に租税改革とコンプライアンス改善を通して政府歳入拡大能力の強化に向けた改革に取り組む必要があると考えられる。

特に、工業化、都市化、FDIの流入、そして農業部門の開発に伴う肥料、農薬使用量の増加が環境リスクを高める中にあって、持続可能な成長にとり、ミャンマーの環境資源を効果的に管理、保護するための制度能力の強化が重要となると考えられる。ミャンマーでは、特に沿岸部及びデルタ地帯が地球温暖化に伴う潮位の変動幅の拡大と熱帯低気圧の頻度及び強度の増大の影響を受け易く、環境変動対応能力の開発が待たれる。権限当局は、短期間でのより効果的

な環境政策で鍵となる基盤整備において顕著な成果を上げているが、今後はこの基盤に基づいた一層の環境対策が求められよう。

- 開発計画全般に環境対策を組み入れる必要があるとともに、新環境法の下で政府間での環境政策の立案及び執行に対し、構造的、調整的対応、強化を必要に応じて進める必要がある。
- 環境政策措置と併せ、環境影響評価や戦略的環境評価といった鍵を握る分析ツールがもっと開発される必要がある。
- 環境戦略及び政策に対する勧告、実施過程に非政府主体を関与させるうえで、制度的手段の強化とさらなる開発推進が重要である。
- こうした分野で最終的に成功を支えるものは、特に財産権や法の支配、市場及び民間部門支援制度といった、鍵となる支援条件の改善にあると考えられる。

企業部門の開発で鍵となる広範分野に亘る制度構築

　市場メカニズムを強化し、大規模サービス部門を備えた工業経済への構造転換を加速化させるうえで、民間部門の開発環境の基盤づくりが極めて重要となる。外国人投資に対する新法から着手し、民間部門で鍵となる法律の開発と更新が既に進められている。活気ある企業家精神を備えた企業部門の開発を促進するうえで、会社法及び商業規範、労働法、契約法、破産法、銀行・保険法、国際会計監査基準準拠法、仲裁法／知的財産法／司法制度及び市民サービス関連法、犯罪法への対応を進め、法枠組みにおける一層の改革が求められると思われる。特に優先順位については、次の通りである。

- 国際的ベスト・プラクティス及び近隣諸国での教訓に基づく、ミャンマー会社法（1914）及び同関連規制の更新。
- 契約法、破産法、仲裁法等、他の企業法の開発もしくは更新。
- 国内外投資家を対象とした、経済特別区まで含めた一般投資法の開発、もしくは税務（あるいは歳入）署及び他の関連省庁／機関との協議を通した既存の優遇措置及び規制の仔細に亘る検討に基づく、そうした投資法の一般的な会社法、商業法への統合。小規模・零細企業、事業組合までを対象としたSME法の開発。

これら法律の適正を確保するには、ミャンマーにおける企業に対する政府規制構造の強化が必要であろう。責任、優先性、規制において重複し、時に対立を生んでいる現在の分断化した構造の下では、政策調整及び実施上の問題が生じている。

- 様々な部門に関わる問題の特定化の一方で、企業部門開発政策の一貫性調整改善の促進に中心となって取り組む省庁が設定されることとなると思われる。この場合、部門及び産業特殊的活動の管理に専門的に取り組む省庁との違いを維持しながら、全国規模の企業投資政策の提案に先頭に立って取り組むこととなろう。

民間部門の開発でも、公式経済における企業の多様性の拡大と企業間の対等な活動の場の確保を支援するための条件の強化が求められるものと思われる。

- 国内外投資家に対するパートナーとして十分な潜在性を持ったSMEを支援するためのキャパシティ・ビルディングが特に重要となると考えられる。公式部門の企業活動で意欲を削ぐことになっている不要な規制等、企業に対する負担軽減努力も必要となるだろう。
- 商業銀行の信用先選別能力の向上が民間企業の外部信用利用拡大の鍵を握るだろう。新興企業等、未だ十分な確立をみない企業と併せ、SMEの外部資金の利用改善を目的に、政府信用所の設立と信用保証サービスの開発が検討されることになるだろう。
- ミャンマーの全企業主体への対等な活動の場の提供のために、協同組合化と民営化をさらに進めるべきである。
- 特に労働集約的製造業企業活動では輸出加工に焦点を当て、近隣諸国との協力の下、経済特別区の開発を国境地域の開発と結び付けて考えることができる。
- 事業協同組合が重要な役割を果たすことが考えられるが、それは同国の法規制枠組み全体によって支えられる必要がある。

人的資本蓄積、公平な機会創出の基盤を成す広範囲に亘る制度構築

制度資本の改善は、他の資本形態の蓄積を支えるうえでも、すなわちミャン

終　章　ミャンマーの将来展望

マーの根幹における開発での拘束的制約要因の解消においても必要とされる。この改善への取り組みは、成長を確実に公平な機会につなげ、現在、所得を始めとした幸福要素において集団間、地域間にみられる相当の格差を増幅ではなく、確実に低減の方向に向かわせるうえで、同様に重要な取り組みであると考えられる。

　持続的な所得増大において中心的な要件となる価値連鎖の上方シフトは、経済的移行に求められるスキルの量的、質的確保に向けた人的資本形成に掛かっている。適切な専門技能提供の前提となるのは、高い質を備えた（初等教育及び非職業的中等教育として定義される）基礎教育の普及である。ミャンマーでは、過去20年間に基礎教育の普及における改善がみられたが、初等教育段階での退学者、（義務教育にない）中等教育レベルでの低就学率といった問題は、なお解決すべき課題が残されていることを意味している。

- 教育の普及改善は国家の教育採用能力と釣り合いの取れたものである必要がある。最近の傾向としては、中等教育の普及面での改善が新任教員の採用よりも進んだ状態にある。
- 初等教育だけが法的に保証された義務教育である中では、最も基本的な識字能力を超えて、広く教育を普及させることはできない。中期的には、国際基準に照らして少なくとも前期中等教育にまで、義務教育は拡大されるべきである。
- ミャンマーでは、今なお大きく普及の遅れている基礎教育であるが、中等教育まで含めた基礎教育の完全な普及は、熟考の上に政府教育支出を拡大させることで、初めて可能であると言える。拡大された教育支出の配分については、ロジスティクス（学校施設、教員養成機関、通学手段、教材の利用可能性を含む）に代表される教育の普及で最も制約となっている重要要因を対象とするとともに、教員及び学生とその家族への優遇措置に焦点を当てる必要がある。特に、教員の養成と機能化、地方勤務の促進、家族に対する子弟の通学能力の向上と通学誘因を目的に、優遇措置を強化する必要がある。
- 近年、教員養成プログラムの改定を通して、教育品質に対する取り組みがみられた。しかし、ミャンマーの教育システムの品質改善を図り、国際基準に照らして評価するためには、中期的に（初等教育及び前期中等教育も含め）全ての教員養

成プログラムを3年間のプログラムに拡大する必要がある。さらに、教員養成カリキュラムには、新任教員の就任に合わせたより体系立った実践的就任前訓練を含めるべきである。
- (学校検査官等の) 先駆的監視活動には、品質改善政策評価のためのより優れたツールが併せて必要となる。1997年にOECDによって始められた国際的研究、PISAへの参画は一選択肢となるだろう。
- ミャンマーでの経済的移行期間における人材の供給は基礎的教育を超えて進める必要がある。急速な成長を遂げる新興経済国及び先進工業国をベンチマークとしてみると、ミャンマーは数年先の開発で求められる人材の蓄積に遅れがみられる。
- ミャンマーは国内全ての地域で、高等教育レベルのプログラム数及び就学生徒数を急速に拡大させてきた。特に予算の制約される中では、高等教育の質を犠牲にしてこれは進められてきたと考えられる。数年先の開発状況を視野に、さらなる量的拡大ではなく、高等教育分野に重点をおいた域内基準に照らしたプログラム品質評価が求められている。
- 工業化過程では、職業・技巧訓練を通して中等教育でのスキル開発に、より重点的に取り組むことが不可欠となる。スイス等での教訓を基に、公式的アプレンティスシップ・プログラムの開発の検討がミャンマーでも進められることが考えられる。

持続的な成長を実現し、集団間、地域間でより均等な利益配分を実現するには、インフラの整備と改善が基本的に重要となるだろう。ミャンマーでは、輸送ネットワーク、エネルギー・インフラ、通信システムといったインフラにおける改善と拡張が火急の要件となっている。輸送システムを刷新し、域内主要取引ルートとしてのミャンマーの潜在力の開花を狙った主要プロジェクトが、稼働あるいは計画段階にある。ミャンマーのエネルギー資源は莫大であるが、現在、国内のニーズを満たすだけの十分なエネルギーを創出し給配できるインフラは整備されていない。通信インフラのカバー範囲も品質も限られ、インターネット及び携帯技術に眠る大きな機会の壁となっている。しかし、さらにインフラを拡大するだけで十分という訳ではない。インフラ・プロジェクトを計画、実施し、資金的に支えるだけの能力の改善が、また同様に重要となるだろう。

訳者あとがき

ミャンマー・ウェイ：その独自の連邦制とインプリケーション

　本書は、OECD（2013）, *Multi-dimensional Review of Myanmar: Volume 1. Initial Assessment, OECD Development Pathways*, OECD Publishingの全訳です。翻訳作業に着手したのは昨年8月と原書出版から1年程過ぎてのことでしたが、これに1年余りの翻訳期間が上乗せされてようやく出版の運びとなりました。読者の皆様には出版が遅れましたことに対し、この場を借りて深くお詫び申し上げます。本書は冷戦構造の崩壊を迎え転換期にあるグローバル社会、国際社会への融合を進めつつあるミャンマーのガバナンス基盤を診断するもので、今後のミャンマー経済社会の展望を示唆する書籍として価値は失われておりません。ここでは、ビルマ民族を主体に構造化された側面を持つ多民族国家ミャンマーをどのように理解できるか、今後の展望と併せ訳者として若干の見解を述べておきます。

　ミャンマーが開発を進め成長、発展を軌道に乗せるには、グローバル経済社会における自らの位置づけを見極め、そこにおける参画のための条件が整備される必要がある。転換期にある現在、グローバル経済社会は新興諸国の台頭を視野に、新しい競争優位世界を始動させている。他方で新興諸国は比較優位世界で成長、発展の土台づくりを進めつつ、持続可能性の確保に向けて、不確実性と認知アーキテクチャーの適合の問われる競争優位世界への参画に取り組む必要がある[1]。

　競争優位世界では、認知アーキテクチャーが長い歴史によって支えられる比較優位を規定する要素となる。したがって国家の役割は認知特性に基づく爾余の世界との相対的関係によって定められ、公共分野への拡張を進める市場に対して先進諸国が新興諸国を迎え棲み分けを模索することになる。また、競争優位世界ではその拡張の動きもみられる。例えば、イン

ドのビジネス・リーダーは高遠な使命と目的の下にジュガードの精神を発揚させてより客観性の高い世界に問題解決能力を発揮できるだけの素養を持つが、1991年の改革以降、公共分野を中心に逸早く創造的な取り組みが行われてきた[2]。また後に述べるように、ミャンマーも日本以上に詰め込み教育的であると言われ[3]、ビルマ民族を主体に統合度の高い社会を形成している。意思決定の適時・適切性を考えたとき創造的な活動を支えるのは分権化した統合型アーキテクチャーであるが[4]、転換期にあって企業や国家レベル、経営や改善レベルで、より客観性の高い世界でもこれを作用させ得る国家をも巻き込み一層のエンパワーメント化圧力が作用しているように思われる。国際分業が国家間でリレー的に進められる場合[5]、社会的機能によって起点も終点も異なるし、個々のケースでグローバル社会的観点から必要性を満たした差別化や作り込みがなされているか過剰ではないかが問われることになる。環境技術の開発では新しく制度づくりを行える新興国の方が向いていると言われるが[6]、ミャンマーでも開発政策全般に亘り環境政策の統合が進められている。これにより環境への負担を取り除いた制度的環境の下で環境効果的な技術開発が可能となり、将来、ミャンマーからの新しいイノベーションの発信につながることも期待される[7]。またサービス貿易も拡大する中で、コトの世界にモノの世界を包含しつつ、人材流動化を伴い需要と供給のダイナミズムが創出されつつある。将来、ミャンマーが競争優位世界でその地位を確保するには、こうした流れにしっかりと根を下ろし、豊富な自然資本にも配慮して独自の強みを創造していく必要がある[8]。

　民政移管と制裁解除が進み、国内の和平が模索される中、外国人投資環境が整備されるのに伴いミャンマーの有してきた潜在的魅力の顕在化が進み、現在、ミャンマーへの外国人投資拡大の機運がみられる。アジア最後のフロンティアと呼ばれ、タイと同等規模の人口を擁するミャンマーはまた資源豊富国でもあるが、今後将来、労働集約的分野での比較優位の顕在化とこれと並行した市場の拡大、製品差別化国際分業の水平化によって、新たな比較優位の獲得を通した国際社会での地位の確立が進むものと思われる。本書で指摘されるようにミャンマーは人口動態的にもう20年もすれば老いの始まる国家であるが、こうした現実に対しても冷静に機会を捉え、ASEANや東アジアを舞台に経済的飛

躍を遂げることが求められる。現在、ミャンマーは他に類のない独自の連邦制の形成に苦心しているとされるが、そこには今後将来の成長、発展に符合した特性が隠されているように思われる。

　ミャンマーには7州、7管区域があり、後者7管区域は主にビルマ民族が多く居住する中央部に位置している[9]。連邦制とは「多数の支分国家によって集合的に構成される連合国家制度」であり単一国家の反対概念とされる[10]。ビルマ民族が7割を占めるミャンマーでは、構造的に統一性、単一性が中心におかれ真の連邦制にはなく、これが少数民族による武装闘争の主たる原因となってきた[11]。

　ビルマ式社会主義（Burmese Way to Socialism）では、資本主義の延長線上に社会主義を位置づけるが、これはまた仏教徒が9割で上座部仏教が信仰されていることとも無関係ではないであろう[12]。パレート最適といった意味において資本主義も社会主義もともに同じであるが、冷戦の終結した転換期においてグローバル社会に台頭することとなったミャンマーは、軍事的色彩の残る憲法の下、民族的自治を主体にボトムアップ的に有機的連携が模索されるものと考えられる。いかなる国家でも競争優位性に関わる部分では個人主義が求められるが、統一的なハイブリッド型連邦制にあるミャンマーでも、リージョナル、グローバルな行為主体をも交え様々なステークホルダーとの協働を視野に、認知と連携による流れの本流化を模索しなくてはならないだろう。武装闘争の続くミャンマーにおいて国家資本主義は軍事資本主義的な側面を持つが、他方で独立心と従軍的詰め込み教育に支えられる認知アーキテクチャーが今後将来ミャンマー式連邦構造を背景に競争優位性の創出に寄与するものと思われる[13]。21世紀のグローバル社会は構造によって支配されるのではなく、構造を創出する社会でなくてはならないが、そこに台頭するミャンマーも連邦制の統一的特性の下、市場経済を基本に創造性を確保する必要がある。

　本書の翻訳に際し、根本敬（2014）『物語 ビルマの歴史』は大いに参考になったが、ミャンマーの今後を展望するうえでも重要な示唆を与えられた。同書によるとミャンマーは日本以上に詰め込み教育的であり従順な人材をよしとする、軍事政権に適合的な人材であるとされるが、またアウン・サン・スー・チー氏については「善きリーダーになりたい者は、まずは善きフォロワーにな

りなさい」(2013年4月17日の東京大学での講演)と説き、物を考えない従順な人をよしとする教育の在り方には批判的であるとしている。これからのミャンマーを考えたとき、どこに問題解決能力を発揮し個人主義を展開するかに関心が向かうが、これは統合度の高い世界での競争優位性の確立において不可欠な要素であると言える。ミャンマーの人々には、論理的能力に欠けると言われる日本人が集団主義的に高い論理的能力を発揮するのと同様のことを期待するとともに、客観的な世界での知の多元性の確保においてフォロワーの重要性に対する認識が必要なのではないかと思う。

　統合的アーキテクチャーを分権的に確保し創造的に大きな流れを創出するには、フォロワー・レベルで規範とビジョンを共有し知識や技能の適正を保ちつつ多様なステークホルダーとの連携の下に自己組織化を進めることが必要となる[14]。資本主義の延長線上に社会主義を位置づけ、冷戦構造の崩壊とともに迎えたこの新しい世界に今、融合しようとしているミャンマーは正に時代を先取りしてきたのであり、転換期にあって世界に同期していると言える。競争優位世界での国際分業はリレー式にも補完的にも進められるが、ミャンマーでは、先進国でのこれまでの取り組みの延長線上にリレー式に受け継ぐものと、地域的、世界的に存在する課題でミャンマーで優先的に取り組まれるものとが考えられる[15]。差別化分業を水平化していく過程で、多面的に幸福を捉え経済成長、発展を実現していくことになるが、議会制民主主義に基づき有権者の同意を得ながら競争優位性の維持、構築が図られることになる。2015年末にはASEAN経済共同体をめぐる交渉も一段落するが、今後ASEANのガバナンスは政治的、社会的にも国家間での整合化が進められミャンマーもこれに同期することになる。ASEANそして東アジアでの政府間の連携に対しこれに先んじて事実上の統合の進む中で[16]、将来、ミャンマーもその戦略を内外に明らかにし広く強みと機会の適合を進め、ミャンマーを基点としたイノベーションを創発、普及させていくことが展望される。そして、そこには、ミャンマー・ウェイとして、基幹的民族構造に対して多様な民族的アイデンティティを主体としたハイブリッド型の連邦制が機能するものと考えられる。

訳者あとがき

　OECD報告書の翻訳書を明石書店から刊行するのは今回で6冊目となりますが、この度も編集をご担当された安田伸氏には随分とご迷惑をお掛けしたように思う。本翻訳作業に入ることを決めた昨年の8月下旬は既に原書第2巻の刊行を控えた時期で、不安を抱きながらの翻訳作業がこうしてなんとか刊行に漕ぎ着けたのも、陰に陽にご支援くださった安田氏のお蔭であると、この場を借りて衷心より感謝申し上げます。また、ミャンマー経済社会の展望においても国際経営学の知見を役立てられたことに対し、ハリウッド大学院大学、江夏健一教授にはこれまでのご指導に深く感謝申し上げる次第です。刊行は遅くなりましたが、本訳書が少しでも皆様のお役に立てることができますよう祈念しております。広く情報を集め細心の注意を払い翻訳作業を進めて参りましたが、思わぬ誤訳や誤解があるかもしれません。皆様には切にご指導、ご叱正をお願いいたしますとともに、ご寛容くださいますようお願い申し上げます。翻訳及び本記述内容に関する責任は全て翻訳者にあることを申し添えて、「訳者あとがき」といたします。

　2015年8月9日

東京国際大学
門田　清

注

1. 競争優位世界と比較優位世界は、それぞれグローバル経済社会での不完全競争世界と完全競争世界を意味している。ガラパゴス化が言われ、両者間の線引きはグローバルな価値観に規定される側面を持つ。またここでは、この枠組みに基づき、工藤年博（2008）を参考にしている。
2. ジテンドラ・シン／ピーター・カペッリ／ハビール・シン／マイケル・ユシーム（2011）参照。
3. 根本敬（2014）、終章参照。
4. 平野光俊・内田恭彦・鈴木竜太（2008）から示唆を得た。

5. 国際分業には、例えば20世紀後半に米欧日間でみられたリレー式での分業と、グローバル／リージョナルに存在する需要における国ごとの優先度の相違に基づく補完的な分業が考えられる。門田清（2012）、門田清（2014）を参照。
6. スチュアート・L・ハート（2008）の主張であるが、環境への配慮のない制度的環境では環境効率を高められても環境効果の改善は得られないとしている。
7. 経済（人間）、社会に環境を加えトリプルボトムラインと呼ぶが、現在は不足の満たされた中に外部性を内部化する時代であると言われる。また大規模に共通に存在するニーズへの供給は比較優位化と併せ機械化が進んでいる。フラット化の進んだ世界では、モジュール化競争からモジュールの設計競争へ、そして3Dプリンターの登場によってその統合的アーキテクチャーも個人にまで分権化されてきている。
8. 今井賢一（2015）では、人工知能の発達に対し自然資本はそれによって形成不可能であるとしている。
9. 五十嵐誠著「少数民族問題」（IDE-JETRO編『アジ研ワールド・トレンドNo.220』IDE-JETRO、2014年2月、p.18）。
10. この定義は『ブリタニカ国際大百科事典』に基づく。また、本書では国内の民族集団を国民としている。
11. 五十嵐誠著「少数民族問題」（IDE-JETRO編『アジ研ワールド・トレンドNo.220』IDE-JETRO、2014年2月、p.19）。
12. 大乗仏教と上座部仏教との相異、これらのガバナンスとの関連については、佐々木閑（2015）を参考にしている。
13. 教育はその国の認知特性を形づくるものとして重要である。教育政策は政策的個人主義度によって規定される。ミャンマーにおける教育政策の特徴については、根本敬（2014）終章を参照。
14. 成熟期や客観的社会での企業の成功のための条件については、クリストファー・A・バートレット／スマントラ・ゴシャール（2007）、ジテンドラ・シン／ピーター・カペッリ／ハビール・シン／マイケル・ユシーム（2011）が参考になる。特に後者はインド企業独特の組織能力、マネジメント慣行、企業文化を複合した概念としてインド・ウェイについて詳述するもので、ミャンマーについて考える際にも参考になる。
15. 後者の補完的国際分業からリレーが創発される場合もある。
16. 黒岩郁雄著「東アジア統合の理論的背景・特集にあたって」（IDE-JETRO編『アジ研ワールド・トレンドNo.219』IDE-JETRO、2013年12月／2014年1月、p.29）。

参考文献

IDE-JETRO（編）『アジ研ワールド・トレンドNo.219』IDE-JETRO、2013年12月／2014年1月

IDE-JETRO（編）『アジ研ワールド・トレンドNo.220』IDE-JETRO、2014年2月

イヴォン・シュイナード／ジブ・エリソングル／リック・リッジウェイ（著）「外部化されたコストを内部化する時代　サステナビリティ3.0」（『Harvard Business Review』2012年3月号）

今井賢一（著）「戦後70年日本の強みは（下）：自然資本と宗教に鍵」（日本経済新聞・経済教室、2015年8月7日掲載）

門田清（著）「グローバル社会における有機的連携：国際分業論に対する産業組織論的アプローチと日本及び新興大国の在り方」日本国際経済学会関東部会報告、2012年

門田清（著）「持続可能な発展と産業内分業モデル：グローバル資本主義における国際分業の根拠」日本国際経済学会関東部会報告、2014年

工藤年博（著）「軍政下のミャンマー経済：停滞と『持続』のメカニズム」（工藤年博（編）『ミャンマー経済の実像：なぜ軍政は生き残れたのか』IDE-JETRO、2008年）

クリストファー・A・バートレット／スマントラ・ゴシャール（著）『個を活かす企業：自己変革を続ける組織の条件』ダイヤモンド社、2007年（Sumantra Ghoshal and Christopher A. Bartlett (1997), *The Individualized Corporation*, Random House UK）

佐々木閑（著）『ブッダ 最後のことば』NHK出版、2015年

ジテンドラ・シン／ピーター・カペッリ／ハビール・シン／マイケル・ユシーム（著）『インド・ウェイ：飛躍の経営』英治出版、2011年（Cappelli, P. *et al.* (2010), *The India way : How India's Top Business Leaders Are Revolutionizing Management*, Boston Harvard Business School Press）

スチュアート・L・ハート（著）『未来をつくる資本主義：世界の難問をビジネスは解決できるか』英治出版、2008年（Stuart L. Hart (2007), *Capitalism at the Crossroads: Aligning Business, Earth, and Humanity*, Wharton School Publishing）

スマントラ・ゴシャール／D・エレナ・ウエストニー（編著）『組織理論と多国籍企業』文眞堂、1998年（S. Ghoshal and E. Westney eds. (1993), *Organization Theory and the Multinational Corporation*, Macmillan Publishers Ltd.）

田村克己・松田正彦（編著）『ミャンマーを知るための60章』明石書店、2013年

日経ビジネス（編著）『まるわかりインダストリー4.0：第4次産業革命』日経BP社、2015年

根本敬（著）『物語 ビルマの歴史：王朝時代から現代まで』中公新書、2014年
野村総合研究所（著）『日本の優先課題〈98〉：6大改革の本質を問う』野村総合研究所、1997年
平野光俊・内田恭彦・鈴木竜太（著）「日本的キャリアシステムの価値創造のメカニズム」(『一橋ビジネスレビュー』2008 SUM)
ブリタニカ・ジャパン（編著）『ブリタニカ国際大百科事典』ブリタニカ・ジャパン、2014年
山田高敬・大矢根聡（編）『グローバル社会の国際関係論』有斐閣、2006年

◎訳者紹介

門田 清(かどた・きよし) KADOTA Kiyoshi
1965年、宮崎県生まれ。早稲田大学社会科学部卒業。早稲田大学大学院商学研究科博士課程単位取得・満期退学。現在、東京国際大学国際関係学部准教授。専門は国際ビジネス。著書に、「国際貿易論と国際ビジネス」(江夏健一・長谷川信次・長谷川礼編『シリーズ国際ビジネス2 国際ビジネス理論』中央経済社、2008年、第8章)、「多国籍企業と世界経済」(江夏健一・桑名義晴編著／IBI国際ビジネス研究センター著『理論とケースで学ぶ国際ビジネス』同文舘出版、2001年) 他。論文に、「持続可能な発展と産業内分業モデル：グローバル資本主義における国際分業の根拠」(日本国際経済学会関東部会報告、2014年)、「グローバル社会における有機的連携：国際分業論に対する産業組織論的アプローチと日本及び新興大国の在り方」(日本国際経済学会関東部会報告、2012年)、「世界経済システムと多国籍企業理論——ガバナンス・バランス・シフトを背景として」(日本国際経済学会・第49回関西支部総会、2007年6月)、「地域主体性とグローバル・リンケージの形成——日本と日系多国籍企業の創知に対するインプリケーション」(早稲田大学産業経営研究所『産経シリーズ』33、2001年)、「経済統合プロセスにおけるダイナミズムと周辺国の調整問題」(早稲田大学産業経営研究所『産業経営』第27号、1999年) 他。翻訳に、OECD開発センター編著『世界開発白書2——富のシフト 世界と社会的結束』(明石書店、2013年)、 OECD開発センター編著『世界開発白書——四速世界における富のシフト』(明石書店、2011年)、OECD編著『科学技術人材の国際流動性——グローバル人材競争と知識の創造・普及』(明石書店、2009年)、経済協力開発機構(OECD)編著『中国クロスボーダーM&A——OECD投資政策レヴュー：中国』(明石書店、2008年)、経済協力開発機構(OECD)編著『OECD国際投資展望 世界経済の潮流とインベストメント』(明石書店、2006年)、OECD編「貨物輸送ロジスティクス——アジア太平洋、ヨーロッパ、アメリカ 地域を超えて共有される課題と解決」(『月刊ロジスティクス・ビジネス』ライノス・パブリケーションズ、2003年5・6・7月号) 他。

ミャンマーの多角的分析

OECD 第一次診断評価報告書

2015年11月19日　初版第1刷発行	

編著者	OECD開発センター
訳　者	門田 清
発行者	石井 昭男
発行所	株式会社 明石書店
	〒101-0021
	東京都千代田区外神田6-9-5
	TEL　03-5818-1171
	FAX　03-5818-1174
	http://www.akashi.co.jp
	振替 00100-7-24505

組版　株式会社ハマプロ
印刷・製本　モリモト印刷株式会社

(定価はカバーに表示してあります。)

ISBN978-4-7503-4270-2

OECD世界開発白書
四速世界における富のシフト

OECD開発センター 編著　門田清 訳

B5判／並製　212頁　◎4800円

中国、インドなど開発途上大国の台頭が貧困国に及ぼす影響に焦点を当て、過去20年間の世界経済における原動力の変遷を検証。資産と諸フローの新たなパターンについても詳述し、途上国間の相互作用の拡大を浮き彫りにする。

内容構成

- 序章　今なぜ「富のシフト」なのか
- 第1章　富のシフトと新成長地理
- 第2章　アジアの巨人・そのマクロ経済的影響
  新成長エンジン／労働供給面での衝撃／世界労働賃金への影響／需要・コモディティ価格への反映／アジアの巨人が交易条件に及ぼす影響／世界利子率に対するアジアの影響
- 第3章　重要性を増す南南関係
  南南貿易／海外直接投資／援助
- 第4章　富のシフトと貧困削減
  絶対的貧困の大幅な削減／不平等、成長、貧困削減／貧困改善的成長のための新たな課題
- 第5章　四速世界における技術格差の拡大
  開発途上国世界での技術格差／世界の新たな活動の場なのか／製造業分野の役割
- 第6章　変革の風に乗って
  開発戦略／海外直接投資の活用／資源ブームへの対処／農業の活性化と地方の開発／貧困改善的成長政策
- 第7章　富のシフトへの集団的対応
  新グローバルガバナンス・アーキテクチャー／国際協力における利害と同盟関係の変化／技術移転

主観的幸福を測る　OECDガイドライン

経済協力開発機構（OECD）編著　桑原進監訳　髙各しのぶ訳

◎5400円

OECD幸福度白書
より良い暮らし指標：生活向上と社会進歩の国際比較

OECD編著　徳永優子、来田誠一郎ほか訳

◎5600円

OECD幸福度白書2
より良い暮らし指標：生活向上と社会進歩の国際比較

OECD編　西村美由起訳

◎4500円

官民パートナーシップ
PPP・PFIプロジェクトの成功と財政負担

OECD編著　平井文三監訳

◎4500円

インターネット経済
デジタル経済分野の公共政策〈OECDソウル宣言進捗レヴュー〉

経済協力開発機構（OECD）編著　入江晃史訳

◎3000円

中国クロスボーダーM&A
OECD投資政策レヴュー：中国

経済協力開発機構（OECD）編著　門田清訳

◎4600円

OECD国際投資展望　世界経済の潮流とインベストメント
持続可能な発展と貧困削減に向けて

経済協力開発機構（OECD）編著　門田清訳

◎3800円

科学技術人材の国際流動性
グローバル人材競争と知識の創造・普及

OECD編著　門田清訳

◎3800円

〈価格は本体価格です〉

OECD世界開発白書2
富のシフト世界と社会的結束

OECD開発センター 編著
門田清 訳

B5判／並製
312頁
◎6600円

社会的結束は開発手段としてそれ自体が目的ともなる。本書では社会的結束開発アジェンダとして財政、雇用、社会保障、市民参加、教育、保健医療、ジェンダー、移民統合等の問題を取り上げ、持続可能な成長のための社会的結束の重要性を包括的に論じている。

内容構成

【第Ⅰ部 社会的結束における機会と課題】
- 第1章 富のシフト：機会への扉
- 第2章 社会的結束と開発
- 第3章 富のシフトと社会的課題
- 第4章 格差

【第Ⅱ部 富のシフトと社会的結束政策アジェンダの構築】
- 第5章 社会契約の強化と持続可能な財政政策
- 第6章 社会的結束に向けた雇用及び社会保障政策
- 第7章 市民参加の拡大と社会的結束政策
- 第8章 相互関連政策課題
- 第9章 富のシフト世界における社会的結束の強化

OECDジェンダー白書
OECD編著 濱田久美子訳
今こそ男女格差解消に向けた取り組みを！
◎7200円

OECD規制影響分析
OECD編著 山本哲三訳
政策評価のためのツール
◎4600円

地図でみる世界の地域格差
経済協力開発機構(OECD)編者
OECD地域指標(2013年版) オールカラー版
中澤高志、神谷浩夫監訳
都市集中と地域発展の国際比較
◎5500円

図表でみる世界の年金
OECD編著 岡部史哉訳
OECDインディケータ(2013年版)
◎5500円

図表でみる世界の保健医療
OECD編著 鐘ヶ江葉子訳
OECDインディケータ(2013年版) オールカラー版
◎7200円

図表でみる世界の行政改革
OECD編著
OECDインディケータ(2013年版) オールカラー版
◎5500円

図表でみる世界の主要統計
OECD編著 平井文三訳
OECDファクトブック(2014年版)
経済、環境、社会に関する統計資料
◎8200円

図表でみる教育
経済協力開発機構(OECD)編著
OECDインディケータ(2014年版) トリフォリオ訳
◎8600円

〈価格は本体価格です〉

エリア・スタディーズ125 ミャンマーを知るための60章

田村克己、松田正彦 [編著] 四六判／並製 ◎2000円

2011年3月の新政権発足以来、世界の耳目を集めているミャンマーとその魅力を、ミャンマーに長期滞在した日本人、また日本に留学や仕事で長く暮らしているミャンマー人の執筆者が、その経験と知識に裏付けされた視点から紹介する。

I 歴史 第1章「始まり」のタガウン／第2章 ピューとビルマの「始まり」／第3章 パガン／第4章 モンやシャンの人たちとビルマの統一／第5章 バインナウン王とアラウンパヤー王／ほか
II 自然 第11章 上ビルマとモドビルマ／第12章 水は天地を駆け巡る／第13章 シャクナゲとラン／第14章 ソウと水牛／第15章 チークとマルン／第16章 焼畑と「タウンヤ造林」／第17章 エヤーワディー河とインレー湖／ほか
III 社会 第21章 二つのネーピードー／第22章 最大の都市ヤンゴン／第23章 農村と都市、そして国外と／第24章 農村の変化／第25章 家族・親族と子育て／第26章 自由な女性と不自由な女性／ほか
IV 文化 第31章 ビルマ語と少数民族語／第32章 ビルマ文学の700年の儀礼／第33章 僧伽と僧院／第34章 人々にとっての仏教／第35章 精霊信仰と仏教／第36章 活きの中の音楽芸能／ほか
V 政治 第41章 アウンサンと「国づくり」／第42章 二つの「社会主義」／第43章 民主化運動とアウンサンスーチー／第44章 国軍と軍事政権／第45章 国家と民族／第46章 公務員という生き方／ほか
VI 経済 第51章 王国から植民地へ／第52章 植民地経済と現代経済／第53章 「鎖国」と経済制裁／第54章 お金と金融／第55章 ミャンマーと中国／第56章 豊かな資源／第57章 貿易と商習慣／ほか

ミャンマーの国と民 日緬比較村落社会論の試み

高橋昭雄 ◎1700円

アウンサンスーチー 愛と使命

ピーター・ポパム著 宮下夏生、森博行、本城悠子訳 ◎3800円

よくわかる国際貿易 自由化・公正取引・市場開放

OECDインサイト[1] パトリック・ラヴ、ラルフ・フティモア OECD編 濱田久美子訳 ◎2400円

よくわかる国際移民 グローバル化の人間的側面

OECDインサイト[3] ブライアン・キーリー著 OECD編 濱田久美子訳 ◎2400円

よくわかる持続可能な開発 経済、社会、環境をリンクする

OECDインサイト[4] トレイシー・ストレンジ、アン・ベイリー OECD編 濱田久美子訳 ◎2400円

格差拡大の真実 二極化の要因を解き明かす

経済協力開発機構（OECD）編著 小島克久、金子能宏訳 ◎7200円

メタ認知の教育学 生きる力を育む創造的数学力

OECD教育研究革新センター編著 篠原真子、篠原康正、袰岩晶訳 ◎3600円

グローバル化と言語能力 自己と他者、そして世界をどうみるか

OECD教育研究革新センター編著 本名信行監訳 徳永優子、稲田智子、来田誠一郎、定延由紀、西村美由起、矢倉美登里訳 ◎6800円

〈価格は本体価格です〉